法華經講義

——第二十三輯

——平實導師　述

ISBN 978-986-97233-2-9

執著離念靈知心爲實相心而不肯捨棄者，即是畏懼解脫境界者，即是畏懼無我境界者，即是凡夫之人。謂離念靈知心正是意識心故，若離**俱有依**（意根、法塵、五色根），即不能現起故；若離**因緣**（如來藏所執持之覺知心種子），即不能現起故；復於眠熟位、滅盡定位、無想定位（含無想天中）、正死位、悶絕位等五位中，必定斷滅故。夜夜眠熟斷滅已，必須依於**因緣**、**俱有依**緣等法，方能再於次晨重新現起故；夜夜斷滅後，已無離念靈知心存在，成爲無法，無法則不能再自己現起故；由是故言**離念靈知心是緣起法**、**是生滅法**。不能現觀離念靈知心是緣起法者，即是未斷我見之凡夫；不願斷除**離念靈知心常住不壞之見解**者，即是恐懼解脫無我境界者，當知即是凡夫。

——**平實導師**——

一切誤計**意識心為常**者，皆是佛門中之常見外道，皆是凡夫之屬。意識心境界，依層次高低，可略分爲十：一、處於欲界中，常與五欲相觸之離念靈知；二、未到初禪地之未到地定中，暗無覺知而不與欲界五塵相觸之離念靈知，常處於不明白一切境界之暗昧狀態中之離念靈知；三、住於初禪等至定境中，不與香塵、味塵相觸之離念靈知；四、住於二禪等至定境中，不與五塵相觸之離念靈知；五、住於三禪等至定境中，不與五塵相觸之離念靈知；六、住於四禪等至定境中，不與五塵相觸之離念靈知；七、住於空無邊處等至定境中，不與五塵相觸之離念靈知；八、住於識無邊處等至定境中，不與五塵相觸之離念靈知；九、住於無所有處等至定境中，不與五塵相觸之離念靈知；十、住於非想非非想處等至定境中，不與五塵相觸之離念靈知。如是十種境界相中之覺知心，皆是意識心，計此爲常者，皆屬常見外道所知所見，名爲佛門中之常見外道，不因出家、在家而有不同。

——**平實導師**——

如《解深密經》、《楞伽經》等聖教所言，成佛之道以親證阿賴耶識心體（如來藏）爲因，《華嚴經》亦說**證得阿賴耶識者獲得本覺智**，則可證實：證得阿賴耶識者方是大乘宗門之開悟者，方是大乘佛菩提之眞見道者。經中、論中又說：證得阿賴耶識而轉依**識上所顯真實性**、**如如性**，能安忍而不退失者即是**證真如**、即是大乘賢聖，在二乘法解脫道中至少爲初果聖人。由此聖教，當知親證阿賴耶識而確認不疑時即是開悟眞見道也；除此以外，別無大乘宗門之眞見道。若別以他法作爲大乘見道者，或堅執**離念靈知**亦是實相心者（堅持意識覺知心離念時亦可作爲明心見道者），則成爲實相般若之見道內涵有多種，則成爲實相有多種，則違實相絕待之聖教也！故知宗門之悟唯有一種：親證第八識如來藏而轉依如來藏所顯眞如性，除此別無悟處。此理正眞，放諸往世、後世亦皆準，無人能否定之，則堅持離念靈知意識心是眞心者，其言誠屬妄語也。

——**平實導師**——

目次

第十三輯：

第十四輯：

第十五輯：

第十六輯：

第十七輯：

自序

大乘佛法勝妙極勝妙，深奧極深奧，廣大極廣大，富麗極富麗，謂此唯一佛乘妙法，意識思惟研究之所不解，非意識境界故，佛說爲不可思議之大乘解脫境界，名爲大乘菩提一切種智，函蓋大圓鏡智、成所作智、妙觀察智、平等性智；然而此等極勝妙乃至極富麗之佛果境界，要從因地之大乘眞見道始證，次第進修方得。然大乘見道依序有三個層次：眞見道、相見道、通達位。眞見道者位在第七住；相見道位始從第七住位之住心開始，終於第十迴向位滿心；通達位則是圓滿相見道位智慧與福德後，進修大乘慧解脫果，再依十無盡願的增上意樂而圓滿，名爲初地入地心菩薩。眾生對佛、法、僧等三寶修習信心，十信位滿心後進入初住位中，始修菩薩六度萬行，皆屬外門六度之行；逮至開悟明心證眞如時，方入眞見道位中；次第進修相見道位諸法以後，直到通達而得入地時，歷時一大阿僧祇劫，故說大乘見道之難，難可思議。

大乘眞見道之實證，即是證得第八識如來藏，能現觀其眞實而如如之自性，名爲證眞如；此際始生根本無分別智，同時證得本來自性清淨涅槃。乃至證悟般若不退而繼續進修之第七住位始住菩薩，轉入相見道位中，歷經第一大阿僧祇劫中三十分之二十有四的長劫修行，同時觀行三界萬法悉由此如來藏之妙眞如性所生所顯，證實《華嚴經》所說「三界唯心、萬法唯識」正理；如是進修眞如後得無分別智，終能具足現觀非安立諦三品心而至十迴向位滿心，方始具足眞如後得無分別智，相見道位功德至此圓滿，然猶未入地。

此時思求入地而欲進階於大乘見道之通達位中，仍必須進修大乘四聖諦，現觀四諦十六品心及九品心後，要有本已修得之初禪或二禪定力作支持，方得相應於慧解脫果；或於此安立諦具足觀行之後發起初禪爲驗，證實已經成就慧解脫果；此時已能取證有餘、無餘涅槃，方得與初地心相應，而猶未名初地。而後再依十大願起惑潤生，發起繼續受生於人間自度度他之無盡願，不畏後世長劫生死眾苦，於此十大無盡願生起增上意樂而得入地，方得名爲大乘見道之通達位，眞入初地之入地心中，完成大乘見道位所應有之一切修證。此時已通達大乘見道位應證之眞如全部內涵，圓滿大乘見道通達位應有之無生法忍智慧，及慧解脫果與增上意樂，方證通達位之無生法忍果，方得名爲始入初地心之菩薩。

然而觀乎如是大乘見道之初證眞如，發起眞如根本無分別智，得入第七住位，成爲眞見道菩薩摩訶薩；隨後轉入相見道位中繼續現觀眞如，實證非安立諦三品心而歷經十住、十行、十迴向位之長劫修行，具足眞如後得無分別智，生起初地無生法忍之初分，配合解脫果、廣大福德、增上意樂，名爲通達見道位眞如而得入地。如是諸多位階所證眞如，莫非第八識如來藏之眞實與如如二種自性，同屬證眞如者。依如是正理，故說未證眞如者，皆非大乘見道之人；證眞如者謂現觀如來藏運行中所顯示之眞實與如如自性故，實相般若智慧依如來藏之眞如法性建立故，萬法悉依如來藏之妙眞如性而生而顯故，本來自性清淨涅槃亦依如來藏之眞如法性建立故。

如是證眞如事，於眞藏傳佛教覺囊巴被達賴五世藉政治勢力消滅以後，由於時局紛亂不宜弘法故，善知識不得出世弘法，三百年間已經不行於人世。及至時局昇平人民安樂之現代，方又重新出現人間，得以繼續利樂有緣學人。然而，縱使末法時世受學此法而有實證之人，欲求入地實亦匪易，蓋因眞見道之證眞如已經極難親證，後再論及相見道位非安立諦三品心之久劫修行，而能一一教授弟子四眾者，更無其類；何況入地前所作加行之教授，而得具足實證大乘四聖諦等安立諦十六品心、九品心者？眞可謂：「善知識者出興世難，至其所難，得值遇難，得見知難，得親近難，得共住難，得其意難，得隨順難。」如是八難，具載於《華嚴經》中；徵之於末法時世之現代佛教，可謂誠言，眞實不虛。

縱使親值如是善知識已，長時一心受學之後，是否即得圓滿非安立諦三品心及安立諦十六品心、九品心而得入地？觀乎平實二十餘年度人所見，誠屬難事；殆因大乘見道實相智慧極難實證，何況通達？復因大乘慧解脫果並非隱居深山自修而可得者，如是證明初始見道證眞如已屬極難，更何況入地進修之後，所應親證之初地滿心猶如鏡像現觀，解脫於三界六塵之繫縛；二地滿心猶如光影之現觀，能依己意自定時程及範圍而轉變自己之內相分，令習氣種子隨於自己施設之進程而分分斷除；三地滿心前之無生法忍智慧，能轉變他人之內相分；以及滿心位之猶如谷響現觀，能觀見自己之意生身分處他方世界廣度眾生，而使無生法忍及福德更快速增長。至於四地心後之諸種現觀境界，更難令三賢位菩薩了知，何況未證謂證、未悟言悟之假名善知識，連第七住菩薩眞見道所證眞如都只能想像者？

雖然如此，縱使已得入地，而欲了知佛地究竟解脫、究竟智慧境界，亦仍無法望其項背，實因初地菩薩於諸如來不可思議解脫及智慧仍無能力臆測故。縱使已至第三大阿僧祇劫之修行——已得八地初心者，亦無法全部了知諸佛的境界，則無法了知佛法之全貌，如是而欲了知十方三世諸佛世界之關聯者，即無其分。以是緣故，世尊欲令佛子四眾如實了知三世佛教之亙古久遠、未來無盡，以及十方虛空諸佛世界等佛教之廣袤無垠；亦欲令弟子眾了知世間萬法、出世間法及實相般若、一切種智無生法忍等智慧，悉皆歸於第八識如來藏妙眞如性者，則必於最後演述《妙法蓮華經》而圓滿一代時教；是故 世尊最後演述《法華經》時，一仍舊貫而如《金剛經》稱此第八識心爲「**此經**」，冀諸佛子醒悟此理而捨世間心、聲聞心，願意求證眞如之理，久後終能確實進入絕妙難思之大乘法中。斯則 世尊顧念吾人之大慈大悲所行，非諸凡愚之所能知。

然而法末之世，竟有身披大乘法衣之凡夫亦兼愚人，隨諸日本歐美專作學問之學者謬言，提倡六識論之邪見，以雷同常見、斷見外道之邪見主張，公開否定大乘諸經，謂非佛說，公然反佛聖教而宣稱「大乘非佛說」。甚且公然否定最原始結集之四大部阿含諸經中之聖教，妄判爲六識論之解脫道經典，公然貶抑四阿含諸經中之八識論正教，令同於常見外道之六識論邪見；全違 世尊依八識論而解說聲聞解脫道之本意，亦令聲聞解脫道同於斷見、常見外道所說之解脫，則無餘涅槃之境界即成爲斷滅空而無人能知、無人能證。如是住如來家，著如來衣，食如來食，藉其弘揚如來法之表相，極力推廣相似像法而取代聲聞解脫道正法，最後終究不免推翻如來正法；如斯之輩至今依然寄身佛門破壞佛法，而佛教界諸方大師仍多心存鄉愿，不願面對如是破壞佛教正法之嚴重事實，仍多託詞高唱和諧，而欲繼續與諸多破壞佛教正法者**和平共存**，以互相標榜而**維護名聞利養**。吾人若繼續坐令如是現象存在，則中國佛教復興，以及中國佛教文化之推廣，勢必阻力重重，難以達成；眼見如是怪象，平實不得不詳解《法華經》之眞實義，冀能藉此而挽狂瀾於萬一。

　　如今承蒙會中多位同修共同努力整理，已得成書，總有二十五輯，詳述《法華經》中 世尊宣示之眞實義，因名《法華經講義》，梓行於世，冀求廣大佛門四眾捐棄邪見，回歸大乘絕妙而廣大無垠之正法妙理，努力求證，共爲復興中國佛教文化、抵禦外國宗教文化之侵略而努力，則佛門四眾今世、後世幸甚，中國夢在文化層面即得實現。乃至繼續推廣弘傳數十年後，終能使中國成爲全球最高階層文化人士的歸依聖地、精神祖國；流風所及，百年之後遍於歐美社會各層面中廣爲弘傳，則中國不唯民富國強，更是全球唯一的文化大國。如是復興中國佛教文化之舉，盼能獲得廣大佛弟子四眾之普遍認同，乃至廣有眾人付諸實證終得廣爲弘傳，廣利人天，其樂何如。今以分輯梓行流通在即，因述如斯感慨及眞實義如上，即以爲序。

佛子 **平實** 謹序

公元二〇一五年初春 謹誌於竹桂山居

第二十三輯：

《妙法蓮華經》

〈妙音菩薩來往品〉第二十四（上承第二十二輯同一品未完部分）

接著還要見誰？要見勇施菩薩。勇施與一般施不同，勇施是最困難的；一般的布施還算容易，如果人家說：**「現在眾生好可憐喔！生活不濟，我們大家捐點錢來幫幫忙吧！」**這個倒是容易，惻隱之心人皆有之，所以大家多多少少都願意捐一點；即使再怎麼窮，大不了少吃一餐飯，也可以捐一點錢。但是「勇施」就很困難，因爲布施時還得要勇猛；沒有勇氣或雄猛心，還眞的施不了；這是什麼施？對啊！這叫作「無畏施」。可是無畏施的意思別弄混了，因爲無畏施有兩個部分：第一個部分是眾生有急難的時候，你可以伸手見義勇爲去救護他；即使得罪了另一方也在所不計，願意伸出援手救濟對方，這種無畏的布施需要勇氣。可是還有另一種也是無畏施中的勇施——救護眾生於邪見之中。（編案：此段文字從上一輯中複製過來，使讀者容易聯結後段文字義理。）

你這個法布施，是要在眾生的邪見之中去布施；這得要有大勇氣，才叫作「勇施菩薩」。如果來到正覺同修會學法之後，還一天到晚都想要當濫好人，以前還曾經有人來拜託我說：「老師啊！您不要再說某某師父的法錯了，他是我的師父欸！」我說：「他不但是你的師父，也是我這一世的師父呀！我都不怕得罪我的師父，你還怕得罪你的師父？」所以該講的就講，這樣才能把他座下的許多佛門四眾的邪見轉變。我相信，作這一件事情是不容易的，因為當老好人大家都會當，可是要救護眾生時卻不得不要當一個讓人討厭的人，這就不容易了。

我為什麼讓人討厭？因為各個都是大師，各個都是開悟的聖者；有沒有聽過人家說「開悟的聖者」這五個字？有沒有？欸！結果呢，我出來一一把他們推翻掉說：「他們都悟錯了。」「他們都是凡夫而不是聖者」，雖然我並沒有講出後面這一句話，但我說他們悟錯了，言外之意就是說：「他們是凡夫，不是聖者，大眾別迷信他們的虛妄說法。」我這樣不是很討人厭嗎？又譬如說，大家講來講去都是說：「放下自我，消融自我。」又說：「放下煩惱，一念不生；沒有煩惱，安祥地過日子，快樂、專心地吃飯睡覺，這就是禪。」結果偏偏我出來說：「法不可見聞覺知，只有第八識才是眞如。」我這一根竹竿捅翻了一船人，眞是個惡人啊！

所以我眞是個惡人，誰見了都討厭；我也明知這樣作一定會讓人厭惡，可是這個法布施還得要作，還得繼續作。特別是寫《狂密與眞密》，這是沒有人敢作的事。以前網路上人家學五術的人（五術就是山醫命卜相），他們有人在網路上說：「這個密宗如何如何的邪。」另一個人就說：「欸！那你爲什麼不出來寫文章，公告給大家都知道，救救大家吧！」他說：「不！密宗是個特大號的馬蜂窩，我捅不起，將來留給別人去捅。」我寫《狂密與眞密》之前，就已經知道網路上人家有這麼講，但我還是特地去捅它。既然沒有人要捅，我就來捅；捅了以後，果然大馬蜂滿天飛，到處都要來叮我。好在我有金鐘罩（大眾笑…），所以他們叮來叮去都只能叮到金鐘罩，叮不著我，敢這樣作才能叫作「勇施」啦！

聽說最近大陸有一群喇嘛們在研究要怎麼樣對付蕭平實，這是很確實的訊息，從什麼地方透露出來的，我就不講，因爲事涉機密。可是如果因此就不敢當勇施菩薩，就退縮下來，那麼這個法布施也就是假的。這個訊息十幾年前也曾經有過一次，不過他們是放話說：「你有種就到我們西藏來。」可是我沒那個種啊！（大眾爆笑⋯）因爲我這一世取得的身體四大種不太好，我很怕缺氧；除非必要，我是不會去西藏的。假使二十年後有機會去的話，一定會隨身帶著氧氣瓶；因爲我很怕低氣壓，很怕缺氧，這個體質沒辦法改變，自然沒膽量去西藏。

隨後不久又有人放話，說他們在修誅法，要誅殺我。我聽了覺得好笑，爲什麼覺得好笑？你們知道誅法是怎麼修的嗎？他們修誅法的儀軌也就不談，但他們至少要弄個麵粉糰，通常會把想像中的蕭平實弄成藍色的，因爲藍色的看起來比較邪惡；把染成藍色的麵粉糰捏成一個人的模樣，寫上蕭平實三字，平躺在一塊木板上開始修誅法；等那誅法修完了，拿起劍往麵人的脖子一砍，這樣就誅殺完成了。這一下誅殺完成以後，被誅殺的對象什麼時候會死呢？一百年後（大眾爆笑不已⋯）。其實我已經被喇嘛們誅殺過很多次了，但只有愚癡人才會相信他們的誅法有效。有智慧的人，從來沒有覺得怎麼樣啊！我至今一點感覺都沒有，因爲要幾十年、一百年後才會實現誅法的威力呀！他們也曾在達蘭薩拉修誅法，要誅殺毛澤東，也是幾十年後才成功的呀！都因爲毛澤東後來壽終正寢了，所以說喇嘛們誅殺成功了；其實都是唬人把戲，千萬別當眞。

因此說，作法布施時，能夠爲人之所不敢爲，忍人之所不能忍，要能夠這樣，你就可以稱得上是「勇施菩薩」。可是這個習性不容易養成，得要悲心很深重，你才敢不畏死亡的威脅而繼續不停地作下去，也就是說你隨時準備要捨了這條命。這以前在出版《護法集》時，我就跟諸位報告過了；當時好多人反對我印出這本書來流通，所有同修們並不是爲自己，而是怕我被殺了。可是我說：「不行！正法被他們藉著月溪法師的邪法繼續這樣弄下去，將來學佛的人將會無法翻身，所以我這本書還是要出版。」好巧！才剛出版一週，桃園縣政府劉邦友縣長官邸幾乎是滅門的血案出現了，大家更擔心我了。但我認爲是福不是禍，這件事情就是要作；如果眞的是禍而躲不過，那我下一世重新再來也行。如果沒事，我就可以作更多了，因爲我就拿這個破邪顯正作基礎，在法布施上面還可以作得更多。所以，如果要快速成佛，首要條件就是要當「勇施菩薩」，能不能快速進道而得入地，還得要看這個。如果還有鄉愿的心態，老是怕得罪人，不敢在法上勇施，想要入地就遙遙無期了。

那麼這四位菩薩其實就是成佛之道的不同階段，妙音菩薩這樣子向 淨華宿王智佛報告完了，就表示說，所見過的娑婆世界有這麼多的菩薩，而以這四位作為代表。所以娑婆世界 釋迦牟尼佛座下，有勇施菩薩、得勤精進力菩薩、藥王菩薩，更有 文殊師利法王子，顯示娑婆世界將來會有人成佛，而且會是絡繹不絕。成佛絡繹不絕，就是眾生的大福利，這才是眞正的福音。至於其他的福音，你聽都別聽，因為其中無福可說，只會使自己的智慧產生偏差，只會使自己的心志漸漸偏激。

除了如此以外，妙音菩薩最後附帶一句說：「亦令是八萬四千菩薩得現一切色身三昧。」也就是說，他帶去又帶回來的八萬四千菩薩，以前或許對於入無餘涅槃是有欣樂之心，大家都希望趕快解脫生死；如今教他們證得「現一切色身三昧」，那他們可得要一世又一世把這個三昧拿來用；總不能夠說證了一個三昧，而把這個三昧擺著都不用；若是不必用，他們也就不必證了！可是他們八萬四千個菩薩都證了，證了以後當然每一世都要拿出來用，於是他們就入不了無餘涅槃了。

也就是說，八萬四千個煩惱已經都轉變成為「**現一切色身三昧**」了；這八萬四千個煩惱再也不會有任何一個，是會促使他去取無餘涅槃的。換句話說這八萬四千位菩薩，佛菩提的種性具足；也就是說這八萬四千個煩惱，從理上來說，這八萬四千個煩惱全部都轉成為佛菩提種了。那麼這樣來看，妙音菩薩這一來一往，告訴了我們什麼，大家就應該有如實的理解。這才是眞正的佛法，不是一天到晚在那邊講苦、空、無我、無常、四聖諦、八正道，佛法不是這麼回事，那只是個表相而已，最多只是聲聞菩提罷了。

接著說：「**說是〈妙音菩薩來往品〉時，四萬二千天子得無生法忍，華德菩薩得法華三昧。**」世尊演說這個〈妙音菩薩來往品〉時，「**四萬二千天子得無生法忍**」，這樣才是眞正的度眾生啊！我們在人間要度一個人得無生法忍是多麼困難，世尊只是演說了這麼一品，就有四萬二千位天子得到無生法忍，全都入地了；這樣的說法功德，我們什麼時候可以達到？看來還遠著呢！我們很清楚知道距離還很遠，在這個認知的情況下，能夠生起慢心嗎？生不起來啦！再怎麼樣都不敢生起慢心。這時正好來給那些密宗外道眾生們辱罵：「蕭平實多麼狂，多麼慢。」為什麼說正好給他們罵？因為正好需要他們來幫我消消業啊！當他們願意罵我的時候，我消業就快呀！豈不聞《金剛經》說：……，請大聲一點（大眾唸：以今世人輕賤故，先世罪業則為消滅，當得阿耨多羅三藐三菩提。）說「你受持此經的時候，如果有人來輕賤你，你過去無量世以來的一切罪業悉皆消滅」呀！這時被罵了都不會生氣，才說正好來給人罵。

如果人家罵你時你會生氣，表示智慧還不夠。最好避免生氣，萬一氣起來忍不住幹了壞事可不好。但你到了這個地步，人家怎麼罵你都不生氣，正好來給人家罵，有人幫忙消業有什麼不好？所以人家怎麼罵我，我就怎麼感謝：「我又消了好多罪業。」因為我受持的是「此經」，不是離念靈知意識覺知心啊！當我受持「此經」的時候被人輕賤了，我過去若還有輕罪未消，此時一切罪業全部消滅，這有什麼不好？眞的好啊！所以我才說這時候正好來給眾生罵，最好是給密宗外道們罵，罵得越兇越好。

那麼這四萬二千位天子爲什麼能得無生法忍？證無生還容易一些，證無生法忍可就很難了。諸位不要以爲證得無生法忍以後，就好像是三頭六臂一樣「金光鏘鏘滾！」（閩南語）沒這回事啦！證無生法忍以後就好像四個字講的——一味平懷。總而言之，就叫作平凡與實在，沒什麼可傲人之處，也就是這樣子隨大眾作息。但爲什麼會這樣？因爲現見一切諸法本來無生，一切諸法無我；既然你現前看見一切諸法本來無生了，又何必去取無餘涅槃呢？所以寧願再起一分受生願——起一分思惑，繼續再去投胎而自度度他，生死都無所謂了。因爲一切法本來無生啊！一切法本如來藏妙眞如性，那你又何必把一切諸法滅了去入無餘涅槃？眞的沒有必要啊！就因爲這個現觀，所以得了無生法忍。得無生法忍的意思就是他永遠不能入無餘涅槃了，這是因爲他得到了「**現一切色身三昧**」的緣故。

對已經離三界愛的菩薩來講，得這個三昧是不容易的，因爲一般而言，當他有能力取無餘涅槃的時候，心中就會有涅槃愛，入無餘涅槃的境界是他深心所喜樂的。這時要把它切割掉，這個喜樂一定要捨棄，否則就無法成佛。可是你要他捨棄對涅槃的貪著，不能無緣無故要他捨棄，得要給他這個「現一切色身三昧」；而這個「現一切色身三昧」的取證前提，是要能夠「現觀一切諸法本來無生」，也就是證得無生法忍。

所以理上的「現一切色身三昧」，你在明心以後，只要善知識爲你解釋了，你就可以作得到，因爲你可以現觀；可是在事修上面，你得要斷盡了五上分結，然後發起受生願，也證得無生法忍，才能眞的證得「現一切色身三昧」，無生法忍與「現一切色身三昧」的關係正是如此。這在顯示說，《法華經》告訴我們的三昧，就是能夠現觀一切有情各自都有四種佛土；這就是「法華三昧」。每一個人身上各有四種佛土，也就是說，每一個有情都有四種佛土：你的自心如來「此經」，就是常寂光淨土；而你的意根得到的解脫境界，就是你的實報莊嚴土，一世一世都由祂來受報；而你的方便有餘土，就是你的前五識所住的境界，那都是自心如來方便的示現；而你應該要有的凡聖同居土，可以跟眾生廝混在一起，造作「勇施菩薩」的種種善行，這都是意識之所作，通凡人、也通於聖地，這就是你的凡聖同居土。

每一個有情—各個佛土—都有這四土，你能夠觀察清楚，這才是證得法華三昧了。那華德菩薩作爲與淨華宿王智如來相應、作爲與妙音菩薩相應的這品〈來往品〉的緣起者，世尊說完這〈來往品〉的時候，他就得到這個法華三昧。這也就是說，在事修上，你得要化八萬四千煩惱爲八萬四千種利樂眾生的方便行，永遠不再想要入無餘涅槃；那麼由於你已經把這八萬四千煩惱轉變，得到了**「現一切色身三昧」**，導致你永遠不能也不想入無餘涅槃了，所以你才能夠世世進修、次第成佛。

可是妙音菩薩從東方世界來到娑婆世界，這樣的一來一往卻是必須的，所以諸位每到週二晚上，從家中到講堂來，這一來一往也是必須的；因爲就在這一來一往之間，成就了〈來往品〉的功德。所以千萬別說：**「哇！這幾天好悶喔！溼度計都是七十四、七十五，悶死人了，又是下大雨，今天不想去聽經了。」**都不要怪什麼，你要記得這個〈來往品〉，只要沒停電，你就來；經聽完或者課上完了，那就回家去；就在這過程裡面轉八萬四千煩惱爲利樂眾生的方便，永不入無餘涅槃；讓你的多寶佛塔裡面種種的莊嚴自性，不斷地生起又滅、生起又滅，就這樣子每天來**「現一切色身」**，心不動搖，才是三昧。

可是當你想要能夠作到這一點時，要從哪裡開始？要從現觀**「妙音菩薩」**

開始——看自己的「妙音菩薩」在一來一往之間，如何不斷地爲自己宣演「妙音」。你要如何去把祂聽清楚，而且聽聞「妙音菩薩」演說「妙音」的時候，不能用想像的，必須是實證的，而且必須深觀，這就是〈妙音菩薩來往品〉要告訴我們的事與理。

好！〈來往品〉說完了，接著要解說〈普門品〉。這〈普門品〉當然也有特定的含義，爲什麼說觀世音菩薩普門示現呢？這跟〈妙音菩薩來往品〉是互相呼應，異曲同工。現在我們就開始第二十五品：〈觀世音菩薩普門品〉第二十五。

《妙法蓮華經》

〈觀世音菩薩普門品〉第二十五

經文：【爾時無盡意菩薩即從座起，偏袒右肩，合掌向佛，而作是言：「世尊！觀世音菩薩，以何因緣名觀世音？」佛告無盡意菩薩：「善男子！若有無量百千萬億眾生受諸苦惱，聞是觀世音菩薩，一心稱名，觀世音菩薩即時觀其音聲，皆得解脫。若有持是觀世音菩薩名者，設入大火，火不能燒，由是菩薩威神力故。若爲大水所漂，稱其名號，即得淺處。若有百千萬億眾生，爲求金、銀、琉璃、車磲、馬瑙、珊瑚、虎珀、眞珠等寶入於大海，假使黑風吹其船舫，飄墮羅剎鬼國，其中若有乃至一人稱觀世音菩薩名者，是諸人等皆得解脫羅剎之難；以是因緣，名觀世音。若復有人臨當被害，稱觀世音菩薩名者，彼所執刀杖尋段段壞，而得解脫。若三千大千國土，滿中夜叉、羅刹欲來惱人，聞其稱觀世音菩薩名者，是諸惡鬼尚不能以惡眼視之，況復加害！設復有人，若有罪、若無罪，杻械、枷鎖檢繫其身，稱觀世音菩薩名者，皆悉斷壞，即得解脫。若三千大千國土，滿中怨賊，有一商主將諸商人，齎持重寶、經過嶮路，其中一人作是唱言：『諸善男子！勿得恐怖，汝等應當一心稱觀世音菩薩名號，是菩薩能以無畏施於眾生；汝等若稱名者，於此怨賊當得解脫。』眾商人聞，俱發聲言：『南無觀世音菩薩！』稱其名故，即得解脫。」】

講義：〈觀世音菩薩普門品〉又簡稱為〈普門品〉，這是因為觀世音菩薩普門示現的緣故。那麼也許有人想：「我家又沒有供奉觀世音菩薩，怎麼會說是普門示現呢？」可是我跟諸位報告：眞的普門示現啊！不管你家有沒有供奉，其實你都是早就供奉著了。有好多人很喜歡〈普門品〉，可是他們喜歡的原由卻不是〈普門品〉所說的道理，因為他們是還在仰信的階段，還不是證信的階段，一般世俗人把這層次叫作「迷信」，還不知道有佛法應該修學。然後有了對佛法敬仰，知道有法應當修學，也知道很難實證，因此成為「仰信」。接著努力修學有了聽聞正法的智慧了，這個經由正確聽聞而產生的信仰，乃至有開始修學了，便叫作「智信」。但是因爲還沒有實證，所以繼續努力終於實證了以後，才能稱爲「證信」。但即使是實證的人，往往讀了〈普門品〉的時候，都還沒有弄清楚〈普門品〉在講什麼呢！那我們如今就是要把〈普門品〉的眞實義告訴大家，不能依文解義。爲什麼觀世音菩薩會普門示現？這是有原由的，而且是有現觀上的證據可以證明的；可是我們正想要開始解說它，時間又到了，只好等下週分解。

我們上週〈普門品〉是有講了什麼沒有？都沒講？唸過了？但還沒有開始講。好！〈普門品〉的意涵就是要說明「普門示現」的意思。我相信諸位聽過妙音菩薩的〈來往品〉之後，如今對〈普門品〉這三個字已經有了不同的理解了。《妙法蓮華經》這一品，有很多人喜歡，而且佛門中有許多老菩薩們很喜歡每天課誦〈普門品〉；可是如果眞的要從佛菩提來說，應該是禪門裡面正在參禪的佛弟子們，才是最應該每天課誦這一品的人。可是那些人都不想作課誦，而喜歡每天誦〈普門品〉的老菩薩們，我當然不能說他們不該誦，因爲說了很傷人，但是其實他們無法眞正的「讀誦」。

我這麼一說，也許有人心裡面喃喃自語、懷疑著說：「您到底是說眞的？

還是說假的？」因爲事實上〈普門品〉並不是那一些老菩薩們所能理解的，何況是眞正的「讀誦」？而那一些應該誦〈普門品〉的人，也就是那一些參禪的人，我說他們應該要每天課誦這一品；但這不代表我認定他們眞懂〈普門品〉而能眞正「讀誦」，因爲他們一樣也是不懂。正因爲他們已在參禪了，也正因爲他們應該要懂，所以我才說他們應該要每天課誦這一品。

我們常常說，有許多佛門中的言語，或是世間法中的言語，來到我們正覺同修會裡一一都通。譬如說，佛門裡面淨土宗有一句話說：「家家阿彌陀，户户觀世音。」或者說：「户户阿彌陀，家家觀世音。」都有人講，可是究竟能有多少人瞭解這兩句話？因爲很可能最先講出這兩句話的古德，他自己也不知道其中的眞義呀！那我們還是要隨喜而讚歎這兩句話，因爲不論是哪一個家庭都有阿彌陀佛，不論是哪一戶人家也都有 觀世音菩薩。

當然，若是只聽懂文字的表義，一定會對我抗議說：「我們家沒有拜阿彌陀佛，也沒有供奉觀世音菩薩，你這個說法不對。」若是心裡面疑著喃喃自語，倒也無傷大雅。萬一哪天他忍不住了來問，我可得要問他說：「汝喚阿哪個是阿彌陀？汝說誰是觀世音？」也就是說，不論哪個家庭、哪一戶人家，都有自性彌陀，也都有自性觀世音菩薩，所以才說 觀世音菩薩普門示現。這一品要講的就是這個道理，所以才說是〈普門品〉。

但這〈普門品〉是 觀世音菩薩專有的，就如同前一品〈來往品〉，那是妙音菩薩專有的，所以〈普門品〉的意涵，其實一直以來都被佛教界誤會了。那我們這一代就得要把它講個清楚明白，未來世一切學人就不再有淆訛；而我們未來世重新再來時，若有因緣讀到《法華經講義》就會瞭解，原來佛法應當如是。那麼未來世如果外在環境沒有改變、沒有惡化，我們正覺這個道場應該還會繼續存在，我們下一世再來時就不用再走冤枉路了。那麼這〈普門品〉的意思，大家大致上瞭解了，接著我們來看經文裡面怎麼說：

語譯：【這時無盡意菩薩就從座位上起立，偏袒右肩，合掌面向佛陀而這麼說：「世尊！觀世音菩薩是因爲什麼樣的因緣而名爲觀世音？」佛陀告訴無盡意菩薩說：「善男子！如果有無量百千萬億的衆生遭受到種種苦惱時，聽聞到觀世音菩薩這個名號，專念一心、稱唸名號，觀世音菩薩立刻就會觀聽他們的音聲，使他們全都得以解脫。如果有人執持這個觀世音菩薩名號，假設他進入了大火之中，那大火也不能燒死他，這都是由於這位觀世音菩薩威神力的緣故。如果有人被大水所漂流，只要口中呼喊觀世音菩薩的名號，他就可以到達水淺的地方而得存活。如果有百千萬億衆生，爲了想要求得金、銀、琉璃、車磲、馬瑙、珊瑚、虎珀、眞珠等寶物，而進入於大海之中；假使有黑風吹動他的船隻，使他飄墮於羅剎鬼國，這一艘船中如果有人乃至於僅僅只有一個人，稱唸觀世音菩薩名號的話，這一船的人全部都可以解脫於羅剎的災難；由於這個因緣，所以名爲觀世音。如果有人正面臨即將被殺害的時候，稱唸觀世音菩薩名號的話，那個準備殺害他的人所執持的刀杖等等，隨即一段又一段而毀壞了，這個人就可以解脫了。如果三千大千世界國土，在這個世界中遍滿了夜叉、羅剎想要來惱亂於人，只要聽到被惱亂的人稱唸觀世音菩薩名號的時候，這些惡鬼們尚且不能夠以惡眼來觀看他，何況能夠加害他呢！另外假使還有人，或者是因爲有罪、或者是無罪的，卻被杻械、枷鎖所繫縛，使他不得自由；當他稱唸觀世音菩薩名號的時候，這些杻械、枷鎖全部都會斷壞，他就可以得到解脫了。如果三千大千世界國土，其中遍滿怨賊，有一位經商領隊之主，率領著很多商人，大家攜帶著很貴重的寶物，經過危險狹隘的道路時，其中有一個人這樣子高聲說：『諸善男子啊！大家都不需要恐怖，你們大家應當要專精一心來稱唸觀世音菩薩的名號，這位菩薩能夠以無畏布施給眾生；你們如果能夠稱唸他的名號，對於這個嶮路怨賊就可以解脱。』眾商人聽聞之後就全部發出聲音說：『歸命觀世音菩薩！』由於稱唸觀世音菩薩名號的緣故，就得到了解脱。」】

講義：依文解義以後，現在來看這到底在講什麼？因爲我們這《法華經》既然是講義，而不是依文解義，當然要有眞實義來講解出來；所以講完這一部經，整理出書的時候，書名就叫作《法華經講義》。這就是說，妙音菩薩先起了頭，爲這一品鋪路，告訴我們說：一切菩薩在十方三世一切世界生死而來來往往之中，是不曾永遠安住於一個地方的；但是就像妙音菩薩這樣來來往往，始終也還是「妙音菩薩」。江湖有一句話說：「咱家行不改名，坐不改姓。」「妙音菩薩」亦復如是，來也是「妙音菩薩」，去也是「妙音菩薩」，來去之時都在宣說「妙音」。這已經告訴我們：菩薩修普賢行，三大阿僧祇劫中，在十方世界來來去去，不停地來往，但實際理地永遠都是「妙音菩薩」如來藏。所以如果在娑婆世界眞的開悟了，心裡面想：「我是求生極樂世界的，那我捨報去到極樂世界時，阿彌陀佛教的是不是這個妙眞如心如來藏？」

一定要問這個嘛！那麼有人說：「我在正覺開悟了，證眞如了，而我是發願要去琉璃光如來的世界；那麼我將來往生去到那裡，如來教的是否也一樣是這個如來藏心？」

〈來往品〉就是告訴我們這個道理：從那麼遠的東方經過無法計算的世界來到娑婆世界，顯示出來的是「妙音菩薩」如來藏；將來回去了，也就是供養過釋迦如來、多寶佛塔之後回去東方淨光莊嚴世界時，依舊是「妙音菩薩」如來藏心，回去東方世界以後的歸宿依舊是「淨華宿王智如來」如來藏心。也就是說，來來往往都是「妙音菩薩」，最後歸宿仍然是「淨華宿王智如來」；這清淨的蓮花本來就是這樣清淨，而且本來就有這個智慧的自心如來妙眞如心。所以每一個人生下來時是「妙音菩薩」，其實骨子裡也就是「淨華宿王智如來」；來到這裡要示現給眾生看時，當然就是「能仁寂靜」而名爲「釋迦牟尼佛」。

可是「能仁寂靜」卻不能夠沒有五蘊，否則五濁惡世的眾生可都無法親近了，於是就有五蘊這個「多寶塔」來示現而演說「法華經——妙音」，眾生也藉自己的多寶佛塔五陰來聽取「法華經——妙音」，所以這全體就是整個佛法的體系中心。那麼這樣子說明十方三世不外乎這個如來藏眞如心，無二亦無三，十方世界來來往往不斷受生都同是此心，名爲「此經」，又名「妙法蓮華經」，又名「妙音菩薩」，又名「觀世音菩薩」，即是第八識如來藏。

可是妙音菩薩四字說的終究是妙音菩薩一個人，那他帶著八萬四千煩惱來來去去，也無所謂煩惱；這個道理顯示出來之後，只是「自相」，接著要擴而大之，也就是說你有這個「自相」上的實證，也得要觀察看看眾生的「共相」是否全都如此？不能夠觀察說：「我是這樣，別人是不是和我一樣，那都跟我無關，不必再作這個觀行。」這可不行呢！所以你的自相是如此，也要觀察其他的人是否一樣如此。結果觀察下來，全都一樣而沒有差別，這就是「共相」觀察完成了。觀察出共相的意思就是說：遍一切有情界莫不都有。所以這「妙音菩薩的來往」當然是普門示現的妙法，只要這一戶有人住，這一戶就有「觀世音菩薩」；只要那一戶有人住，同樣就有「觀世音菩薩」，所以才叫作〈普門品〉。因爲「觀世音菩薩」是普門示現的，所以必須要先有〈來往品〉，才轉入〈普門品〉來說。

那麼事相上也要讓大家瞭解，妙音菩薩能夠這樣救濟一切眾生，太偉大了，但畢竟只是淨華宿王智如來座下的菩薩。那我們娑婆世界就沒有這樣的菩薩嗎？所以無盡意菩薩就從他的座位上站起身來請問，因此他就是這一品的因緣者。這也就是說，眾生不瞭解實相，可能抑己從他而被假名大師所誤導。可是從諸佛、諸大菩薩所實證的眞如境界來看時，卻沒有高低貴賤的差別，而且是遍一切有情莫不有之。所以〈妙音菩薩來往品〉之後，就得要來講〈觀世音菩薩普門品〉。

當然也還有另一個用意存在，這就像 淨華宿王智如來告誡妙音菩薩說：「你去到娑婆世界不要起輕慢心。」並且要他帶話去問訊 釋迦如來、多寶如來。因爲在十方世界中不是只有一佛、二佛、三四五佛，而是有無量諸佛存在，因爲十方虛空中的世界無量啊！既然如此，這娑婆世界當然同樣有佛，同樣也有像妙音菩薩這樣偉大的菩薩；而且要讓大家瞭解，他是普門示現而無一戶遺漏。無盡意菩薩知道這個道理，因此從座位上站起身來，偏袒了右肩來請問 世尊。

偏袒右肩是表示恭敬之意，我們現在穿海青再搭著縵衣，縵衣屬於外衣，露出右肩而不遮覆，就是偏袒右肩的意思。天氣冷的時候你也可以把縵衣拉上來遮肩，可是不管多麼冷，看見　佛來了，就趕快露出右肩、合掌示敬，這便叫作偏袒右肩。本來在古時的西天，出家人都只有三衣一缽、一個濾水囊，外加一把半月形的戒刀，可以把野外撿來的屍衣裁剪成僧衣，但因天竺很熱，平常不穿外衣縵衣，也都是偏袒右肩的，因為那裡的天氣熱。如果打坐時為了避免蚊虻叮咬，就可以拉上來遮肩。但是只要看見　佛來了，就趕快偏袒右肩，表示恭敬的意思。

後來佛法漸漸北傳，北方天氣冷，所以裡面得要穿著整齊的衣服，外面再加上一件厚外衣，我們現在就稱為縵衣，古時候叫作「外衣」，就這樣子披在身上；但我們現在只是法會上使用，又因這裡天氣熱，這當作外衣使用的縵衣，也就使用薄紗來製作。那麼穿著縵衣外衣時，遇見　佛來了，就趕快露出右肩來合掌示敬，這縵衣這樣的穿法，也就是偏袒右肩的意思。

無盡意菩薩從座位上站起身來，合起兩掌面向　佛陀，他故意請問說：「**世尊！觀世音菩薩，是由於什麼樣的因緣而名為觀世音呢？**」他當然知道是什麼因緣，因為他都知道現在是該他起來請問的時候。他歷經過很多佛，聽聞過很多次《妙法蓮華經》，已經聽過很多遍了，他既然名為無盡意，這時候他當然知道應該起來問了。這是不是在演戲？是演戲啊！而且大菩薩們都跟著世尊在許多小世界中扮演過很多回了。大菩薩們跟著 佛在很多小世界中同演八相成道的大戲，都聽過很多回的《法華經》了，當然大家都知道什麼時候該自己起來講什麼話，所以他便這麼問。

這時 佛陀告訴無盡意菩薩說：「善男子啊！如果有無量百千萬億的眾生遭受到種種苦惱，只要聽聞到觀世音菩薩的名號，專精一心稱唸菩薩的名號，觀世音菩薩立刻就會聽到他的音聲而加以觀察，於是他就解脫了。」有許多根基粗淺的人讀了不信、聽了不信，因爲他們還有好多的苦惱。他們也曾聽過觀世音菩薩的名號，然後有時想：「我沒有辦法解脫，怎麼辦？」於是一心稱名，結果似乎 觀世音菩薩沒有即時觀其音聲，所以他沒證得解脫，於是心中不服說：「這是什麼經嘛？這些全都是後人編造的啦！」

都因爲他的根基太粗淺了，他聽到的 觀世音菩薩名號，並不是「觀世音菩薩」。我說得有沒有道理？只有幾個人說有啊？如果我去會外這麼一問，他們一定會說：「沒道理！因爲明明我聽到的就是觀世音菩薩名號，你怎麼說我聽到的不是觀世音菩薩？」我偏說：「他聽到的就不是『觀世音菩薩』。」所以這經文之所說，一定有其前提：它的眞實義是什麼？不能離開它的眞實義而只依文解義。

也就是說「觀世音菩薩」這個名號，大家應該要先瞭解其意涵。既然告訴你說「觀世音菩薩」是普門示現，所以這一品叫作〈普門品〉，那麼顯然每一家必然都有「觀世音菩薩」。可是 觀世音菩薩只有一位啊！爲什麼每一家都有？也許有人想：「啊！我知道了！因爲他威德力很大，所以分身無量無邊啦！」以前有一個「顯像館」搞分身的人，有沒有？那眞是一場笑話。不管他送你八粒、九粒、十粒或者只是「送七粒」，全都一樣，那畢竟只是一場笑話。

現在我們回來說，這經文告訴我們說：「聽聞到觀世音菩薩的名號，一心稱名，菩薩就會觀其音聲而得解脫。」那麼如何是「觀世音菩薩」？「觀世音」意思是說：觀聽世間的音聲。而世間指的是五陰。所以你如果要呼求菩薩加佑、解脫於無量苦惱，得要用世間的音聲來一心稱名，你可不能夠說：「我用如來藏來呼喚他，行不行？」不行！因爲這是從理上開示的，理上的「觀世音菩薩」不自觀音。我記得在《楞嚴經講記》有講過，所以你得要用世間的音聲來稱唸「觀世音菩薩」名號，應當這麼稱：「歸命觀世音菩薩。」如果你在心裡面念著念著都不從口中發出聲音，那你就不是以世間音來稱唸「觀世音菩薩」了。

你如果已經學佛很久了，那你就好好修學般若波羅蜜多；然後當你有一堆苦惱的時候，就大聲稱唸：「南無觀世音菩薩！」這時候你家的「觀世音菩薩」也就聽見了，於是你突然就離開煩惱了，本來自性清淨涅槃即時現前。神奇！是不是神奇？是啊！可是這個神奇與否，畢竟是因人而異；因為有很多人聽到我說「觀世音菩薩」的時候，他聽到的並不是我所說的眞正「觀世音菩薩」，所以他依舊煩煩惱惱不得解脫，依舊是被種種煩惱所繫縛。

這意思是說，你得要眞正聽見了我說的「觀世音菩薩」，而不是語言文字上的「觀世音菩薩」。假使所聽見的只是世間人所理解的 觀世音菩薩名號，那麼實際理地的「觀世音菩薩」就不可能觀聽他的音聲，他就不得解脫。可是講到這裡，一定有許多人納悶兒：「您講的這個法，我又聽不懂，那我聽您講經幹嘛？」說的也是！我的意思就是說，每一個人各個都是一家子人，你想想看，你家有一群人：色受想行識就是五個了，六根、六塵、六識就是十八位，有這十八位就會有六入，這又加上了六位；然後有許多的心所法都在一起運作著，有善心所也有煩惱心所不斷地現前運行，大略算來，你家就有一百個人，詳細算來其實有六百六十個人。可是你家裡─你們每一家中─全都有「觀世音菩薩」住著，從來不曾離開你。

那你得要好好去理解：如何是「觀世音菩薩」？當你不斷地熏習般若波羅蜜多，聽我講解《法華經》到這裡時，也就知道說：「原來我家有一尊無形無相的『觀世音菩薩』。」那你得要好好弄清楚：如何是我這五陰家裡的「觀世音菩薩」？當你不斷地在探究，有一天突然間脫口而出：「南無觀世音菩薩！」終於就會了！你就說：「啊！原來菩薩一直都在，不曾離開過我。」好歡喜！這時就說你是大乘的見道者。你終於懂了：「啊！原來善知識告訴我，叫我每天要稱唸『南無觀世音菩薩』，說能讓我得解脫，原來用意在此。」

接著內門廣修六度萬行，不斷地修、不斷地行，時間久了以後發覺說：「唉呀！我雖然斷了見道所斷的煩惱，但還是有另一堆煩惱，還眞的是受諸苦惱。」可是突然間，聽到善知識跟你提醒說：「你要再唸家裡的『觀世音菩薩』啊！」他一聽到「觀世音菩薩」，就專精一心歸命 觀世音菩薩。然後就想：「對喔！我家的『觀世音菩薩』有告訴我，要離見聞覺知，不要被六塵所影響；要斷離六塵煩惱，那就是無餘涅槃，就是解脫生死啊！」所以這時就是他的「觀世音菩薩」已經觀聽到他的音聲了，於是他想：「我的自性觀世音從來沒煩惱，才是眞正的我，那麼這些煩煩惱惱跟我有什麼相關？」於是他就解脫於這些煩惱了。

可是解脫之後，無妨又投入煩惱中；因爲這時發覺說：「煩惱與眞正的我無關，煩惱來了，這個五陰我就去處理，處理過了也還是與眞我無關。我縱使不處理它，其實也跟眞我無關啊！只不過這個五蘊日子難過些罷了。」這時就說你是「聞是觀世音菩薩，一心稱名，觀世音菩薩即時觀其音聲，皆得解脫。」所以你家老大色蘊的煩惱、老二受蘊的煩惱、老三想蘊的煩惱，乃至於老五識蘊的煩惱，也全部都得解脫了。那麼這五蘊兄弟煩惱解脫了，十八界六入家人的煩惱也是「皆得解脫」啊！這樣子，就說你眞的聽到「南無觀世音菩薩」了，否則你所聽到的畢竟只是一般人所知道的層次，並沒有如實聽聞「觀世音菩薩」的名號。

當然有人會想：「我每週二晚上來聽經，您好歹也指示一下，讓我找到我家的『觀世音菩薩』吧！」我就說，不必我指示啊！因爲世尊已經告訴你要「一心稱名」。我已經告訴你「觀世音菩薩」的名號了，那你就要「一心稱名」。所以如果有心，每天撥一個鐘頭，每當精神正好的時候，可不要昏昏沉沉想睡覺才來稱名；精神要好，看家裡有佛堂或者沒有佛堂都好，找個清淨的地方坐下，雙手合掌，要從口中唸出來：「南無觀世音菩薩！南無觀世音菩薩！南無觀世音菩薩！」如果你覺得「南無」兩字唸得不親切，你就稱名說：「歸命觀世音菩薩！」你就一直稱名下去。反正人家只會以爲你是在唸佛而已，都不會罵你是個瘋子啊！所以你就只管稱名唸去，唸到後來，欸！「觀世音菩薩」「觀其音聲」就突然出現在你眼前了，那你就懂了。

這時你就好好端詳你家這一尊「觀世音菩薩」，好好端詳；端詳完了，你就知道說：「一切煩惱都跟眞我無關。」於是你就解脫於種種苦惱。然後投入於利樂有情、護持正法的種種事業之中，有一天突然覺得「好累喔！」生起一個什麼煩惱來。當這個煩惱起來之後，隨著又有許多的煩惱跟著起來，於是又苦苦惱惱的。本來求悟是爲了解脫，結果大乘法中求悟以後事情更多，得要更努力利樂眾生而不得解脫，苦惱一堆喔！這時你正在苦惱，眉頭深鎖，正好親教師來了，就問：「這某甲菩薩！你爲何眉頭深鎖？有那麼多苦惱嗎？」回答說：「是啊！好多苦惱啊。」親教師告訴你說：「你應當一心稱名『南無觀世音菩薩』。」你說：「我爲什麼要這樣稱名？」親教師搞不好把你耳朵拉過來說：「不然你改唸『南無如來藏菩薩』。」（大眾笑…）喔！這一來突然懂了：「啊！原來如此！」於是一切煩惱皆得解脫，又繼續快快樂樂地爲眾生辛苦。

所以你說，「觀世音菩薩」是不是普門示現啊？當然要說家家都有「觀世音」啊！這法門既具有見道前的用功方法，也有見道後轉依的道理；所以見道前「聞是觀世音菩薩」，就是告訴你「觀世音菩薩的實際理地是什麼」，就是要先修學般若波羅蜜，然後你才會知道 觀世音菩薩的實際理地，正是本來自性清淨涅槃，也是眞實而如如的眞如，所以告訴你說要「一心稱名，觀世音菩薩」。當你每天一心稱名，稱名到你終於會了，那你就知道確實是「觀世音菩薩即時觀其音聲，皆得解脫」。

可是想要知道，也眞的不容易啊！確實很不容易。因爲這「聞是觀世音菩薩，一心稱名，觀世音菩薩即時觀其音聲，皆得解脫」的法門，其實就是

「一行三昧」。一行三昧在念佛法門中很多大師講過，可都是斷章取義；因為他們都只斷取後一半來說、來修，所以永遠不能得證。一行三昧的內涵是「法界一相」，必須「繫緣法界」，「法界」還有一個密意是諸法功能差別的根源；所以在教導大眾持唸佛名時，告訴大家說：應當隨佛方所，端身正向，持唸佛名；但是有個前提：「當先聞般若波羅蜜。」這個前提不能忽略，否則再怎麼修也無法成就的。「當先聞般若波羅蜜」，也就是說，實相般若到底是講什麼，要先聞熏修學而弄清楚；把這個學習到清楚明白以後，知道實相念佛所念的是第八識如來藏——此經中所說的「妙法蓮華經」，把第八識的自性弄清楚了，接著才是隨佛方所、端身正向、持唸佛名。

這「一行三昧」在〈普門品〉這一段經文中，你要怎麼樣修呢？同樣也是「當先聞般若波羅蜜」。並且所學的般若波羅蜜必須是正確的，學錯了就不算數——例如學到釋印順講的性空唯名去了。好！當你學完了般若波羅蜜之後，在家中佛堂佛龕裡供著 觀世音菩薩聖像，你就走到聖像面前，面對著聖像端身正坐，合掌持唸「觀世音菩薩」聖號，你就看著 觀世音菩薩聖像，一直唸著「南無觀世音菩薩」。可是要記住，別想著說：「觀世音菩薩會下來指導我。」因爲你現在要歸命的是你自家的「觀世音菩薩」，你所供奉的 觀世音菩薩會在暗中幫助你。你就這樣子每天唸著菩薩的聖號，每天固定唸一個鐘頭；只要你有繼續修學般若波羅蜜，這樣唸上三十年後，一定會遇見「觀世音菩薩」（大眾笑…），我跟你保證一定會。

到那時，一晃三十年，終於遇見「觀世音菩薩」了，就說：「啊！原來觀世音菩薩早已在我這裡！」這時你知道了，好好端詳端詳：「啊！原來如此。」於是你轉依於「觀世音菩薩」，歸命於「觀世音菩薩」；從此以後你在觀世音菩薩聖像前，每天端身正坐、持唸菩薩名號時，只要三句就足夠了，不必再持唸一個鐘頭啦！那你繼續持唸「南無觀世音菩薩」，每天唸三聲，這時的念佛正是理事雙全、有理有事；理上的「觀世音菩薩」、事上的 觀世音菩薩，你都一體歸依。於是受諸苦惱的時候，一心稱名，「觀世音菩薩」立刻觀你的音聲，令你得解脫；從此以後，苦惱不再是苦惱了。

接下來又說：「若有持是觀世音菩薩名者，設入大火，火不能燒，由是菩薩威神力故。」這時人家聽到風聲，來找你說：「欸！你找到觀世音菩薩了，那麼《法華經》有這麼說，我就弄一堆火，你進來火中，看看會不會被燒死？」那你就罵他了：「你這個佛門外道。」他會抗議你：「你為什麼罵我外道？」那你就說：「因為你『心外求法，是名外道』！你根本不知道〈普門品〉講的是什麼義理，還自以為知。」這也就是說，當你受持　觀世音菩薩名號的時候，已經有了見道的功德。

所以這時假使妳到了一個地方，裝潢典雅高貴，連店員都好有氣質：「原來他在賣玉器、手飾、鑽石、寶石。」妳一看：「哇！這雕成觀世音菩薩的玉器好漂亮喔！」不覺心動：「我好想把它買回家。」於是回到家裡還在想著：「那一塊翡翠好透明，又大又厚，太棒了。」於是晚上就一直在想著：「要不要買？要不要買？我有錢啊！但我要不要買？可是我買了來，我戴上去，人家可能會講話：『妳都學佛了，還戴那麼貴的東西。』」又在那邊躊躇著。可是又放不下，因為太喜歡了，於是整個晚上沒睡好，正是被貪欲大火所焚燒啊！

有時有個因緣，遇見了某一個往世很重要的人，於是心裡的結打成一大團，結解不開，這時怎麼辦？就希望「每天在一起，可就太好了」，可是克制不了時怎麼辦？以前眞的有這樣的人，於是兩個人就一起離開同修會，好好一個比丘也被她弄到還俗去了！不談那個，現在我們說她那個境界，是不是入了大火？正是入了貪欲大火之中。這時如果有人跟她提醒說：「妳應該一心稱名『南無觀世音菩薩』！」或者她自己有智慧突然想起來：「我應該『歸命觀世音菩薩』。」那麼她想：「我的『觀世音菩薩』是這麼清淨自守，從無攀緣哪！」於是這個貪愛大火就消滅了。

縱使不能完全滅掉貪欲之火，仍然心心念念著，但她的法身慧命總是不會被燒壞的，因為她這時已經依於自性的「觀世音菩薩」，她的法身慧命可以繼續維持著，不會被燒死。所以說，就算她已經進入了大火之中，這個貪愛的大火仍然燒不死她的法身慧命。因此說：「設入大火，火不能燒。」那她不被大火所燒而繼續維持住法身慧命，原因都是因為「觀世音菩薩」的威神力：「由是菩薩威神力故。」

再講普通一點、普遍一點吧！修菩薩道時絕大多數時間都是在人間修行，請問諸位：你們在人間從生至死，能不能離開五欲色、聲、香、味、觸，財、色、名、食、睡？有誰能離開？這五欲不就是一場大火嗎？而且這一場大火一燒就是幾十年，消防隊打不滅（大眾笑…），真的一燒就是幾十年。有的人燒了一百零一年（大眾爆笑…）（編案：平實導師暗喻釋印順求名的一生），所以他最倒楣哪！因爲他從來不信《法華經》。那你如果信《法華經》的話，如實瞭解了〈普門品〉在講什麼，世世住在五欲之中又有何妨？你自己的「**觀世音菩薩**」永遠陪著你，隨時滅掉五欲的大火，大火根本就燒不了你。

那他（意指釋印順）不相信〈觀世音菩薩普門品〉，而且人家告訴他「**應當一心歸命觀世音菩薩**」，他又不信佛世眞的有　觀世音菩薩，至今也還在護祐學人，他也永遠無法理解〈普門品〉在講什麼。他的一生有五蘊存在，五蘊又不能離開人間的五欲大火，所以他每天就是要設法把五欲大火弄小一點、再弄小一點，不斷地逃避五塵等五欲，所以他不得不躲在某某蘭若裡面住著，絕大多數時間都不出來面對五欲，對不對？他是盡量不接觸外界，使他的五欲大火變小，可是心中的五欲大火終究還在大燒啊！

他的五欲大火只是不像那些大山頭，一燒就是百餘公頃的整座山頭，他只住在那個蘭若小範圍裡面燒；但問題來了，他有沒有把五欲大火澆熄？（大眾回答：沒有。）確實沒有啊！而且他心中的五欲大火還眞不小呢！可是我們信受〈觀世音菩薩普門品〉，我們受持「**妙法蓮華經**」——就是第八識妙眞如心，那我們每天在五欲大火中打滾，進進出出時全都無所謂。所以在家裡洗過澡出門，來到素食店時，挑好吃的儘管吃，這是五欲大火呀！吃完就來到同修會中，冷氣儘管吹，不必特地吩咐義工菩薩們說：「你不要把冷氣調那麼舒服，讓我起貪了不好。」不必要求義工菩薩們把冷氣調到三十度。

等到聽經完了想：「不錯！這一場法筵這麼豐盛，眞是法樂無窮，太開心了！」所以消化很好，於是到了樓下素食店又坐下來（大眾爆笑…），也還是處在五欲之中啊！那些五欲大火儘管燒，你來來去去都不受影響，那你的法身慧命會因爲這樣被燒而毀壞嗎？（大眾回答：不會。）確實不會啊！所以世尊說：「設入大火，火不能燒。」這都是因爲你受持「觀世音菩薩名號」的緣故。所以阿羅漢不迴心大乘，不願勤修佛菩提道，捨報時一定要入無餘涅槃；那他很怕被人間五塵中的五欲所影響而離開了涅槃作意，因此看見了好看的就想：「不要看。」眼光立刻移開；嗅見了妙香時：「不要聞。」聽見了好聽的音聲又想：「不聽！」怕死五欲大火了。

特別是俱解脫阿羅漢更是如此，假使哪一天有個很漂亮的天女，來到他面前唱起非常好聽的歌來，他會覺得很恐怖，因爲怕自己的五通失掉，眞的怕五通會失掉；因爲起了欲貪時，五通就全部失掉了。可是菩薩無所謂：「失掉就失掉，反正成佛得要三大阿僧祇劫，急什麼？慌什麼？既然時劫要那麼長，那我只要把福德修好、智慧修好，五通？五通隨緣啦！反正到某一個因緣成熟了，它又自動回來了。所以我只要繼續在慧力上、福德上增長就夠了。」

假使有人去領了一個執事作，譬如去當國王護持正法，可能要作兩世、五世、十世不等，心裡想：「我的五通一定會失去，那也就失去，沒關係；因爲從長遠來看，修道反而更快，是因爲福德很快修集起來。」於是領命就去接了那個任務，那麼那三世、五世、十世，都在五欲大火中打滾，五神通是失去了，可是法身慧命一定不會失壞。爲何法身慧命絕對不會失掉？因爲他常常會念著「觀世音菩薩」。所以他能夠入於貪欲大火之中，而這貪欲大火不能燒壞他的法身慧命，原因正是「觀世音菩薩」有這個威神力的緣故。

可是「觀世音菩薩」絕對不會一天到晚愛現，愛現的都是五蘊，觀世音菩薩絕對不會說：「你不信我，我就示現給你看。」絕對不會啦！因爲在事相上 觀世音菩薩很忙，那些道教裡的天神想要求見 觀世音菩薩，還得要等候兩三天才見得著菩薩，不是他們想見就能見的，菩薩眞的很忙。那麼理上你家的「觀世音菩薩」一樣很忙，祂也不管你冷嘲熱諷，絕對不會因此就跑出來讓你看見。所以假使你參禪參不出來時，有一天突然氣起來破口大罵：「欸！我家的觀世音菩薩都不理我，根本就是假的！騙我！我才不信你，不信你就跑出來讓我看一看。」祂才不會被你激怒，祂絕對不會因此就跑出來示現。

所以說，是你要去見祂，不是該祂來見你（編案：證悟者方知此理）。但是因爲祂有這樣的威德力，所以你只要一見祂之後，心裡面就永遠記住祂，再也不會忘記祂。你只要記住祂，從此以後生生世世都可以在人間的五欲大火中來來去去，但是你的法身慧命永遠都不會失壞。因此 世尊說：「設入大火，火不能燒，」全都是由於「觀世音菩薩」有這樣的威神力的緣故。

接著說：「若爲大水所漂，稱其名號，即得淺處。」假使你不小心掉入池塘，你要趕快叫：「觀世音菩薩！」於是就趕快往岸邊爬（大衆爆笑…），眞的啊！你可不能夠全部都推給「菩薩」嘛！（大衆爆笑不已…）可是雖然如此，你家的「觀世音菩薩」對你還是：「稱其名號，即得淺處。」不論是從事相上或從理上來看，都是如此。也許有人說：「欸！那這一句經文應該別有涵義吧？」確實是別有涵義。這得要從兩個層面來說了。

第一個層面是說，當你稱唸「觀世音菩薩」名號時，終於悟入了，於是心得決定；然後依止於「觀世音菩薩」，百事不思，一切不想，每天無所事事，這就是說你偏在定心所上面，導致偏於祂的寂滅性，偏於祂的無爲性。這時定心所太強、太深了並不好，因爲道業不能進步；所以這時應當唸唸「觀世音菩薩」的名號了，然後看「觀世音菩薩」聞聲救苦；只要你呼喚「觀世音菩薩」的名號，你家「觀世音菩薩」馬上就回應你，祂並不是無所事事、不理不睬呀！那你想：「自家的『觀世音菩薩』並不是完全住在無漏無爲之中，繼續有許多無漏有爲法運作而在幫助我。」所以這時正是：「稱其名號，即得淺處。」不再被那個金剛三昧的定水所漂流，就會回到相見道位中繼續努力了。

那麼從第二個層面來說，修學佛法時也要稍微修修定，不修定也是不行的。但問題是，往往定力一上手時，每天就會不斷打坐而滑入定境裡面，越來越深，這就不對了。先回來說爲什麼要修定？因爲如果沒有定力相應，所謂的實證三乘菩提，縱使觀行內涵完整，智慧也夠了，然而全都只是乾慧，只能說著玩兒，終究不能與解脫功德、實相功德相應。所以如果沒有未到地定的定力，縱然有人把四聖諦、八正道全部正確而且具足觀行完了，頂多只是個初果向，不可能是個初果人；必須先要有未到地定的定力來作基礎，當他去觀行而斷我見的時候，才可能是眞正的初果人啦！

那麼明心開悟這個大乘見道也是一樣，如果沒有基本的定力，明心了也是沒有功德受用的，依舊會退轉。所以我們正覺一再要求大家，一來到禪淨班就好好去鍛鍊無相念佛的功夫；這功夫只要作得好，就有未到地定的功夫了，而且是每天都在動中保持著，不必每天花時間坐在那裡盤腿練功打坐。

爲了三乘見道的實際功德受用，一定要有基本的定力。但是有的人愛樂定境，所以無相念佛功夫學得很好以後，他只一拜就得三十分鐘、四十分鐘；拜到後來不知不覺間就乾脆停住，也就入定去了；但這也還不打緊，只要憶佛的淨念繼續存在就沒問題，他就不會被定水所漂溺。那麼什麼人是被定水所漂溺呢？就是捨離了憶佛的淨念，成爲一念不生而進入未到地定中，每天如此享受未到地定的定境，因此每天禮佛三十分鐘以後正當拜到地上時就入定了，這就是被定水所漂流。或者每天進入二禪以上的定境中，每天都要入定中去享受，而且一上座就入定三個鐘頭，否則不肯下座。然後就是二禪過了到三禪、三禪過了入四禪、四禪過了入四空定，就這樣一直往定境上面去修啊；此時問題來了：定太好並不需要，因爲現在又不是要進入四地去，不需要有那麼好的定呀！

而且在三賢位中，或者說在初地、二地之中，每天非得要進入二禪、三禪中至少三個鐘頭、四個鐘頭，在那裡面智慧都沒有生長，福德也沒有生長，對他的法身慧命而言，就是不斷被定水漂流，而且是不斷地漂流啊！此時就像無根的浮萍，他沒有辦法停止下來，老是被定水所漂流，這正是「爲大水所漂」的人。像這樣的人，人家福德與智慧都已經進展很多了，而他還在原地踏步。因爲他都被定水所漂流，沒有辦法在佛菩提智慧上面紮根，佛菩提智也就沒有辦法生長。這時如果有人告訴他，或者他突然自己一念反省，懂得要歸命「觀世音菩薩」，於是他開口大聲呼喚說：「南無觀世音菩薩。」這時他就立刻來到定水的淺處了，還眞是「即得淺處」。

我說的都是眞的呀！不管是誰，假使他在三禪、四禪裡面突然一念心動了，只是在心裡面唸一句「南無觀世音菩薩」，他就會馬上回來初禪中，就能重新再與佛菩提智相應，這不就是「即得淺處」嗎？這時就不再被三禪、四禪的定水所漂，馬上回來初禪中，在初禪中無妨與佛菩提智繼續相應、繼續前進修學，那你說，他家的「觀世音菩薩」靈感不靈感？（大眾回答：靈感！）這樣通了喔？所以讀經、爲人解經時，眞的不能依文解義啊！

絕大多數人是定力沒有修好，但有一些人是每天被定水所漂；即使他只是修得未到地定，永遠發不起初禪，也是被定水所漂。你們可以看見有一些寺院或者有一些在家人，例如南投國姓鄉，有好多的小磚屋，大部分是出家人在那邊自己修行；但他們能不能發起初禪？不能！有沒有被定水所漂？應該有，都只是在未到地定裡面，一入定便是三個鐘頭；然後下了座以後就是：淘米啦、切菜啦、炒菜啦、煮飯啦、過堂啦、洗碗啦。就這樣一天又一天，每天都在未到地定裡面混，也是被定水所漂；因爲他喜歡那個定中的韻味，住在未到地定之中一晃，一個下午就過去了。明天早上起來忙完了，吃過粥、動一動，一入定，才一晃，一個早上又過去了，都不曾在佛菩提上面用心。所以他的法身慧命就像無根的浮萍，永遠被定水所漂。這眞的要叫作「大水」，因爲他心中從來沒有離開過這種大水；如果他懂得「觀世音菩薩」聖號的道理，突然一念生起而大聲稱名「歸命觀世音菩薩」，立刻就從深的定水之中「得到淺處」，於是可以繼續從佛菩提中努力修行，定水的深處便漸漸離他遠去了。

「若有百千萬億衆生，爲求金、銀、琉璃、車磲、馬瑙、珊瑚、虎珀、眞珠等寶入於大海，假使黑風吹其船舫，飄墮羅剎鬼國，其中若有乃至一人稱觀世音菩薩名者，是諸人等皆得解脱羅剎之難；以是因緣，名觀世音。」

這是說：「如果有百千萬億衆生，」且不談百千萬億，單說我們這四個講堂一千多位同修們，「爲求金、銀、琉璃、車磲、馬瑙、珊瑚、虎珀、眞珠等寶入於大海，」你可別轉頭看說：「哪裡有大海？」其實每一個人都在各自的法性大海之中游著呀！在法性大海之中有無量無邊的法性，豈不是各種珍寶？

其中有一些法性就像清水一樣，你從來不會珍惜它，可是你也不能沒有它，這類法性清水是每天都要有的，否則就沒命了，但是大家即使悟後也往往忽略了。但是有一些法性就很稀有、很珍貴，因此你還是要兩邊都兼顧才行；所以你在自己的法性大海之中，許多的法性都不能丟棄，你都可以拿來用。可是你畢竟要從其中去把你認爲最重要的、最勝妙的法性找出來用；這就像是三乘菩提之中的種種妙法，這些妙法就像你法性大海中的金、銀、珠寶等。也許這樣講，有一點抽象，那麼假使諸位有讀過《華嚴經》，不論是四十華嚴、六十華嚴、八十華嚴，看看裡面有多少內容爲我們說明有無量無邊的妙法？太多了！那麼這一些妙法也都在你自己的自性大海之中啊！

修證佛菩提跟修證二乘菩提不一樣，在二乘菩提中，是要摒棄一切法性，要入於迴無六塵、六識的寂滅涅槃之中，可是菩薩修的佛菩提，卻是要永遠住在法性大海的一切法中，要把法性大海中的一切法性一一弄清楚，要一一證驗。可是在這個過程之中，你必須先找出其中比較重要的妙寶拿來用，以這些妙寶作爲工具，然後你成佛之道才能走得快速，才能修行圓滿。所以你在法性大海之中，得要去找這一些妙法；可是你要找出這一些妙法的過程中，往往會遇到「黑風」；這「黑風」是譬喻什麼？也就是各種外道見。一般的外道們若是來見你，你聽了立刻就知道那個說法不如理；可是有的外道邪見勢力很大，那些外道見鋪天蓋地而來，那可就是「黑風」了。想想看，假使你正在大海之中，這一艘船本來行駛得很平穩，突然間烏雲密布，颳起大風、下起大雨波濤洶湧，這就是「黑風」的境界。佛教界裡的「黑風」在中國已經吹了五、六百年，打從元朝開始吹起，直到明初才中斷近百年，隨即又從明末不斷地吹襲著，而且是有歷代皇帝支持著，一直不斷地吹襲中國佛教界。雖然祖師們投生去西藏成立了覺囊巴，努力弘揚如來藏妙法，卻是不過幾代就被達賴五世假藉蒙古兵力，以及聯合薩迦與達布二派，把正法唯一的力量消滅了，中國佛教依舊是被「黑風」不斷吹襲著，直到今天。

皇帝們最喜歡的是密宗的雙身法，因爲既可以享受美色，而且還可以對外講得振振有辭，說是修證成佛之道。打從明朝中葉開始都是如此，然後滿清將近三百年，每一代的皇帝都宣稱努力學佛，都自稱是菩薩，結果都是在修雙身法，都以六識論邪見作爲根本。雍正更把他當王爺所住的王邸捐出來，專門給喇嘛去亂搞女人，就是現在人們所稱的雍和宮；直到現在，裡面都還供有許多雙身像，近幾年才把那一尊最大的雙身像，用遮羞布遮住正在交合中的下半身。雍正皇帝是最大力支持密宗的人，然後乾隆有樣學樣，所以下江南花錢，其中有個目的就是要找女人，若是眞正漂亮的就帶回皇宮裡面去。清朝一代一代皇帝，除了最後那二位以外，全都是廣納嬪妃，那樣也能叫作實證的菩薩，眞好笑啦！

然後改制民國以來則是戰亂頻仍，自性「觀世音菩薩」妙法不便出世，正法無法弘傳，就使喇嘛教有機可乘，因此這一種外道「黑風」不斷地猛吹著。那麼諸位想想看，十年前、十五年前，你們大家在正覺同修會修學佛菩提道的航路上，就好比開著一艘法船；當時這一艘法船還不是很大，因爲人家動不動就是幾十萬信眾、幾百萬信眾，我們正覺那時不過是一百多人、五百多人，現在不談信徒，眞正實修的會眾大概也就只是六、七千人吧！就算加上信徒有三萬人好不好？比起臺灣號稱一千多萬佛教徒來，比起大陸號稱幾億人的佛教徒，咱們人數到底是多還是少？太少了！那我們開著這樣一艘小船划著划著，可是船外那些「黑風」不斷地吹，這也眞的是「黑風吹其船舫」啊！慶幸的是咱們這一艘小船具有無比的浮力，而且是金剛打造的，永遠堅固不壞；全都因爲我們這艘小船上有「觀世音菩薩」，所以就算被「黑風吹其船舫，飄墮羅刹鬼國」，我們也不必害怕。

什麼叫作「飄墮羅刹鬼國」？因爲往往被毀謗的時候，氣憤塡膺說：「明明是正法，明明是了義法，明明是最究竟法，而且是這麼清淨的法，偏偏要被那一些附佛法外道密宗刻意毀謗。」因此生起了瞋心，這時瞋心一起就是「飄墮羅刹鬼國」去了。所以就有不滿的心態，甚至於有時候心裡面動了念說：「這些壞蛋，怎麼不趕早死掉算了？」這時就是「飄墮羅刹鬼國」了；但是，「飄墮羅刹鬼國」也還有別的原因哪！可是只剩下半分鐘了，得留給輪値老師宣布事情了。

《妙法蓮華經》〈觀世音菩薩普門品〉，上週講到一百九十頁第六行：「假使黑風吹其船舫，飄墮羅刹鬼國，」我們上回好像是講到一半，還沒有講完。「黑風」在事相上來說，駕船出海如果遇到狂風暴雨，天空一片黑，光明很少，那時猛風狂吹，有人會用四個字來形容，叫作「鬼哭神號」；因爲在那個狂風暴雨，鬼、神不一定會死，然而他們知道這會死掉很多有情，惻隱之心一發不可收拾，當然就是鬼要哭、神要嚎叫呀！那眞叫作「黑風」猛吹；如果駕船出海遇到了這樣的黑風，大約是九死一生。

在理上來說，「黑風」在末法時代的佛教界裡不斷地吹著，不曾止息過；莫說末法時代的現在，即使 世尊在世時也是如此，所以 世尊說有九十六種外道見；有時說得少一點，也說有六十二種外道見。當這九十六種外道見只是少數人信受時，就像是萬里晴空中，有一片烏雲在天空飄著；由於晴空萬里光線反射的結果，那朵烏雲也就不怎麼烏，頂多是帶個灰色。可是這九十六種外道見如果非常普遍地存在佛教中，這時正法光明——也就是三乘菩提的智慧光明，就會被普遍遮蓋；當正法智慧的光明被普遍遮蓋時，絕大多數佛弟子們修學佛法的時候，就很普遍地落在這些外道見之中。如果單單只是如此倒也還好，因爲只是黑暗而無狂風；可是黑暗的結果，往往不久就伴隨著狂風。

假使在全面都很黑暗的環境之中，終於有人出來揭示了三乘菩提的眞實義理，等於是在一片大黑之中看見了那麼一丁點的光明，於是那些黑暗邪法的勢力忍不住了，想方設法要把三乘菩提的智慧光明吹熄。可是這個智慧光明是沒辦法被吹熄的，因爲祂是眞實義，祂是究竟的實相，是不可被推翻的。所以小風吹一點，也就助長了智慧法門的光明，這個光明的小火炬就變得亮一點、強一點；於是黑暗勢力就加大了風勢，然而黑暗勢力狂風越加大力道，這個智慧光明也就隨之越強；到後來黑暗大風可就狂掃了，但是不管怎麼掃，都是如風吹光，風要怎麼樣才能把大白天的光吹走呢？沒辦法的；但他們不懂，所以就不斷地狂吹，想要吹熄光明。當他們吹到很強烈的時候，那一些境界其實就是「羅剎鬼國」的境界。在羅剎鬼國中沒有安寧可說，而佛教界裡的「羅剎鬼國」境界是什麼？正是密宗！但密宗只是其中的一部分，還有正統佛教中的凡夫大師們，縱容迷信表相的徒弟們，努力對正法光明加以毀謗、抵制、破壞，然而終究力有未逮，正法光明依舊繼續照耀著。

那麼「羅剎」的境界到底是什麼？羅剎的特性就是心地凶狠，愛吃血食加上愛喝酒，又重貪慾，這就是「羅剎」——特別是女羅剎。那麼諸位想一想，密宗喇嘛們修息增懷誅而作供的時候，供的是什麼？是鮮血喲！還不是豬血糕那種煮過的，而是鮮血。羅剎所吃的肉還得要生肉，並且得要是紅肉，不要白肉，所以豬肉他們不吃，要吃紅肉。接著飲酒是免不掉的，另外兩樣就不要講，講了讓人倒胃口，你們讀過《狂密與眞密》就知道了，他們稱之爲五甘露。

所以密宗那個境界就是「羅剎」的境界，因爲羅剎愛的就是這些東西，所以密宗喇嘛們修息增懷誅時上供就要這些東西。然後羅剎們來受供的時候就化現成佛菩薩的模樣，但是沒有白光、沒有金光，就只是純紅光，不然就是純藍光、純綠光，看了都很噁心，那就是「羅剎」的境界啦！這羅剎的境界就是密宗的境界。

還有一個是「鬼國」，俗話說鬼迷心竅，我們臺灣有一句俗諺說：「人牽不肯行，鬼牽矻矻行。」（閩南話）國語直譯過來就是：「人牽不肯走，鬼牽矻矻走。」就是成語「孜孜矻矻」的「矻矻」。有智慧的人一定不這樣作，可是有智慧的人永遠是少數，因此大乘地區的海峽兩岸佛教，當我們二十幾年前出來弘法說：「開悟之標的就是第八識如來藏。」那時佛教界一片譁然，其中有些大道場就毀謗說：「正覺同修會是自性見外道，傳的是外道神我的法。」我們早期一直被人家這樣無根指控，各大道場都不敢落實在文字上，都是用言語這樣私下不斷地指控，那時我們眞的叫作四面楚歌。

但是我說，這樣的形容還客氣；因爲楚歌才只有四面而已，但我們當時遭遇到的是什麼？正是黑風狂吹啊！一大片烏雲漫天遮蓋、密不透光，然後黑風越吹越猛，最後變成黑色狂風。當年他們都主張開悟明心就是離念靈知，說這離念一小時中都不起語言文字妄想，叫作小悟；如果能夠一整天都不起妄想，叫作中悟；如果連著幾天都可以一念不生，那叫作大悟徹底。後來我們不是講過嗎：「即使給你三年始終都離念，也不算開悟，因爲只是識陰的境界，而我們正覺所悟的是永遠無念。」現在也還如是，譬如我在這裡講法，不斷跟大家講經說法，語言文字一大堆時，我家的「觀世音菩薩」如來藏一樣是離念，而且是永遠離念。

可是當年諸方大師們都不接受，他們一心一意要保護那個離念靈知意識境界，特別是密宗，才能支持他們在雙身法中的離念境界，說是修成報身佛的境界，其實根本不是報身佛境界，只是雙手環抱的抱身假佛境界。於是他們各自關起門來繼續在道場中打坐求一念不生，密宗則是繼續在雙身法中保持一念不生，但那些都只是意識或識陰的境界；尤其是六識具足不離識陰的密宗樂空雙運。那麼這樣一來，正好符合了世俗話說的鬼迷心竅，其實正是禪宗祖師說的：「每日裡坐在黑山鬼窟作活計。」黑山鬼窟是什麼？是誰住的境界？鬼神住的境界嘛！因爲那是鬼窟，所以不是修行人應該住的境界，特別是密宗的雙身法樂空雙運境界。

那麼這樣子一個山頭又一個山頭連綿不斷，全都住在「羅刹鬼國」裡面幹活；臺灣這邊如此，渡了海到另外一邊的大陸去，佛教界亦復如是同樣住在「羅刹鬼國」，因為大陸佛教的密宗遍布全國，大部分變成了羅刹化的假佛教，還託名為藏傳佛教而滲入大部分佛教寺院中。可是那黑風不斷地猛吹，勢力終究有盡，漸漸地衰弱下來，因為黑風吹得越厲害，正法道場就必須回應而作法義辨正，於是正法光明也就顯示得越強烈。當密宗的「黑風」吹得最厲害時，三乘菩提的光明也就變得最強烈，因為一定會有越來越鮮明的對比。

當正法光明很強烈時開始有了一點轉變，以前很努力抵制如來藏妙法的大師們私下裡開始說話了：「我們從現在起，不要再去評論蕭平實了。」是不是心服口服？當然不是呀！諸位點頭可別點太早了！因為他們成立研究小組專門研究正覺的書中法義，後來自己掂掂分量，知道自己不足以抗衡正法的光明。正覺的人雖然不多，可是你們想想，正覺同修會裡面是一頭又一頭雄獅，又有許多小雄獅正在陸續出生中；而他們只是一群披著狼皮的綿羊，所以乾脆安分一點，免得惹來無妄之災。因為只要誰敢亂批評正法，批評得嚴重了，我們就為他出專輯（大眾笑…），讓他名留千古啊！

後來對岸有一位很有名的大師死前也說了：「蕭平實畢竟是有證量的，

以後大家不要反對他；我將來死後，要把我某些講禪的書籍盡可能回收。」這就是有進展了。但爲什麼會有進展呢？因爲蕭平實出來大聲疾呼：「南無觀世音菩薩！」也就是說要歸命各人的自心如來如來藏。而他們也不斷地去自己試著誦誦看、稱名看看：「『南無觀世音菩薩』就是南無自心如來；既然要歸命自心如來，而正覺在很多書裡面都告訴我們：『意識是生滅法，識陰六個識全是生滅法。』又告訴我們說：『世尊早就講過了，一切意識不論粗、細，也不論是過去的、現在的、未來的意識，不論遠的、近的意識，全部都是生滅法，全部都是二法因緣生、三法因緣生，這聖教不可推翻，經典中確實有明文記載著，我們不該反對正覺的說法，以免死時遭逢謗法之果報。」

然後又想：「這正覺裡面的書中又說：『我們意識覺知心，不管是離念或有念，在眠熟、悶絕等五位中必定間斷。』」心裡面一想，這些都是自己可以證明的事實，不能反對呀！所以即將要捨報的人就趕快對已入門的弟子們澄清：「我們這個離念靈知境界不是眞正的開悟，從此以後大家都不要認定這就是開悟境界。」所以有一位很有名的大居士，他那個姓也很奇特，有方向性，諸位猜一猜；他捨報後，他的官網就登出他的聲明說：「我只是作學問研究，別人要說我開悟，我也沒辦法，但我從來沒有認為自己是開悟的人。」欸！這對他可眞是好事啊！

至於年輕的大師們，總是要繼續再熬下去，總要等他們即將捨報的時候再來處理，不然他們現前的利養與信眾的問題要怎麼解決？難道要讓那一大片山頭，在自己手裡開始難以維持嗎？因此我們很能體諒他們的心境。可是我們的正法光明還是得要繼續綻放，絕不休歇，但我們可以體諒他們的窘境。這就是說，當你把自家的「觀世音菩薩」請出來，讓大家知道原來每一個人都是觀自在菩薩；當你找到了自己的「觀世音菩薩」時，眞是自觀自在啊！那麼這時你的般若智慧就現前了；由於這個緣故，你就知道原來每一個有情都有「觀世音菩薩」，隨時隨地在觀照自己五蘊發出的無聲之聲、有聲之聲，永遠都是「能為救濟」的啊！

這一種情形其實不是末法時代才開始，而是 佛陀住世的年代就已經有很多種類的外道了。佛陀還沒有示現在人間之前，並沒有佛弟子，也還沒有佛教呀！當然全部修行人都是外道。那些外道有人不斷地傳說著如來之法，大多數人則是自稱是阿羅漢，但沒有一個人是眞正的阿羅漢，或是眞傳如來之道，直到 世尊出現於人間。所以那時是一片的外道境界，絕無正法，等於一切人都「飄墮鬼國」之中；那時還沒有羅剎，只有鬼國，因爲大家都是自以爲證涅槃，但都是錯誤地落在三界法中，不外於生滅法，成就大妄語業。

「羅剎」境界是到部派佛教後，才慢慢開始出現；就是印度教出現以後，其中有個性力派的支派，專修雙身法；由於大乘菩提實證的困難，這個邪法開始被佛門中的凡夫僧眾們拿來使用，於是「羅剎」的世界開始出現在佛門中。這種「羅剎」的世界，諸位如果有機會去朝禮聖地時，旅行社會附帶安排一些觀光景點；如果去到尼泊爾的舊皇宮，那皇宮全部都是用檀香木建造的，但已經很舊了；可是到了那邊看時你們別覺得奇怪，那上面雕刻的是羅剎最喜歡的境界，也就是西藏密宗那些喇嘛們最喜歡的境界。

還有就是，那些皇宮的房間門口會掛著一種東西，彎彎曲曲的很奇怪；你們知道那是什麼嗎？那是人類的腸子，把它洗清潔及乾燥後，灌了空氣在裡頭，然後掛在門框上。門不是都有框嗎？他們就拿來掛在門框。因爲尼泊爾的皇帝都信密宗，不曉得他們的新皇宮有沒有繼續這樣掛？但這些其實都是羅剎的境界。但是天竺佛教中，羅剎境界還沒有出現之前，全都是「鬼國」

的境界；因爲大家都是以識陰的離念作爲無餘涅槃，才會有外道五種現見涅槃混在佛門中。但那都是外道的現見涅槃，其實沒有見到眞正的涅槃。

眞正的現前看見涅槃境界是菩薩之所見，是現見五陰尚在而與如來藏共俱，此時已經是不生不死的涅槃境界，這才是眞正的現前看見涅槃。那外道的現見涅槃，必須冠上「外道」兩個字，因爲那些都不是眞正的現見涅槃，是錯把識陰的生滅境界，或者錯把意識的生滅境界當作是涅槃，而說是現前看見了涅槃。所以有的外道大師把欲界定、未到地定，有的是把初禪、有的是把二、三、四禪當作涅槃，其實都不離識陰或者意識的境界，那其實都是住在「鬼國」中。他們所以爲的涅槃，在那裡面每天用功，禪師們都說那叫作「鬼家活計」，就是一群鬼他們家裡所作的工作。

所以當「黑風」吹襲時，顯現出來的「羅剎」境界或者「鬼國」境界存在人間，其實都是正常的。難就難在末法時代放眼所見，佛教界全都是羅剎境界，都是鬼國一類大海；不論把船開到哪裡去，若不是鬼國，就是羅剎的國度；那你這艘法船這樣開出去，黑風一定是對你猛吹的呀！當黑風猛吹時，你就順著風去；但不管是被吹到羅剎國、鬼國，你都順著去；去到那個地方時，只要高聲大呼：「南無觀世音菩薩！」那麼這時立刻就會解脫於羅剎之難，不被殺害。當你可以不被殺害時，跟隨你的人也就不會被殺害。

也許有人想：「真的不被殺嗎？」我們就舉個例說好了，古天竺龍樹菩薩的弟子提婆，他不是被殺了嗎？也眞的死了；可是他並沒有眞的死去呀！他如果眞的被殺了也就有死，就不會有後來的中國佛教，也就沒有今天的臺灣佛教，什麼佛教都沒有了，因爲這個法經不起考驗。若是殺了就會有死，那你學正覺這個法幹嘛呢？因爲是殺不死的。提婆的智慧可高了，龍樹是他的師父，但龍樹所講的法也只及於般若，提婆可是三乘俱通的人呢！所以有一天師徒兩個人突然異想天開，龍樹說：「我這個《中論》，假使改用意識來說，你認爲怎麼樣？」當然他的目的是要顯示說：「我這個《中論》全部都不是在講意識境界，所以用意識來講是不通的。」

提婆菩薩當然知道，於是當場說：「那我就把你破了。」意思是：如果要用意識來解釋《中論》，我就把你破了。後來師徒兩個人還眞的玩了起來，龍樹就試著用意識境界來解釋他自己寫的《中論》，提婆就把他一一破了。這也在告訴我們說：佛法不是在講一切法空，而是說有一個可以被你觀察的眞實心，祂在一切時候都是自在的，你都是可以現觀的；反過來說，當你不去觀察祂的時候，祂依舊是自在的，這就是《心經》裡說的「觀自在菩薩」。所以提婆在龍樹往生極樂世界以後，接著都用如來藏妙法不斷地弘揚，這樣使得正法威德全部彰顯出來，六識論的假中觀就分明被顯示是識陰境界了，再也沒有辦法假藉《中論》的模糊地帶來發揮；於是那些部派佛教仿冒的大乘的六識論僧人，他們受不了，去把提婆菩薩刺殺了，就推說那是外道們刺殺的，把責任推給外道。

外道跟提婆菩薩有什麼深仇大恨，需要去殺他？並沒有啊！一點動機都沒有。因爲你弘揚你的佛法，他弘揚他的人天善法，互相沒有什麼利害上的牽扯。有利害牽扯的是聲聞法部派佛教，他們是六識論的僧人；因爲他們的名聞利養受到影響了，於是去把提婆殺了。可是提婆被殺了以後有死嗎？沒有死呀！因爲死的只是五陰，可是他的「觀自在菩薩」就來個急難救助，幫他又造了另一個五蘊出來，轉到下一世繼續弘法，所以是殺不死的。

那你們一定想：「喔！這提婆好厲害。」可是我告訴諸位：你們一樣厲害，因爲你們也是殺不死。殺不死是有兩個原因，一個是我執還沒有斷盡，當然殺不死，還會有未來世的再度出生；另一個原因是因爲當菩薩不當聲聞人，當然是要起惑潤生，或是留著一分思惑不斷，來滋潤未來世重新受生，當然殺不死！只有阿羅漢才會被正確的聲聞法殺得死，所以我說大家都一樣很厲害。

這就是說，你既然修了菩薩道，一定是每一世都要駕著法船出航的；雖然不是每一世都由你來掌舵，但是你總是在同一艘船上幫忙，有因緣時就由你來掌舵。當這艘法船開出去，一定到處都是黑風猛吹的，因爲都已是末法時代了；因此你所遇到的，凡是有陸地的地方全都是羅刹鬼國，這時候總得要有人出來呼喊：「**南無觀世音菩薩！**」當他大聲呼喊的時候——因爲有的人忽然間忘了，所以當他大聲呼喊的時候，大家聽懂了：「**唉呀！原來是這回事。**」於是也就跟著「**歸命觀世音菩薩**」了！一旦眞的歸命，你就永遠不死了。所有的外道見，不論是九十六種外道見、六十二種外道見，都無可奈何於你啊！所以你就脫離了九十六種、六十二種羅刹的境界。

那麼羅刹之所以爲羅刹，是因爲貪著五欲之外還要取人性命；在經中很多地方提到羅刹都是怎麼說的：有人爲了要去尋找很名貴的珠寶，所以駕船入於大海；結果遇到一個地方上了岸，有好多漂亮的女人，那些女人都把下船的男人拉著不放；因爲她們太漂亮了，所以男人大多跟著去當人家的丈夫，把家裡的糟糠之妻給忘了。可是極盡魚水之歡以後，每一個人在第二天就被那些漂亮的老婆吃掉了，因爲那是羅剎變化的。有智慧的人看穿了，縱使一時無法脫身，總是想方設法最後脫身回來講出這個事實，所以羅剎的特性就是貪著五欲之外還要取人性命。

那你在宗教界——當然包括佛教界，四處所遇見的都是要取你法身慧命的人，豈不是羅剎？當你說開悟是要證第八識如來藏，他們還要破斥你，然後用他們大山頭的威勢壓你：「**你聽師父的話就對了，不要去信人家亂講啦！如來藏是外道神我，你還要相信嗎？**」這已經是很常聽到的事情，所以我說他們都在取人法身慧命的性命。他們最喜愛的是什麼？他們表面上是維護開悟聖者的身分，背地裡其實是爲了名聞利養、眷屬等。但他們所以能夠有名聞利養和一大堆眷屬的原因，都是因爲他們頭上戴著一個「聖人」的帽子。

但他們那頂帽子是用紙糊出來的，並不是用黃金打造的；所以有一天突然有菩薩來了，到處灑甘露水；這甘露水一灑，他們的聖人帽子不就糊掉了嗎？所以大家一看就說：「唉呀！原來那個帽子是紙糊的，不是眞的。」於是好多人看到以後，法身慧命又活過來了；這位菩薩是誰呢？就是每個人身中都有的「觀世音菩薩」，這就是「是諸人等皆得解脫羅剎之難；」因爲人間的羅剎都是想要取人法身慧命的。

我這樣講不知道會不會太刺激？我想可能有點太刺激了！不過將來整理成書籍的時候，還是要把它保留著；因爲有些人已經病入膏肓了，當你爲他們針砭時下手必須要重一點，否則他們是完全無知無覺的呀！例如小兒痲痺症七年了，他們至少也要重針扎上三年；扎三年以後可以回復過來，但往往不像原來那麼好。因爲我年輕時學過針灸，眼看著是有人這樣治好了，後來可以自己走路。好比有一句話說：「七年之疾，求三年之艾。」那卻是用灸來治，也就是用艾絨去灸，道理是一樣的。因爲他們已經痲木不仁了，所以你下針時手法得要重才行；因此將來整理成文字時，這些還是保留著，因爲能救更多人的法身慧命。

那麼話說回來：「其中若有乃至一人稱觀世音菩薩名者，」意思是說，也許同時有兩個人，也許同時有十個人、一百個人大聲呼喊說：「歸命觀世音菩薩！」那就像現在的佛教界一樣，在正覺同修會中如今有幾百個人可以同聲呼喊：「歸命觀世音菩薩！」「皆得解脫羅刹之難」；可是推到二十幾年前，全世界就只有一個人懂得「稱其名號」：「南無觀世音菩薩！」這叫作「乃至一人稱觀世音菩薩名者」，所以當年我應該取個名字叫作「孤獨居士」，好在現在我的知音很多了。

就因爲這樣的因緣，警醒了大家：原來我們大家都有一位 觀世音菩薩摩訶薩。當我們大家好好觀察自己的觀世音菩薩時，那我們就得自在了。可是當我們得自在的時候，我們來看自己眞實的「觀世音菩薩」境界時，竟然是「無眼、耳、鼻、舌、身、意，無色、聲、香、味、觸、法，無眼界乃至無意識界」，最後是「無無明，亦無無明盡」；連你所修的道、所證的道，都已不復存在，原來這就是我們各人自己的「觀世音菩薩」境界。怪不得殺不死呀！因爲沒有眼、耳、鼻、舌、身、意，有誰能殺祂？祂既沒有色、聲、香、味、觸、法，你根本就看不見祂的形色；祂既沒有眼識，乃至沒有意識，祂根本就不曾住在三界中，你能怎麼殺祂？

所以說，「觀世音菩薩」的境界原來不在三界中，但祂卻很厲害，一直都觀聽著五蘊有情的聲音；所以當有情需要時，祂就會來幫忙——無時無刻都在幫忙，原來「觀世音菩薩」是這樣的境界啊！當祂讓人可以離開「羅剎鬼國」的災難時，人們就稱祂爲「觀世音」。所以有時你在呼喊：「救命啊！」有時你根本心裡面連救命兩個字都還來不及喊出來，祂就已經知道了，就開始在幫忙你了。也許有人想：「有嗎？」我告訴你：「有。」如何證明？由你自己證明。等你悟了，你就自己可以證實。自己證實的，無論如何都比我告訴你的好；所以有智慧的人要自己去證實，沒智慧的人就說：「蕭老師啊！你來告訴我吧！」所以如果誰來要我跟他明說，我就說：「那你不是有智慧的人。」

接著說：「若復有人臨當被害，稱觀世音菩薩名者，彼所執刀杖尋段段壞，而得解脫。」這是祂被稱爲「觀世音菩薩」的第五種原因。如果有人面臨到即將被殺害的時候，他在口中稱唸「南無觀世音菩薩」，就這樣子稱唸著菩薩的名號，想要殺他的人，手上所拿的刀子或者木棍就會段段毀壞，於是他便得解脫了。我們當然要偏在理上來說，但事實上觀世音菩薩的靈感，是有非常、非常多人體驗到的，古來的文獻記錄眞是不勝枚舉。

有的人也許沒有感應到，心中有點懷疑也是正常的；可是如果不是　觀世音菩薩指點了我，我可能還會多混個十年才會悟入；然後弘法就會跟著晚十年，那麼諸位大部分人應該今天都還不會進入正覺來。這是由於我還沒有離開胎昧，這一世剛學佛的時候，我也是被「黑風吹其船舫，飄墮羅剎鬼國」：一天到晚坐在那邊一念不生，什麼智慧都沒有生起，具足無明，不正是「飄墮羅剎鬼國」嗎？如果不是坐在那邊一念不生，至少還有世間智慧呀！心中總能分辨：這個是善事，這個是惡事；惡事不能作，善事多作一點，未來世至少生天享福不墮惡道。至少還有這個世間慧啊！

可是當我每天坐著一念不生，什麼世間慧都沒有生起，更別提三乘的出世間慧了，那就是禪師們罵的「黑山鬼窟」境界，卻是被假善知識教導出來的邪見邪修，豈不正是「黑風吹其船舫，飄墮羅剎鬼國」嗎？所以始終都有作不完的義工，就一直去作；後來　觀世音菩薩提醒說：「開悟哪有那麼簡單？心地那麼忙！」於是就把一切丟了，什麼都不管啦！從那一天開始就大門不邁，二門不出，關在自己的房子裡面，就這樣子參禪，參了十九天還是沒有用；因爲這前後共十九天，有十八天半依舊是住在「羅剎鬼國」中，看著話頭在那邊等著開悟，眞的要叫作「將心待悟」。這是因爲大師教的方法是不對的，我依他教的方法用功，根本就沒因緣可以悟入。

第十九天到了大約下午三點鐘左右，就全部丟掉說：「大師教的那些對於佛法的實證，根本就沒有一個方法可以幫人悟；如今沒辦法了，不如我自己探究看看好了。」所以才從「明心見性」四個字下手，這一下手思惟整理出來時，唉呀！那不過二十分鐘就全部解決了：心也明了，性也見了！那時候說：「嗯！這還不錯咧！」可是當時就敢承擔嗎？其實也不敢；心裡終究有些疑著：「這到底對不對？這就是開悟了嗎？」把見道報告寫了出去，始終沒下文，石沉大海。因爲大師自己都沒有證得，如何能爲我勘驗？

於是我就只好自己讀經，從經典中找根據，自己檢驗。就這樣每天讀經典，一天讀十個鐘頭；早上讀，下午讀，晚上吃過飯再讀；就這樣一直讀，後來終於確定：「對！這就是開悟了。」所以我說，普天之下都是住在黑山鬼窟裡面，那一些大師們，一個又一個都不懂得求「觀世音菩薩」，因此沒法子讓「觀世音菩薩即時觀其音聲，皆得解脫」。但我也沒有去求呀！可是觀世音菩薩可憐眾生，所以給了我這兩句話，教我要自己用功；因此我就下定決心什麼都不管了，就只是專心參禪，才能與自己的「觀世音菩薩」相應；當時有人送我一幅白衣觀音的畫像，我就寫了一個對子，請張老師幫我寫了，然後一起去裱起來，上聯是「眞心清淨不觀自在」，下聯是「倒駕慈航常觀世音」。

但是再想回來，諸位能不能像我當年那樣作到整整十九天都不出門？恐怕你們家裡老婆一天到晚不只是碎碎唸，每天過堂前只怕會是碗盤碎、碎、碎（大眾笑…）！一定會這樣抗議的，乾脆就摔盤子，每一次洗碗就摔一只碗，或是摔一個盤子。每天照三餐摔，對不對？因爲老婆大人很生氣：「竟然什麼都不幹，一天到晚留在家裡也就罷了，竟然都不跟我講話，也不陪我看電視，報紙不讀，書本也不讀，也不下來走動，一天到晚蹲在那裡幹什麼？」喔？一定會抗議。那如果是妳們在家裡待十九天，也都不煮飯做菜，妳先生會怎麼樣？欸！所以也不容易啊！

好在我有這個福報，有個老婆怎麼樣都不管我：「你只要在家裡好好學你的佛，我什麼都不管你。」我就這樣子努力十八天半，最後發覺不行，就全部丟了，我自己來，然後二十分鐘全部解決了。但是追究到源頭，這也還是因爲有人點醒了我，就是　觀世音菩薩點醒我說：不要再到處去奔忙了，你自己的道業重要；你一天到晚去作義工，到處忙活，在你心中掛著那麼多的事情，怎麼能參禪？開悟不是那麼容易的事。這就是　觀世音菩薩憐憫眾生，所以這樣子給了我兩句話；我聽了就知道菩薩要我自己努力參究，還有很多人的道業等著我幫忙，所以能夠走過來啊！這是我這一世的感應，過去世的感應就不談它，因爲也有被收在大藏經裡面，也就不談它。

那麼「若復有人臨當被害」，我們剛剛講的是事相上的，現在可要說理了。「臨當被害」，是誰臨當被害？我說剛才講的都是事上的，現在要說理了，理上講的「被害」會是五陰「被害」嗎？當然是法身慧命「臨當被害」。這個「有人」是指法身慧命，那麼諸位想一想：被害的，或者說我們應該要害死的，是法身慧命還是五陰？應該要害死哪一個？對嘛！是應該害死五陰！否則怎能解脫三界生死呢？可是人家要害我們的法身慧命時，我們法身慧命絕對不能讓人家害；但我們要自害，害什麼呢？害五陰；從理上把五陰自己害死了，法身慧命才能活轉過來。而且這個五陰，我常常說「他害不如自害」；自己願意把五陰害死，法身慧命才能早日長得健壯啊！

如果這個五陰是要祈求別人來害死，自己下不了手，那麼未來法身慧命就不會長得強壯；因爲由別人來害五陰，往往雖死猶活，總是不願全部死盡。才得要等法身慧命出生以後，再用法身慧命回過頭來把五陰一分一分害盡，所以我說「他害不如自害」。如果願意自己把五陰害死，那麼一定死得透；所以「臨當被害」的寧可是五陰，千萬不要是法身慧命被害。到處都有人要害死佛弟子們的法身慧命，我們不要讓他們害別人；而他們又都不肯害別人的五陰，因爲他們自己也不懂得要自害，所以我們要教導大眾來害五陰；理上把五陰害死了，法身慧命就能逐漸活過來，所以法身慧命要好好保護。

那麼關於「若復有人臨當被害」這一句，請把補充資料播映出來，這是《大寶積經》中的一段開示。《大寶積經》卷一〇五〈神通證說品〉：

【爾時世尊爲欲除彼五百菩薩分別心故，即以威神覺悟文殊師利。文殊師利承佛神力，從座而起，整理衣服偏袒右髆，手執利劍直趣世尊，欲行逆害。時佛遽告文殊師利言：「汝住！汝住！不應造逆，勿得害我。我必被害，爲善被害，何以故？文殊師利！從本已來無我、無人、無有丈夫，但是內心見有我人。內心起時，彼已害我，即名爲害。」】

這段經文有個前提，就是在法會上有五百位菩薩，他們已經證得第四禪，並且也都有五神通了，因此他們都有天眼通，也有神足通可以飛來飛去，但始終無法親證菩提；爲什麼呢？因爲他們以四禪所得的五神通，看見過去世五百個人同在一起，共同造了破壞正法的大惡業；雖然今世正報、餘報已經報盡，回來人間親近佛法而修得四禪和五神通了，可是悔箭入心、牢不可拔，因此不能證法。愚癡人不會看見這些，沒有四禪和五神通的人也看不見這些；因爲一般人大多是依於欲界定去發起五神通，他的宿命通頂多看到前一世、前三世，就算很厲害了；想要看到很多劫前，他們都是看不見的。

如果有第四禪，而且其中的定境全都實證具足圓滿了，然後去修得五神通，就可以看見很多劫前自己的事情。這五百個人往世造作了殺父母賢聖、破壞正法寺院的大惡業，經過了正報、餘報完畢，已經是無量劫後了，這時才終於來到 釋迦如來的時代，也隨著 佛陀修學很久了，四禪、五神通都已經證得了，但是在佛菩提上卻是始終都無法實證，是很嚴重的事情。那一些惡法的種子沒有經由徹底懺悔去滅除，而只是在事相上面懺悔；但眞正徹底的懺悔，是要經由法的實證，然後作實相懺，才可以從身心中眞的滅除。那他們正因為無量劫前造作了破壞正法、毀謗賢聖的事情，現在有四禪、五神通，由於佛菩薩幫助而看見無量劫前的那些事情，就像是有一根後悔之箭射進心裡面而牢不可拔，所以叫作「悔箭入心」，由於這個緣故，佛菩提道永遠都無法實證。

這時　世尊為了要除掉他們這一種後悔的分別，希望他們證得實相中沒有分別的境界，不要再去牽掛無量劫前毀謗賢聖破壞正法的那些惡業，想要教他們轉依於實相境界而把那個障礙滅除掉，分別心才能究竟否定，否則他們老是在分別：「我們往世造作了那麼重的惡業，現在應該是沒有辦法證佛菩提果了。」老是被這個悔心障住，於是　世尊以祂的威神之力，警覺　文殊師利菩薩，讓他配合來演一場法戲。世尊若是想要告訴你什麼，不必用語言文字，也不必作什麼動作，祂只要動一個念給你，你就知道祂要你作什麼。

這是我自己親自經歷過的，因為我這一世破參後不久，世尊召見，派了我過去世在覺囊巴時的師父來叫我去，可能我這一世太懈怠，所以才一見便遭罵了，那師父對我蠻兇的：「尊者！我已經等你三天，你怎麼現在才來？」我心想：「奇怪呀！我又不知道你在等我。」可是不敢講，因為他很兇，然

後就跟著他去見了 世尊。當然我還不知道那就是 世尊，長得有一點像電影明星奧瑪雪瑞夫，也是捲髮。只是奧瑪雪瑞夫的臉有一些地方凹進去，世尊卻完全圓滿，也是捲髮，看來大約三十來歲模樣。我跟上去時，看見師父向祂頂禮，然後就離開了；但我又看見那邊有一尊佛像，我心裡面動個念頭就說：「我先去禮佛，再來聽您開示。」但祂突然給我一個念頭，都沒有語言文字，我當時就知道：「啊！原來這正是世尊。」就直接頂禮了。

所以 世尊不必告訴你語言文字，祂想要讓你知道什麼事時，只要一念就能讓你知道，也因爲你想什麼祂都知道。所以 世尊這時用威神之力警覺了 文殊師利，文殊師利菩薩馬上知道 世尊要他作什麼，於是他就秉承著 佛的威神之力來作這一件事情；因爲所有妙覺菩薩都不敢這樣作的，當然是要秉持著 佛的威神之力來作——這是佛授意要這樣作，我就依佛的授意來作，所以叫作「承佛神力」。於是 文殊菩薩從座位上站了起來，先把衣服整理好，可不要衣服亂七八糟，可就不恭敬了。

整理好了才去作，是對 佛表示恭敬的意思；然後「偏袒右髆」——把右邊肩膀偏袒出來，同樣是表示恭敬的意思。整衣服是表示恭敬，「偏袒右髆」也是表示恭敬；就好像我們搭衣時一樣，就是爲了表示「偏袒右髆」的意思，都是表示恭敬。因爲講經是很重要的場合，一定得要這樣。接著手裡拿著一把利劍「直趣世尊」，就是直接往 世尊的所在進逼。

從表面上看起來，這是想要違逆 世尊、殺害 世尊；這時 世尊隨即告訴 文殊師利說：「你停住啊！你停住啊！」眞正的菩薩這麼被吩咐了，當場停住也就悟了。當然，這五百菩薩因爲悔箭入心、惡業遮障，一定沒有辦法在這時就悟入，因此 世尊繼續開示說：「不應造逆，勿得害我。」說不應該造作逆事，因爲妙覺菩薩是下位，佛陀是尊位，若是殺害 佛陀或逼迫 佛陀，全都是造逆罪，所以說：「不應造逆，勿得害我。」然而不要害我，這是指哪個我？欸！不要害如來藏啦！當然，如來藏不可能會被害死，但是卻不該違逆這個眞實我如來藏，所以「勿得害我」這個我，其實是如來藏。

這個話題一轉又說：「『我必被害，爲善被害。』是說：『我』一定會被害死，因爲我造作了善事所以被害死了。」這個我又是指哪個我？是五陰！所以你們看，佛法之難以理解就在這裡；一定不會跟你直接說這個我是什麼，而那個我是什麼，你讀起來時往往會認爲這兩個我都是指意識我。如果是六識論者，就只有一個選擇，兩個我都是指意識，那他們怎麼能讀得通？所以他們要想實證般若，講句俏皮話叫作「門兒都沒有」；不但如此，窗戶也別爬，因爲永遠都沒機會，全都因爲他們是六識論者。六識論的最終心、最究竟心，也就是意識，邪見我不死，怎能悟入非意識境界的實相境界啊？然而卻是必須修學善法佛菩提道，才能害死五陰我。

所以前面「勿得害我」的我是眞如心，「我必被害」的我則是指意識，但都沒有直接明說是哪個我，那一般學人怎能讀得通？何況他們是六識論者，他們都認爲意識是常住的，這兩個我就全部都指向意識，也就永遠讀不通。可是 世尊說法，其中有眞我也有假我意識，而密意就在其中，不可以用耳聽。但是 世尊自然有祂的加持威神之力，祂想要讓這五百位菩薩知道這裡面的道理是什麼，祂只要一念，這五百位菩薩就知道了：這個我是五陰，而另一個我是如來藏，一聽就懂了。現在 世尊說：「你不應該造逆啊！不可以害我啊！」佛門中是誰造逆？造逆的都是六識論者，八識論者都不會造逆。六識論者就是造逆者，因爲每一天，他們身中的「觀世音菩薩」不斷地在幫忙他們，而他們卻一天到晚否定說：「世間沒有觀世音菩薩。」這是不是造逆？是呀！

又一天到晚毀謗說：「哼！聽說觀世音菩薩很靈感，但我都沒有感覺到。」不但事上的觀世音菩薩很靈感，理上的「觀世音菩薩」一樣很靈感，每天都在幫忙他們，而他們個個都去否定，哪有什麼辦法幫得上忙？就像有人溺水即將死了，有大善人把手伸下去給他拉，但他們一天到晚不斷地罵著：「你是惡魔、你是惡魔。」同時一直把人家的援手撥開，你說他們如何能得救？當然他們的法身慧命必定要被自己害死；所以我說他們是「已經造逆，必然害我」，他們的法身慧命必然要被自己所害。

因此說，不要太剛愎，對自己總是好一點；先聽聽人家的說法，然後把諸方的說法拿來作分析、評論、比對，自己最後再來作判斷，對自己才是最好的。可不要人家才剛一說，就直接否定：「唉呀！那是邪魔外道。」然後就丟棄不聽了。這一丟也許十年，也許五十年，也都還好，怕的是這一丟就是五百世。可是話說回來，若是這一丟經過五百世才會再遇到這個法，老實說來也還算好，因為他至少沒有毀謗。如果毀謗了，可不只是五百世了，諸位看這五百位菩薩都是無量劫後才能重新遇見正法。

再回到　世尊的開示來：「不應造逆，勿得害我。」對自己的「觀自在菩薩」千萬不要違逆，因爲明眼人都親眼看見他的「觀世音菩薩」不斷地在幫助他呀！既然不是只有一人、二人、三四五人，而是有幾百人這樣子走過來、證實了，何妨信一信！反正過去學佛二十年都被騙了，被正覺再騙個二十年又有何妨？何況正覺從來不騙人。那麼這樣聽進去了以後可要改口，不是當悶葫蘆老悶在心裡，要改口相信說：「我應該也是有自己的『觀世音菩薩』在幫忙，所以我的法身慧命依舊沒有死於非命，現在仍然活在眞正的佛法中。」此時應該改口了！那什麼叫作死於非命？就是「大乘非佛說」、「佛已經死了，灰飛煙滅了」、「佛菩提大乘佛法，是後人創造的」，那他信受了，法身慧命就已經死於非命了。

但他現在竟然還可以繼續留在大乘佛教裡面，願意相信自己眞的在「觀世音菩薩」的照顧之下，就表示他還沒有死於非命，他的法身慧命還是繼續存在，所以應該感謝；心裡有感謝就要表現出來，也就是要改口：遇到有緣的人就告訴他：「你有自己的『觀世音菩薩』照顧著，我也有『觀世音菩薩』照顧著，我們都應該這樣信受。然後好好地設法求見自己的『觀世音菩薩』，因爲要好好感恩、禮拜、供養。」於是每天都改口了，這樣遇到人就講解一番，然後自己也設法每天找時間求見「觀世音菩薩」。

可是他這樣子努力是不是立刻就可以見到「觀世音菩薩」？不見得！因爲不論是事相的「觀世音菩薩」，或者理上的「觀世音菩薩」，都很不容易覲見。譬如民間常常有人家裡老是不安，因爲他們家祖先有兩種姓氏，甚至於有的家庭供奉著三姓的祖先，那些祖先往往會爭來爭去鬧個沒完，家裡就不安寧，一天到晚有事；有的人就去問神——去問某某上帝、某某大帝，就去廟裡把神像請了回來，然後每天晚上就把乩童也請到家裡來，在那邊睡覺等候，看什麼時候神要降乩在乩童身上；可是一天過去、兩天過去都沒消息，還得繼續等待，那眞的很辛苦。

眞正求神是這樣子：徵得廟祝同意後，把神像請回來供在大廳的神案上，每天二十四小時都要有人拿著既粗又長的香，坐在神案前上下晃動，二十四小時不停；誰累了就換另一位家人來作，累了就換人。有時要這樣求，求到第四天，神終於降乩來了。但現在大部分是假乩，眞的降乩並不多。若是眞正的正神降乩，都有一面繡著龍或者虎的圍裙圍著，都不穿長褲的；而且一定都是打赤膊，寒流來了降到攝氏六度、七度，他照樣不冷，而且額頭都還冒汗。

然後他開始告訴你，會交代你說，爲何這麼久才來降乩答覆你的問題。這是因爲你把神像請回家祈求的時候，要先用壽金把請問的事情寫上去，然後稟告了就供在神案上；然後家人開始燃香祈求，又不像一般的問事都是當天來降乩解答，整整等了四天才來降乩解答，是爲什麼原因而遲了？是因爲你家這一姓祖先與那一姓祖先，很多都已經往生投胎去了，不在鬼道中，上帝也找不到人可以問，就無法排解啊。那可是忉利天中的天神，因爲往世鬧事的兩姓祖先都已往生去人道了，神可就查不到了；可是三世前的祖先之間的恩怨卻一代又一代繼續傳下來，就秉承著那個仇恨繼續在鬧，家中也就不平安。但是相鬧的祖先都已經往生爲人去了，現在的祖先都不是當事人，這也是很平常的。

就譬如說回教跟基督教的戰爭，「國家地理」頻道、《國家地理雜誌》，都說他們是「兄弟鬩牆一千年」，因爲本來同是一家人，兄弟不和睦而分家，留下當年的恩怨而世世代代繼承下來，依舊鬥個不停；而且越鬥恩怨越深，所以《國家地理雜誌》說他們兩個宗教是「兄弟鬩牆一千年」。分家以後哥哥說：「眞神在我這裡，沒有跟著弟弟過去。」弟弟卻說：「眞神在我這裡，沒有跟著哥哥。」所以每一邊都主張他們的神才是眞神，就這樣兄弟兩個開始了宗教鬥爭；隨著各自傳教，結果鬥到後來變成不同信仰的國家互相繼續鬥；就這樣把宗教仇恨遺傳下來，鬥到現在還在鬥，就是宗教戰爭，已經整整一千年了，眞是沒智慧。

現在他們互相戰爭打來打去，卻都沒有探究：「爲什麼我們會這樣打仗？這個仇恨又不是我跟你造下來的，而是基督教與回教的祖先兩兄弟互鬥，各自把教義寫下來成爲類似『原罪』一類的『原恨』，而我們信徒又不是他們家族的遺緒，爲什麼我們要繼承這種『原恨』而這樣繼續打仗？」如果往前追溯就會知道，那互相之間的仇恨只是兩兄弟之間的事，干我們什麼事？把教義修改以後，那就世界和平了。可是他們都沒智慧，因此繼承那個與自己無干的仇恨，就這樣世世代代不斷地繼續戰爭下去。

那麼祖先的事情也是一樣，因爲很多代了，第一代互相有仇怨的都往生去人間而查不到了，天神也無可奈何，就無法爲信徒解怨釋仇了。但信徒有所求，神不能不回應、不能不辦事，該怎麼辦？就得去求　觀世音菩薩解答。可是諸位！觀世音菩薩對你們可眞慈悲，你們去到龍山寺抽籤時，擲了聖筊確定那支籤了，他馬上跟你指示了，你把籤詩抽下來，答案就有了。可是天神求見他，並不是那麼容易的；所以那天神第四晚終於降乩來說：「因爲觀世音菩薩很忙，直到今天才見著，才能問清楚你們家裡兩姓祖先之間的恩仇，才能解開這個結。」

這可是千眞萬確的事情，因爲有很多家庭遇過這種事情。神要見　觀世音菩薩並不容易，見了以後，觀世音菩薩指示了來龍去脈，神也才能知道啊！觀世音菩薩無所不知，便說明來龍去脈，然後神終於弄清楚：「啊！原來是這樣。」所以降乩幫他們祖先調解，告訴他們祖先說：「你們這一些仇恨是怎麼來的，原因如何、如何。」講清楚以後，祖先們的恩怨都化解開來，然後這個家庭從此以後就平安無事了。那麼你想，求見　觀世音菩薩容易不容易？不容易啊！可是因爲菩薩很慈悲，所以別開方便門，臺北市就有個龍山寺讓信眾們去求問。

話說回來，事上的　觀世音菩薩不容易得見，理上的「觀世音菩薩」易不易見？也是不易啊！所以你看西藏密宗，他們大家不是也想要證實相的境界嗎？他們一天到晚也在講什麼般若、空啊！可是他們都見不到各自的「觀世音菩薩」。一直到篤補巴寫了「他空見」的教義出來，於是他們才知道各人都有自己的「觀世音菩薩」。問題是他們對自己的「觀世音菩薩」「造逆」，成爲眞實「害我」而不是「勿得害我」，所以密宗一天到晚在否定自己的「觀世音菩薩」如來藏的存在。

他們有一篇〈觀音祈禱文〉，大家唱唱誦誦也常常在唸，那他們這樣唸，能不能感應到自己的「觀世音菩薩」呢？當然沒機會呀！而且他們還侮辱觀世音菩薩，毀謗觀世音菩薩也在推廣雙身法，所以編造《佛說大乘莊嚴寶王經》，說只有觀世音菩薩才會懂六字大明咒，又謗佛說：諸佛都還不懂六字大明咒。然而六字大明咒就是修雙身法的咒呀！他們竟然這樣侮辱觀世音菩薩，那你說，他們哪有機會親見觀世音菩薩呢？只會遇見鬼神假冒的觀世音菩薩啦！那他們又如何能證得「觀世音菩薩」呢？

只要心地忠厚誠懇，不懂就說自己不懂，不會就承認自己智慧沒那麼高，願意下心求教，接著先把正知正見建立起來，然後還要努力「行於善事」。

天下最大的善事是什麼？天下最大的善事就是「參禪」啊！參禪是天下第一大善事，諸位想想，世間有什麼善事比這個更大？沒有了！世間的善事不管怎麼造作，全都在世間法的層面裡；造了這些善事以後，結果還是生滅法，未來世受果以後又不見了，又消失了。可是參禪這個「善事」，證悟的種子都會跟著你一世又一世，所以說這才是三界中最爲偉大的善事啊！

建立了正知見，又修集了大福德以後，接著一定要「爲善」——要造善事。造善事的事，就像 文殊師利菩薩手持利劍，「直趣世尊」一樣，這就是眞正的造善事——「爲善」。你可不要懷疑說：「欸！他執持利劍，直趣世尊，是想要殺害世尊，怎會是善事？至少表面上也有威脅世尊的不敬呀！怎麼會是『爲善』？」可是等你哪一天找到了自己的「觀世音菩薩」時，你的「觀世音菩薩」那時都不用告訴你，你自然就知道這果然是「爲善」，不是爲逆。這眞的是造善事，只要造了這個善事，你的這個五陰我，一定會被害死，所以 世尊說：「我必被害，爲善被害。」

世間人所謂的善事都是在使這個五陰之我不斷增長，不可能被害的；可是 世尊說：「我必被害，爲善被害。」因爲造了這個善事，五陰我的我見必然會被殺害。可是世尊怕這五百位菩薩一時之間聽不太懂，接著就說：「何以故？文殊師利！從本已來無我、無人、無有丈夫，但是內心，見有我人。」也就是說，從無始劫以來，本來就沒有眞實的我、眞實的人存在，也沒有眞實存在世間作一切事的人。「丈夫」並不是指結婚以後誰是妻子、誰是丈夫的那個丈夫，「丈夫」是說正在作事的人啦！有時候又叫作「士夫」，也就是士農工商等所有人們。

在三界法中沒有眞實的我存在，沒有眞實不壞的人；世間也沒有誰一天到晚忙忙碌碌在作事，雖然士農工商大家都很繁忙，其實並沒有眞實不壞性的丈夫存在——沒有士夫。全都是因爲裡面的那一個心，所以大家才看得見有五陰「我」這個人。如果不是有裡面的這個「內心」，就不見有我人的色身與覺知心——外心。如果要從二乘菩提來講，這也可以說得通：因爲都是裡面這一個心，才會看見有五陰「我」這個人。這是很一般的說法，但即使是用二乘菩提來解釋這兩句，我們的解釋也還是不一樣，至於不一樣在哪裡？且聽下回分解。

《妙法蓮華經》上週講到一百九十頁第七行：「若復有人臨當被害，」

我們談到「被害」這兩個字，這時得要說到：是誰「臨當被害」？那我們引用《大寶積經》的開示來講解，請歐老師把它放映出來。上週我們這一段《大寶積經》的經文講了一半，只講到：「從本已來無我、無人、無有丈夫，」這意思是說：「從無始劫以來就沒有眞實我、沒有眞實的人、沒有眞實的有情士農工商等等，」上週講完這個部分。接下來說：「但是內心，見有我人，」「但」，是說「只有」或「僅僅」；「是」，則是說「這個」。也就是說：「僅僅是因爲這一個『內心』，所以讓我們看見有我、有人。」今天仍然要延續上一句「從本已來無我、無人、無有丈夫」的說法，來講解這兩句。

也就是說，若是純粹只依現象界的無常、苦、空、無我來說：僅僅是因爲五蘊身中這一個見聞覺知心，所以眾生看見有我、有人；因爲這個覺知心能了知自我，了知別人乃至了知一切眾生、一切諸法。這是延續上面說的「無我、無人、無有丈夫」的二乘菩提層面的說法。可是這段經文中世尊講的並不是這個意思，世尊講的是說：眞實的自我就是我們《法華經》這一品講的「觀世音菩薩」自心如來藏，就是指「內心」而不是外心。覺知心只會向外攀緣了知六塵，不能像「內心」如來藏「觀世音菩薩」不了知六塵境界。

所以眞實理的「觀世音菩薩」是指如來藏妙心這個「內心」，祂是從無始劫以來就沒有我性；因爲祂從來不反觀自我，也不了知六塵中的任何境界，所以祂自己有沒有被恭敬或是有沒有被歧視，祂從來都不關心；對於自己是否存在，祂也從來不關心；對於自己是否能被自己認知，祂也從來都不關心；因爲祂是任運而且完全隨緣的心，永遠都不了知六塵境界，也不返知自己的存在。

由於祂從來不認知有自我，也不覺察自我是否存在，因爲祂是無我性的；既然是無我性，祂心中也就是「無人」。人，是相對於自我而瞭解的對方；當兩個人在一起時，一個是我，另一位就稱之爲人，往往叫作「他人」，我們世俗言語就稱呼爲「你」。相對於自己這個「我」，就稱對方爲「你」。那麼每一個人本來就有的自家的「觀世音菩薩」妙眞如心，既然從來不認知有自我——從來都不感覺有自我，也不會執著於自我，因此祂就不分別對方是什麼人，也不分別對方是什麼有情；都不作任何分別，所以祂心中無我也無人。既然無我也無人，因此祂就不見有一切有情存在。

這句經文裡面說的「無有丈夫」，這「丈夫」不是世俗法說的一個女主人家裡所奉侍的丈夫，而是指能夠有力氣來作事情的有情，便叫作「丈夫」；也就是我們現在世俗話講的士農工商等有情之類，是有作事等作用的有情。既然每一個人五陰家中的「觀世音菩薩」，從無始劫以來就無我、無人，當然也不會去認知其他的一切有情，更不會認知其他一切有情的身分，所以說：「從本已來無我、無人，」這是因為祂無始劫以來本就如此，永無分別。

然而在三界中，特別是指色界與欲界之中，眾生總是認知到有我、有人，為什麼　世尊卻說從本以來「無我、無人、無有丈夫」呢？正是因為各人都有這個「內心」——內裡的眞實心。而這個內裡的眞實心，就是〈普門品〉裡面所說理上的「觀世音菩薩」——第八識如來藏妙眞如心。「但是內心，見有我人。」是說：「完全是因為這個內裡的『觀世音菩薩』第八識眞實心，所以眾生才可能看得見有我、有人。」換句話說，如果我們不是各自都有內裡這一個眞實心，就不會變現出我們這個五陰；同理，別人若不是各有內裡的眞實心「觀世音菩薩」如來藏，也不可能變現出各人的五陰；其餘士農工商、三界六道一切有情莫不如是，都是因為有這個內裡的眞實心，又名「觀世音菩薩」，所以變現出了一一有情各自的五陰。有了五陰，就有覺知心能分別其他人，也能返觀自己的存在，因此就能分別出來：原來在三界六道中之所以能夠有我、有人、有眾生，原來都只是因為各人都有內裡的眞實心——「內心」，才會看見有我以及他人。

假使有人突然間看見了自己內裡的這個眞實心——他看見自己身中這個第八識「觀世音菩薩」了，就說他這個「內心已經現起了」；因為被他看見了的時候，就叫作「內心起時」。當這個「內心」被看見而說是「起時」，就說「彼已害我，即名為害。」為什麼呢？當你看見自己身中的「觀世音菩薩」現起了，若是有智慧的人，心中立即想到說：「原來這才是我的究竟歸依處！」因為五蘊這個我再怎麼樣健康，再怎麼樣長壽，終究是必壞之法；然後從「內心」這個「觀世音菩薩」眞如心的無生無死、無始無終，來看待自己這個五陰的時候，你再也不會承認、再也不肯認同說：「我這個能覺能知的五蘊是眞實不壞的自我。」換句話說，當你看見自己內裡這個「觀世音菩薩」眞心時，你就同時會把五蘊這個我推翻、否定了；這一否定時，再也不會認定五蘊我是眞實我，就說：「你這個『五蘊我』已經被害死了。」

因為當兩者相提並論的時候，你會發覺眞心「觀世音菩薩」是無始也無終的心，性如金剛而不可壞；但五蘊的這一個「我」卻是有始也有終，並且活不過百年，是生滅性的假我。能活到一百多歲的人，在此時的人間就叫作人瑞，因爲太稀有。即使像彭祖活八百多歲，也是一樣不免一死。就算是修得無想定，死後生爲無想天有情，壽命五百大劫，亦復不免一死。即使成爲無色界非想非非想天的有情，活到最長壽的也不過八萬大劫，到時候亦復不免一死。但是內裡這個眞心「**觀世音菩薩**」永遠無死，因爲過去無始劫來，你推尋不到祂曾經有生；祂是無生的，無生則必無死。

再推究未來，即使未來有盡，祂也不會毀壞，所以祂既無始又復無終；因此互相比較起來，在三界中存活的這個五蘊壽命其實微不足道，非想非非想天有情具壽而存在八萬大劫的時光，像這樣長的壽命，依於內裡「**觀世音菩薩**」眞心的無始無終而說，也只是猶如白駒過隙，也只是等於一剎那的一個比例而已。那麼這樣一來，你現觀清楚以後，就把五蘊這個自我全然否定；當你全然否定了五蘊自我以後，你在理上來說不就是死掉了嗎？從此以後再也不肯承認五蘊這個假我是眞實我了！所以說當某一個人「**內心起時**」——「**內心如來藏觀世音菩薩現起**」的時候，他當時就等於已經害死五蘊這個自我了，那麼這樣就叫作「害」，所以世尊說：「內心起時，彼已害『我』，即名為害。」

世尊向這五百位有四禪、五神通的菩薩們這樣開示完了，這五百位菩薩當時心裡面就開始思惟：「如果依照世尊所說的，『我必被害，為善被害』，那麼我如果修學菩薩道想要實證佛法，這是修學善法——『為善』，我們當然一定也要害死五蘊這個『我』啊！想要實證佛法，不害死自我真的不行啊！可是如果『我』是必須要害死自己的話，我就應當要像世尊說的那樣『為善被害』。所以我對自己一定要善害，不能惡害。」惡害是什麼呢？就像世間人生活不如意，事業失敗，妻子跟人家跑了，所以他受不了，就去自殺，那叫作惡害，不是善害；因為他害死自己以後，還要繼續受生去下一世，就得繼續輪轉生死，那不能叫作「善害」。

所以那些有四禪、五神通的菩薩們聽了就想：「如果我們是必須要這樣害死五陰自己的話，那我們應該要善害，不要惡害。」他們就繼續思惟下去。思惟到後來說：「一切諸法都沒有真實體，也都不真實。」「一切諸法」就是說，他不單單觀察到自己的五陰，還從五陰擴而大之，觀察到六入、十二處、十八界；再擴而大之，觀察其他一切有情的五蘊、六入、十二處、十八界，這便叫作「一切諸法」。再深入去思惟，就包括「心所法」；因爲眾生之所以會認知自我、執著自我，是因爲有這一些心所法，才能夠由八識心王共同去運作而產生了見聞覺知，見聞覺知之性才能運作，才會有自我。因此這所謂的「一切諸法」，包括心所法全部在內，也就觀察出來了：「原來這一切諸法都沒有眞實體，因爲全都是依於他法而生，出生以後也是依於他法而存在；然後也是依於他法而變異、而壞滅，都沒有眞實體。究竟而被依止的『他法』則有眞實體，是不必依附任何別的法就可以自己存在的。」他們最後知道這個眞實法就是我們〈普門品〉說的——各人的自心「觀世音菩薩」如來藏，就是《心經》講的「觀自在菩薩」。

當他們這樣去思惟以後，發覺五陰、六入、十二處、十八界的自相、共相等「一切諸法」都沒有眞實體，既沒有眞實體就不是眞實存在的法性。他們這樣瞭解以後，就知道：「原來一切諸法都不是眞實有，也都不是眞實常住的不壞法，所以這一切都是因爲自我無明所遮障，才對虛妄法產生了虛妄想，心生顚倒，因此不斷地一世又一世出生；其實本來都是無常、空，猶如幻化一樣。」然後又思惟說：「這一些法雖然無體無實，虛妄非眞，本來不能自生自存，全都是這個內裡的眞實心如來藏所出生、所攝受的法性；依於內裡這個眞實心『觀世音菩薩』的本來無生、永遠無壞，所以這一些法跟著內裡眞實心的本來無生、永遠無壞，就能世世都有而永遠存在延續，就跟著成爲『無生法』。」

所以從世間人來看時，五陰是眞實我；從二乘聖者來看五陰時，成爲非有非實，虛妄不眞；但是從菩薩的立場來看五陰時，二乘人所說的一切諸法虛妄非實，卻只是內裡這個眞實心所有的法性，本該歸屬於這個眞實心，應該歸屬於這個無生法。當他們像其他證悟的菩薩一樣看清楚以後，「心得安忍」。「心得安忍」意思是心中安定地接受了，不懷疑了，這叫作「得忍」。當他們看見「一切諸法從來無生」而「心中得忍」時，就得到了「無生法忍」。

這五百位菩薩始終被往世的業所遮障，今世證得四禪、五神通了，依舊無法證得無生法；全都是因爲往世所造殺父母賢聖、毀壞寺院正法等惡業，以致仍然在遮障他們。如今　世尊這樣要求　文殊師利菩薩配合，來演出這齣仗劍逼佛的無生大戲，再由　世尊作了這個開示；他們聽完又這樣思惟完成，得「無生法忍」了。既然已得無生法忍，他們原來的禪定和神通就被增上而更勝妙，於是他們大家歡喜地「身昇虛空高七多羅樹」。這是因爲他們本來就有四禪和五神通，這時無生法忍的實證使他們的這個證量更勝妙，於是「身昇虛空高七多羅樹」那麼高，比這大樓還高了。這時他們一起用偈頌讚歎 釋迦如來，讚歎 文殊師利菩薩，讚歎這個大乘勝妙之法！

像他們這五百位菩薩這樣「害我」，才是眞實的「害我」。世間人的自殺都不算是眞實的殺害，因爲沒有徹底殺死呀！他們那個五陰我，還會一世又一世不斷地出生、輪迴，何曾殺死呢？那只能叫作「惡害」。就好像一個劊子手面對犯人時，通常會被死刑犯請求說：「**請大人您給我個痛快吧！希望一刀斃命。**」不要砍了以後藕斷絲連，那他就難過啦！就好像現代監獄的法場也是一樣的意思，所以聽說犯人都會準備一張千元大鈔，塞在腳鐐裡面；意思是請行刑的法警要對準一點，讓他一槍斃命，死得不痛苦一些。

同樣的道理，世間人那種自殺都叫作「惡害」，因爲不曾眞的殺死自我，惡業尚未酬償完畢以前，來世還得重新再來受生，然後再自殺一遍。都一樣是殺不死，因爲他應該償還的業沒有還盡，下一世一樣不會好過；既不好過，來世又要再自殺；就這樣一世又一世重複自殺很多世，直到惡業報盡爲止，也還有生死輪迴之苦繼續要領受，這眞的要叫作「惡害」。因爲他沒有眞的殺死自我，五陰我見具足存在，並沒有眞的害死自我。所以學佛的人應當懂得「善害」——懂得怎麼樣一次就害死，而且要死透。死透的人未來世可以不必再受生，這才能叫作「善害」。

所以世間人都不懂得怎麼死，都是不善於死的愚人。世尊十個稱號之中有一個叫作「善逝」，也就是善於死亡。臨命終時該怎麼走，很精通；沒有誰比如來更精通，所以叫作「善逝」。於人間應該如何善逝，於欲界天、色界天、無色界天該如何善逝；甚至於成爲阿羅漢以後要如何善逝，成爲菩薩要如何善逝，無所不知而且究竟了，所以稱爲「善逝」，這樣才能叫作善害。

那麼「爲善被害」，什麼叫作「善」？假使想要否定五陰自我而修行，然後宣稱已經害死自我而證果了，可是一天到晚都在跟人家爭執說：「我們悟得離念靈知，這個才是無分別心，這個才是眞如。你們證得如來藏，是自性見外道，是外道的神我。」那不叫作「爲善被害」，他叫作爲惡被害；因爲他們修的是惡法，所害的也不是五陰我，而是害死了法身慧命。所以怎麼樣才是眞正的「爲善被害」，可要弄清楚，這不是小事啊！

學佛人往往隨順世俗法說：「我們去正覺講堂當學生。」其實這話有語病，應該說：「我們去正覺講堂學死。」可是當你眞要這麼說的話，那你的家人聽了可要緊張死了：「那你準備什麼時候死？」喔？一定很緊張，對不？嗓門都變大了。你解釋說：「不是！我去學死，是活更久。」那你家人一定會懷疑：「你是不是腦袋壞掉了？」你說：「沒有壞掉，這才是眞理。因爲我學著怎麼死，我是不需要自殺的呀！而且我眞的把自己殺死以後，我會活得更久。」「那你可以活幾年？」你說：「無數年，不可計數。」

也許你這麼一說，家人想：「有這麼好的事？你早不說，我跟你去學啦！」於是一起來當學死，不是當學生。但是老實說，這話也只能在講堂裡面說；眞要到外面去說，人家沒耐心聽你說完，劈頭就一頓痛罵說：「你們正覺眞是邪魔外道、胡亂說法。」所以這將來整理在書中是可以，因爲可以慢慢讀、慢慢理解，但諸位可不要學著我就出去外面講，因爲那是自找麻煩。若是整理在書中就沒關係，因爲他們得要耐心從頭讀到尾。

那麼這個就叫作「爲善被害」，「爲善被害」的眞實義講清楚了以後，接著回到〈普門品〉經文來就容易理解了：「若復有人臨當被害，稱觀世音菩薩名者，彼所執刀杖尋段段壞，而得解脫。」這就是說，如果有人「臨當被害」的時候，並不是即將被害死五陰，而是即將被害死法身慧命；這時該怎麼辦？怎麼樣都沒辦法！因爲無人可救啊！也許有人想：「不然我就請被世尊吩咐住世在人間的四大阿羅漢，讓他們來救我們。這總行吧？」但我告訴你，還眞不行。假使你請了賓頭盧尊者來，眞的也不行，因爲你對他的認知就是二乘聖者啊！你如果說：「我請賓頭盧菩薩來救我，行吧？」那就行了，因爲他們迴小向大已經是菩薩了。

可是把他們請得來，眞要救你時，也還是「觀世音菩薩」如來藏出頭來成辦啊！因爲你請得他來，或者入定在雞足山裡的大迦葉尊者，你把他請得來，不也還是他的「觀世音菩薩」變現的嗎？所以請來請去都只有「觀世音菩薩」可以救護你的法身慧命。因此如果有人法身慧命「臨當被害」時，不是自己五陰「爲善被害」，這時你要趕快轉變爲五陰「爲善被害」。既然如此，你只有一個辦法，就是「稱『觀世音菩薩』名號」；突然間一念想起來：「我有自己的『觀世音菩薩』呀！」所以這時候口中出言大聲呼喚說：「南無『觀世音菩薩』！」你就記起來：「唉！我自己的『觀世音菩薩』在這裡。」那麼人家想要害死你的法身慧命，他所用的那一些刀杖等，馬上就一段又一段毀壞了。

「刀杖」是指什麼？（有人答話，聽不清楚。）大聲一點說吧！就是各種外道邪見啦！譬如有人講：「我這個離念靈知，了了分明而不分別。」這就是常見外道的邪見，這邪見正是想要害死你法身慧命的刀子或者木棍。也許有人不服氣想：「你亂講！這離念靈知是我們師父講的。我們師父是大法師呢，怎麼會是外道？」那你就告訴他：「原來你師父是大法師，想不到他也成爲佛門外道。身住佛門，本質卻是外道，因爲他的見解跟常見外道完全一樣啊！那常見外道也主張這樣，你師父也主張這樣，豈不成了一丘之貉？這是裡應外合共同策劃合作來害死佛弟子們的法身慧命啊！」這時候他看看自己：「嗯！我師父名氣那麼大。然而聽到正覺的如實說，我心中對他的信心有一點動搖了。看來我的法身慧命危險了，即將被害了，怎麼辦？」此時脫口而出（平實導師大聲呼喚說）：「南無『觀世音菩薩』！」（大眾笑⋯⋯）就把自己的「觀世音菩薩」請出來了。

這一請出來時，想要害死你法身慧命的種種邪見刀、種種惡見木棍，自然「尋段段壞」。「尋」就是立即，是在很短的時間裡面，就一段又一段毀壞了，那你的法身慧命就得到解脫了，再也不會被外道所執的邪見刀杖來毀壞。所以說，只要遇到法身慧命有所危急時，就要高呼：「南無『觀世音菩薩』！」如果有人覺得說，這樣對觀世音菩薩似乎有一點不恭敬，那麼聲音溫和一點也行：「南無『觀世音菩薩』。」（大眾又笑…），那你馬上看到自己的「觀世音菩薩」，而外道的邪見刀杖馬上就段段毀壞，你的法身慧命立即解脫了。所以你們說〈普門品〉重不重要？當然重要啦！所以應該家家戶戶都必備〈普門品〉好好課誦。

接著世尊又開示說：「若三千大千國土，滿中夜叉、羅刹欲來惱人，聞其稱觀世音菩薩名者，是諸惡鬼尚不能以惡眼視之，況復加害！」世尊講這第六種狀況：「如果整個三千大千世界的國土，遍滿於其中的夜叉和羅刹想要來惱亂人們，當這一些夜叉、羅刹漫山遍野、無量無數過來的時候，只要聽聞到臨當被害者，大聲稱呼『觀世音菩薩』的名號，這一些惡鬼馬上要改換他們的兇睛怒目，都要換成慈眉善目來看你，再也不能夠以惡眼來看待你，何況是加害呢！」

在世間法中，只要有鬼神來干擾，你就不斷地唸著：「南無觀世音菩薩、南無觀世音菩薩……」；那些鬼神聽了心驚膽顫，他們也就只好退開，不敢連續地干擾。可是這個被鬼神干擾的人如果心慌意亂，連這樣唱唸「觀世音菩薩」名號的意念都不存在了，那就無可奈何。世間法中 觀世音菩薩跟五濁惡世的眾生息息相關，有很多被鬼神干擾的案例，求神問卜好了以後，沒多久又復發，就這樣子連續不斷重複而始終無法解決。後來只好送去醫院，那精神科醫生把他打強烈的麻醉劑或鎮定劑讓他睡覺，睡了以後鬼神無法正常使用他那個身體，雖然心不甘情不願，也得要離開那個身體。如果漸漸正常了，醫師的麻醉劑就越來越減輕，最後看看沒問題了就讓他出院。可是當他出院過一段時間，鬼神看到這個人身體又可以用了，於是又來附身，只好又再去住院，又被打加量的鎮定劑。

諸位有沒有想過這一個問題？爲什麼那鬼神可以用麻醉針或鎮定劑來對治？（有人答話，聽不清楚。）說對了！就是對治意識，因爲意識是生滅法。所以你們來同修會都已學得這個正知見，這很好用。那鬼神無非就是要藉這個人的意識、意根運作，才能利用他的身體來爲自己作事。然而意識是要依附於五色根、意根以及六塵才能運作的心，那鬼神的意識來附身時也是一樣的道理，所以被鬼神所纏繞、所依附的人類色身，只要打上麻醉針或加強的鎮定劑，他的五色根色身就不能使用了，鬼神在那個人身中也無法使用那個色身，也就無可奈何地離開。

所以有的大法師宣稱：「我這個離念靈知是常住不滅的。」這時腦後一記悶棍，他的離念靈知也就滅了，還有什麼不滅的？連麻醉針都不用打。那鬼神附身的人體，你打他幾棍，他還不一定昏迷；可是用加量的麻醉針打進身子裡，他照樣得睡著，因爲意識的境界，本來就得依正常的色身才能運用，現象界中的五陰本來就是如此。所以大法師們號稱說：「離念了就是證眞如，眞如常住而不中斷。」只要打他一劑麻醉針也就悶絕了，他自以爲是的「眞如」可就再也不眞不如了。因此鬼神同樣要受到人間色身這個物理上的限制，不能自外於這個物理規則。

那麼這是說，鬼神一樣不免於欲界之法的限制。如果有人往世常常與鬼神爲伍，譬如有人在某一些神壇或某一些小廟服侍鬼神；例如在有應公廟、土地公廟、石頭公廟、樹王公廟、王爺公廟，經常在那裡幫人家辦事，這就是一天到晚跟鬼神爲伍。那他未來世如果要學佛時，可就會問題重重，鬼神一定不放他離開去學佛。當他被鬼神所干擾而無法好好學佛，也無法脫離的時候，應該大聲稱唸「觀世音菩薩」名號，每天稱唸不已：「南無觀世音菩薩」；盡其一世，鬼神終究無法對他起作用。在此情況下，當他再轉到下一世去，鬼神就不會再來找他了。要這樣最少經歷兩世，才能完全脫離鬼神的控制。所以大家不要羨慕鬼神的境界，否則學佛的路上就會障礙重重。

回到這幾句經文的眞實理來說：「三千大千國土，滿中夜叉、羅刹欲來惱人，」請問諸位，在我們娑婆世界這個三千大千世界國土中，是不是滿中夜叉、羅刹每天都在惱人？那麼這個「夜叉、羅刹」到底是指什麼？（大眾答：密宗。）密宗！密宗拜的假佛、假菩薩正是羅刹；夜叉呢？是外道？不止喔！因爲不論誰都是外道，連佛教界裡有許多人都還是外道。爲何如此說？（有人答：心外求法。）對嘛！都在心外求法，求的都是世間法而不是眞實心「觀世音菩薩」。羅刹最貪淫、最貪肉食，又加上愛喝酒，脾氣又大，這就是羅刹的特性。喜歡血食又貪淫，還喜歡喝酒，常常發脾氣；世間這樣的人可眞不少，放眼望去有幾個素食的人？眞是少啊！那一些人每天來來去去，不就是羅刹來來去去嗎？在被吃的動物心中，這些人其實都等於羅刹。

其實你現在學佛素食一、二十年，他們有因緣跟你在一起時，偶爾也會鼓勵你：「欸！這個肉很好吃啊！這香腸很好吃啊！這酒很好喝啊！」是不是？是呀！一直到勸了你很久以後，看你都只會拒絕，才不會再勸你，那不就是羅刹一天到晚來惱亂你嗎？而你不受惱。你再來看他們，知道他們每天都被羅刹所惱；因爲每天無肉不飽，而且每天下班晚飯完以後，還得要來小酌一杯，這不就是被羅刹所惱亂了嗎？是啊！他已經被羅刹惱亂了。然後每天上班下班路上，以及在公司看見哪個女生漂亮就多瞧一瞧，哪個白馬王子英俊也多瞧一瞧，是不是這時又遇到羅刹了？他們那一些人就是這樣子，所以他們心中每天都是被羅刹干擾、惱亂著。

那麼夜叉呢？在腦袋裡面突然想這個事情：「我有什麼好處？」然後緊接著又想另一件事情：「我能有什麼好處？」心思就這樣子飛來飛去，他的心是停不下來的，飛過來飛過去好像蝴蝶一樣沒有停過；一下子想這個事情，一下子想那回事情，始終想個不停，那不就像夜叉飛來飛去嗎？夜叉在密宗裡面又叫作空什麼？（有人答：空行母。）對！空行母就是夜叉。那你想，一個佛弟子剛剛受了菩薩戒，在三千大千世界國土上，生活修道自利利他，每天只要一醒來就遇到了夜叉、羅刹，這樣子努力抵抗他們也眞的非常辛苦。

終於一天辛苦抵抗過了，鬆一口氣說要睡覺了，不必再抵抗夜叉、羅刹了。沒想到睡著了以後，睡到半夜，夢中又有夜叉、羅刹來了；又夢見世間法了，若不是夢見了正在喝酒、吃肉，就是四處遊歷玩耍等等，心思飛來飛去，比白天更厲害，不正是夜叉、羅刹又來了？迷迷糊糊，身在夢中不知夢，就是這樣子被干擾。夢過去了，終於又睡著，才一醒來又想：「唉呀！我今天又要跟夜叉、羅刹對抗，眞是苦哉！」好，如果是世間人，他根本不知道這一類夜叉、羅刹的厲害，因爲他們喜歡的是夜叉、羅刹的境界呀！

如果進了佛門修行以後自以爲悟，每天都要保持離念無分別，這時候這一類夜叉、羅刹的厲害他可就知道了，因爲他的境界跟夜叉、羅刹的境界是在一起的呀！諸位想想看，那離念靈知是不是跟五塵中的貪瞋等夜叉、羅刹同在一起呢？正是啊！所以他們修道修得苦苦惱惱的，都沒有好日子過，更沒有法喜。但是他如果聽到人家說：「各個人自身都有『觀世音菩薩』，就是第八識如來藏。」於是他努力去修行參禪，終於找到時就說：「唉呀！原來觀世音菩薩又名觀自在菩薩。」所以詳細去觀行以後，他發覺自己這個菩薩正是不觀自在；因爲你觀察祂時，祂是自在的，但你不去觀察，祂也是一樣自在，終於瞭解原來這才是眞正的清淨心。

二十幾年前大陸有個人送我一幅白衣觀音，我把它裱起來，有一段時間掛在祖師堂，我就寫了個對聯，上聯是「眞心清淨不觀自在」，下聯是「倒駕慈航常觀世音」。我幾乎忘了，這是大約二十年前撰的對聯，請張老師筆書之後裱褙起來掛在畫像兩邊。那時是掛在我家三樓的佛堂粉壁，後來掛在祖師堂的一個房間裡。當你們看見了「觀世音菩薩」，又看見這副對聯時，就懂得我的意思了。

這是說，眞實常住的金剛心如來藏，祂是本來就清淨的，而且是永遠清淨，不會有時染污有時清淨。但是這個眞實清淨心，你不去觀察祂，不用觀照祂，不用管帶祂，祂也一樣是自在的。可是悟錯的人落入離念靈知中，他們要怎麼樣呢？得要每天隨時牧牛：「我現在開悟了，但我怕所悟的這個眞心會幹惡事，所以我要牧牛，要時時管帶祂。」那個十牛圖不就是這樣畫、這樣講的嗎？說要把這頭牛馴好了才行。所以「悟後」剛開始要牧牛，要時時管帶好祂，對不對？那麼請問：那十牛圖的作者是悟到什麼心？欸！諸位都知道那是意識心，因爲只有意識心才需要照顧祂別犯錯。可是眞實心本來就清淨，你不必去觀照祂，祂一樣是清淨自在，從來都不會生起絲毫貪瞋。妄心只要一不觀照就會犯錯，或是打個盹就消失了，所以要常常觀察自己了了分明，眞是辛苦。

可是眞實心如來藏本來清淨，你睡著了一樣不必觀察祂，祂一樣是自在，始終都在啊！所以我說「**眞心清淨不觀自在**」。但這是從理上來說，那麼現象界的事上呢，你不可以說：「**理上有『觀世音菩薩』，那麼事相上祂顯然就是不存在的，因爲這是說理。**」不對！事相上也是有　觀世音菩薩眞實存在的，所以一直都有　觀世音菩薩摩訶薩在世間利樂有情，因此我說「**倒駕慈航常觀世音**」。他本來是　正法明如來，悲心特重，倒駕慈航來當菩薩而利樂五濁惡世的眾生；是因爲五濁惡世的眾生特別需要　觀世音菩薩的照顧，所以他倒駕慈航而來，無時無刻永無休止地觀聽世間人心中的呼求，所以「常觀世音」啊！

然而在理上，當你找到了自己的「觀世音菩薩」，你立刻會發覺：「原來我心裡面在想什麼祂都知道，我的所思、所想、所願，祂無一不知。」那麼當你這樣看清楚的時候，在人間行道時又遇到漫山遍野的夜叉、羅刹，也就是世間法以及外道法等等，利用五欲、利用邪見要來影響你，要來害死你的法身慧命；或是要來惱亂你，讓你無法好好修道，希望的是你趕快退轉回到外道邪見裡面去；這時你突然間想起來，於是你就在心中呼求歸命說：「南無觀世音菩薩！」當你呼求出來的時候，這樣子歸命於「觀世音菩薩」，你自然知道其中的意涵，那麼眞如法性立刻現前，你就以自己的「觀世音菩薩」眞如法性，來面對「三千大千國土，滿中夜叉、羅刹」，於是那一些世間法的誘惑、外道邪法的干擾，也就全部消失了。這時落到世間法的佛門外道以及佛門外的一切外道邪見，也就是這裡所說理上的夜叉與羅刹等等惡鬼，他們尚且不能以惡眼來瞧你，何況能加害於你！

諸位想一想，你來到正覺學法，你找到了自己的「觀世音菩薩」，縱使你還沒有被印證，當你遇到了一切佛門外道以及其他宗教的外道，當他們與你論法的時候，講到最後他們的聲調越來越微弱，而你講到最後，聲調雖然沒有變高亢，可是越來越理直氣壯，最後他們還敢用惡眼來瞪你嗎？不敢了！甚至於談過幾次以後，一見面就跟你說：「**我們不講佛法，我們講世間法。**」有很多同修遇過這種情況呀！所以最後他們那一些邪見者尚且不敢用惡眼來看你，何況能夠加害於你的法身慧命呢！這是會中很多同修們經歷過的事實。所以我在人間行走，常常要出外買辦——要出門去採購食物，買一些日用品等，都不想讓人家知道我是什麼人，免得人家恐懼，眞的不想讓人家恐懼我。我有時總是要在外面素食店用齋，往往鄰座有法師帶著幾個徒弟也在那邊用齋，講佛法、談禪；那種時節我也常常會遇見喇嘛，他們眞的很奇怪，有喇嘛穿著大紅的袍子，帶著一些女眾；有時女眾之中也會帶著一些比丘尼，坐在鄰桌也在談佛法。而我帶著我同修，我們兩個老人在那邊默默地吃著，全都當作沒聽見。所以他們吃得很自在，也講得很自在，都不會恐懼我。

假使我把照片印在書裡面，剛好去到素食店裡用齋，帶著比丘尼與女眾的喇嘛一看，心想：「**喔！蕭平實來了。**」（大眾笑…）就吩咐隨從說：「**少講**

話，小聲一點、小聲一點。」那我不就讓他們不自在了嗎？但這不是我的個性，我的個性喜歡「無畏施」（大眾笑…），要布施給他們無所畏懼，絕對不要讓他們害怕我，所以我的書裡面都不印照片。可是如果突然間起了個歹念而靠過去說：「欸！你們在講什麼，我就是蕭平實，你們這些法都是邪見。」人家一定會罵我：「你竟然敢仿冒蕭平實。」（大眾笑…）所以我們兩個老人只管吃飯，什麼都不管，全當作沒聽見；不管那喇嘛講的佛法多麼好笑，我也不噴飯（大眾笑…），我還是照樣好好吃我的飯。

這意思是說，因爲你找到了「觀世音菩薩」，所以你有這個威德。那我現在是不必在這一段過程裡面繼續體驗，我是進入到下一段、下下段的過程去了。可是諸位對這一段過程中 世尊的開示，可要記住，否則只怕會像前面那三批發動法難的人一樣，未來又跟著退轉。你可不要說：「欸！蕭老師印證我了，沒問題啊！」你想的沒問題，只是被印證的現在沒問題，未來可不保險啊！所以你們現在應該要買保險，該買的保險就是「南無觀世音菩薩」。

正覺同修會中那三批前後退轉的人，當年我爲他們印證時有問：「你們信不信？」「信啊！」「會不會再懷疑？」「永遠不懷疑啊！」結果呢？還不是一批、兩批、三批遇到惡緣就退轉了，他們那時正是遇到「羅剎、夜叉」了。所以大家都應該要買保險，「內心」「觀世音菩薩」就是我們的保護者，大家都應該要記住這一點。見道之後一定要會用這一點，來保持覆護大乘見道的功德，令不退失。所以只要有這個保險在，也就是時時記著：「只要有危急，當我的法身慧命受到威脅時，我就不停地稱唸『南無觀世音菩薩』。」然後你自己心中的「觀世音菩薩」眞如法性就顯現出來，你就依止於這個眞如法性，於是「若三千大千國土，滿中夜叉、羅剎」，就拿你無可奈何了，這是 世尊在〈普門品〉中教導我們的第六個方法。

接著 世尊又開示說：「設復有人，若有罪、若無罪，杻械、枷鎖檢繫其身，稱觀世音菩薩名者，皆悉斷壞，即得解脫。」在事相上也確實有這種事情，古來的記載其實也不在少數。也就是說，他或者有罪或者無罪，但不是往世的因果——沒有帶著往世的惡因，因此當他被冤枉而被「杻械」、被「枷鎖檢繫其身」的時候，稱唸 觀世音菩薩的名號，枷鎖、杻械就斷壞了。這類事情，古來的記載很多，我們就不一一舉例；因爲我們是講《法華經》，

不是要講 觀世音菩薩的〈本事品〉，我們講的是〈普門品〉。

現在回來說：什麼叫作「杻械」？什麼是「枷鎖」？杻械，古時候犯人要遞解的時候，會有一塊厚木板，中間有兩個洞，犯人把手穿過那兩個洞，然後用鐵鍊把手捆住，再用個鎖頭鎖住，就被發配上路去邊疆荒涼地區服刑，這叫作杻械，算是比較輕的罪刑。如果是「枷鎖」，這可就大不一樣了，「枷鎖」是很大的一塊木頭，中間也有兩個小洞，是要把手穿過去鎖起來的；上面則有大一點的洞，犯人的頭放進去以後，用另外一塊蓋板來鎖住；這樣子把頭鎖住，雙手也鎖住，便叫作「枷鎖」，那身上帶著的木頭與鐵鍊可就重了。

這一種「枷鎖」發配，通常配合另一個刑罰叫作「刺配」。爲什麼叫刺配呢？因爲他的臉頰或額頭上要被刺青，或是被燙字，刺著他要被發配去的地方名稱。譬如他在北京犯了罪，判刑的結果說發配蒼州，那他的臉頰上就會被刺著蒼州兩個字；這還算是近的，如果很遠的，就如同發配新疆，也就刺上新疆兩個字，那可就是兩、三千里遠了；這叫作「枷鎖」，這是很重的罪，而「杻械」通常是比較輕的罪刑。

接著說「若有罪、若無罪」，先從理上來說有罪、無罪，再來談「杻械、枷鎖」。「有罪」是指什麼人？以三界來劃分有罪時是指什麼人？是欲界眾生啊！欲界眾生都是有罪的，除非菩薩乘願再來，否則都有罪。那麼有罪的原因，當然是由於過去世曾經有過不好的惡業，得罪了眾生，所以在人間要同時來償還那些業債，這叫作「有罪」。即使生到欲界天去，仍然「有罪」，只是需要再還的比較少而已，若是在人間則是要還很多。如果不是人類而同住在人間國土中，那就完全是罪業了；所以畜生的罪業都是重到不得了，因此牠們才得要繼續很多劫當畜生。

所以說，人們養著寵物狗，那寵物狗難道不知道當人好嗎？當然知道當人才是好啊：「我當狗，都是要依靠主人才有食物吃，才有房子住，否則就得去流浪。」流浪時很慘，不但找食物困難，遇到惡狗時可就要被欺負了。狗都很清楚這一點，即使牠犯錯而被主人打到很痛苦，也還是不肯離開主人。因為被打過就沒事了，可是一旦去流浪，可就慘了。牠們很清楚這一點，只是不會講話、不能表達而已，所以牠們當然有罪。那牠想當人就能當嗎？不行！牠們還要繼續再當狗，還得再當很多世；有的狗甚至還要再當上幾萬年或是幾劫，所以那都是「有罪」。

人的罪比動物少很多，如果是比狗更低等的動物，就表示罪更多。譬如去當雞、鴨、鵝、豬、羊，牠們生來是要幹嘛的？（有人答：生來被殺。）哪有生來就被殺的？牠們出生以後要先長大，所以努力吃、努力長大，而長大的目的是爲了要被吃還債。也許有人想：「那麼去當蛋雞就不用被吃了。」不對呀！去當蛋雞只是還債還快一點而已，牠們不斷地生蛋還給人類，生蛋的能力差了就會變成速食店裡的炸雞；炸雞店的炸雞就是這樣來的呀！當牠們不能生蛋時就會被賣掉去當炸雞，那你說牠們的罪重不重？當然重！

可是還有比這樣更重的罪，例如更低等的動物，就是罪更重；但這些都還不算眞正的重，還有更重的就是餓鬼道有情，至於比餓鬼道有情罪更重的就是地獄道，所以欲界有情都是「有罪」。如果你沒罪了，你的境界就會到達色界，到色界的有情就沒罪了。所以這個「若無罪」是指什麼人呢？是色界天人，因爲色界天人不必再還債了。即使生到欲界天中，也都得要還債，天人要還債還給那五百天女；那五百天女還債還給她們的丈夫；那五百天女各有七個婢女，那七個俾女要還天女的債，也要還天人丈夫的債。所以欲界天的天人一樣是「有罪」。可是生到色界天去就不必還債了，所以色界天人是「無罪」的。

那你如果進了正覺好好修行，有一天初禪發起了，可是又退了；退了以後努力修行，又發起了、然後又退了，就表示你的債快還清了，可是還有一些沒有還完，還得在人間繼續還。所以「若有罪、若無罪」就是說，或者是欲界的有情，或者是色界、無色界的有情。這講的是什麼？在這裡講的不是講一般的有情，而是講佛弟子——有罪的佛弟子、無罪的佛弟子。那麼有罪的佛弟子，是你現在的證量還到不了色界境界；無罪的佛弟子，是你已經到了色界的境界。

可是不管「有罪」或「無罪」，全都會被「杻械」「檢繫其身」，或是被「枷鎖」「檢繫其身」。那麼「杻械」是什麼？「杻械」就是有罪之人。有人馬上一定會想到：「奇怪了！杻械不是罪比較輕的人所用的刑具嗎？怎麼會是欲界中的人類？而不是對色界有情使用的？」我說不然，因爲在欲界中固然是「有罪」，可是這個罪是容易脫離的，只要好好布施，好好迴向，好好在三乘菩提上面用功，這是很容易脫離的，所以就叫作「杻械」。爲什麼呢？

因爲貪欲的脫離是容易的。

我說這話可沒有語病，不要以爲是語病；爲什麼說是沒有語病呢？因爲這是相對於色界瞋恚之難脫離而說它是輕的，是容易脫離的。如果有三乘菩提的實證，還能夠加上如理作意的修行，想要脫離欲界愛並不是很困難；當然，這個「不很困難」是相對於想要脫離色界瞋而說的，因爲想要脫離色界的瞋恚，確實很困難。色界的瞋恚，必須要先脫離欲界的繫縛之後，進到色界境界成爲無罪之人，才能開始談到斷除色界瞋。但是這個瞋，必須要你通過禪定的實證，把色界的第四禪境界也具足完成了，然後用無生法忍來對治，才能把它全部除掉，這是很難斷除的，所以我說色界瞋的繫縛就叫作「枷鎖」，欲界貪欲的繫縛就只是「杻械」。

想要斷除色界瞋，必須要先斷除欲界貪；沒有先斷除欲界貪，就不能斷除色界瞋。由此看來，顯然色界瞋的繫縛遠比欲界貪更重，所以我說欲界的貪愛繫縛是「杻械」；針對有罪者，只要除了罪、債還完了，再把欲界愛滅除了，這個「杻械」就消失了。那麼接著在色界境界裡面如何把色界瞋滅除？也就是說，在欲界之中同時有色界瞋也有欲界瞋，同時也有欲界的貪愛；所以在欲界中有源於欲界貪愛的受阻而引生的瞋，也同時存在著色界境界本來就有的瞋，這是同時存在欲界中的。因此，有罪者被「杻械檢繫其身」，同時也被「枷鎖檢繫其身」；但無罪者，雖沒有被「杻械檢繫其身」，但還是有「枷鎖檢繫其身」。

這時假使你發覺到自己「有罪」，或者你已經到了初禪而「無罪」，你都可以請「觀世音菩薩」來幫忙；如果「有罪」，發覺「杻械、枷鎖」二者雙具「檢繫其身」，也就是說他的心中動搖了，又想回到欲界法裡面去；例如看見人家隔壁桌吃的山珍海味，有山羌、海中的鱸魚、石斑魚，起心動念受到誘惑，這時就是「有罪」了！應該怎麼辦？要心中大聲呼喊：「南無觀世音菩薩！」（大眾異口同聲跟著平實導師同時說出來）對啊！就像這樣有志一同，最好有很多人心中跟著自己呼喊：「南無觀世音菩薩！」這時「杻械」就毀壞了，再也不受影響了。

假使你已經到了無罪的境界，聽到人家隔壁桌的六識論法師吃飯時不肯吃飯，還在那邊毀謗正法，你可不要生氣，你可別站出來說：「我是正覺的同修，如來藏才是眞的，你們怎能毀謗正覺？」不必，因爲你若是這樣作，就表示你當時已經「枷鎖檢繫其身」了！所以你要觀照自己如何立刻脫離這個「枷鎖」，因爲瞋已經生起了；那你就心中大聲呼喊：「歸命觀世音菩薩！」於是眞如法性現前——你轉依眞如法性而住了，這時瞋心就不存在了，因爲你想：「『觀世音菩薩』從來無瞋，那我幹嘛起瞋呢？」這就是從理上來把貪欲杻械、來把瞋恚枷鎖加以毀壞。

你在見道位之中（一直要到初地住地心時才能夠脫離見道位），你時時刻刻用這個辦法來對治有罪的杻械、無罪的枷鎖。因爲這時你在有罪的杻械境界之中，只注意到貪欲的部分，一時間不會生起一個念頭來說：「都是師父！叫我要歸依三寶，叫我要證如來藏，現在害我不能吃肉也不能喝酒。」一定不會嘛！所以你這時縱使還有欲界的貪欲杻械，卻不會有色界瞋的枷鎖；你就這樣去對治，讓杻械與枷鎖「皆悉斷壞」，當時就解脫了——當時就脫離了欲界貪、色界瞋，「即得解脫」。好，這就是 世尊的第七個開示。

接著 佛陀又開示說：「若三千大千國土，滿中怨賊，有一商主將諸商人，齎持重寶、經過嶮路，其中一人作是唱言：『諸善男子！勿得恐怖，汝等應當一心稱觀世音菩薩名號，是菩薩能以無畏施於眾生；汝等若稱名者，於此怨賊當得解脫。』眾商人聞，俱發聲言：『南無觀世音菩薩！』稱其名故，即得解脫。」憶念 觀世音菩薩，還有這第八種。

世尊說：假使三千大千國土，其中充滿了怨賊；也就是說，這一些賊人心中有怨。他們對你有怨，是怨什麼呢？怨自己貧窮，怨你爲什麼如此有錢；有怨就會來當賊，想把你的錢財劫奪過去。這時有一個商主「將諸商人」，商主就是這一群作生意者之中由他當領頭的人，我們現在就稱爲領隊，也許叫作團長；這一位商主率領著許多商人，拿著、揹著、挑著、帶著很多的貴重寶物，經過危險的路段；古時經商的路並不是永遠平順的，古時如此，現代也如此。

古時需要請保鑣，所以有的人武功好就開鏢局；鏢局裡面就有好多位鏢頭，每一位鏢頭手下都有許多會一般武功的人；經商走遠路的人就去跟鏢局談：「**我某個時節要去某地，這次來回，你們要保護我的安全，我要付給你什麼樣的代價？**」所以古時候有鏢局作生意，每個鏢局一定有一、二個武功非常高強的人；在江湖上，大家都知道那一家鏢局有一、二個人，武功非常高強，沒有人能打得過他。於是當這一家鏢局保護著某一票商人上路，在車上會撐起一個鏢局的旗幟；那這個鏢局的旗號到哪裡，一般江湖綠林之士不敢來打劫；縱使能打得過帶隊的那位鏢頭，那鏢局裡面武功最好的人，未來一定會找上門來，那就沒命了；所以搶那一趟鏢貨本身已經不容易，就算搶過手，未來還是可能要被殺死，所以那個鏢局的旗號掛出去，在路上行走時就沒有人敢來搶。

古時候如此，現代不也是如此嗎？他們各國的貨船，都要請保全公司來保護。甚至於保全公司的保護還不夠，美國也出動軍艦保護，後來韓國、大陸都出動軍艦去保護。這意思就是說，凡是經商買賣，路途之中的交易一定有風險，因為你去作買賣時一定帶著有價值的物品，所以叫作「齎持重寶」。那麼「經過嶮路」，就表示往往會被劫奪；被劫奪的時候要如何安然通過、達到交易的目標？這就是一個最重要的課題。

所以這個商主帶著一群商人，已經來到險路之處，其中有一個人就高聲地說：「諸位善男子啊！你們心中不要恐怖，大家應當要專精一心來稱唸『觀世音菩薩』的名號，這位菩薩能夠用無畏布施給眾生，你們如果能夠稱呼菩薩名號，對於險路之處所遇到的怨賊，都將會解脫。」眾商人聽聞到有人這麼說了，於是大家就同時都發出聲音來說：「**歸命於觀世音菩薩！**」由於這樣子持續稱呼 觀世音菩薩名號的緣故，就得到解脫了，於是險路就可以平安地通過。這是從事相上來說。

也許有人聽我講〈普門品〉到這個地步，心裡面想：「**那觀世音菩薩到底是存在或不存在？**」（許多人輕聲說話，聽不清楚。）好極了！絕大多數的人都說存在，當我們把〈普門品〉說完的時候，我也會向大家證實 觀世音菩薩，是在佛世眞實存在的菩薩，但是這要等這一品圓滿的時候再來向大家說明。那麼這一小段 世尊的開示，就是先從事說上面先爲大家說明，理說的部分只好等下一週了。

《妙法蓮華經》〈觀世音菩薩普門品〉，上週講到一百九十頁倒數第四行最後一句。那麼這一句，我們已經從事相上解說過了，今天要再從理上來解說。世尊在前面總共講過七種狀況，現在這一小段講的是第八種狀況，這第八種狀況講的依舊是學佛人。也就是說，假使三千大千世界的國土，這個國土當然不是指天界，是說人間，因爲天界無土，所以國土就是人間；欲界天六天之中與人間有關聯的只有兩天，就是四王天以及忉利天，這樣就是這句經文中說的「三千大千國土」所說的「國土」，因爲以上的諸天不會有「怨賊」。

「假使三千大千國土之中，布滿了怨賊」，這到底是講什麼怨賊？《法華經》的內涵，世尊強調過很多次，說是非常非常深奧，而且是一切經中的最勝經，不可能沒有原因而再三強調這一部經非常深妙。所以這個「怨賊」當然大家也得理解清楚，才好對治。假使你身爲大將軍，要出去討伐怨賊時，竟然不知道何人是怨、何人是賊，那麼你這個討伐必然徒勞無功；因爲放箭時不知道要往哪裡放，必定討賊無功。討賊無功班師還朝時，皇帝是不是要計較說：「你浪費了這麼多錢糧，結果完全無功，該當何罪呀！」如果換你當了皇帝，你也一定這樣作的。

同理，咱們要對治成佛之道在旅途中的怨賊之前，一定要先瞭解這怨賊到底是指誰。俗話說「怨者奪命，賊者奪財」，那麼在你勤行佛道的旅途之中，會奪取你法身慧命的人就是「怨家」；在你勤行佛道的旅途之中，會來劫奪法財的人你就稱之爲「法賊」，這怨家與法賊合起來就稱爲「怨賊」。那諸位想想看，毀壞你法身慧命的人究竟是誰？（有人答話，聽不清楚。）大聲一點！我沒聽到。密宗，還有呢？印順的六識論。在這裡說的是理上，不談事，所以就不講密宗，不講釋印順，也不講六識論的法師們，有一點在猜了（大眾笑…），我來說啦！假使這樣猜也猜得著，那《法華經》就不是佛講的「甚深極微妙」。

我們在學佛的經歷中，是個非常遙遠的過程，前前後後總共三大阿僧祇劫；這是有佛成佛之後縮短為三大阿僧祇劫，如果是第一尊佛自行摸索，那可就是非常多的三大阿僧祇劫了。所以我們要瞭解，即使是三大阿僧祇劫，都一樣是非常遙遠的旅途，眞的叫作「旅途」；為了成佛而修行，你這一世其實是非常短暫的；加上過去的無量世，還有未來的無量世，這三大阿僧祇劫眞的是非常遙遠的旅途。那麼在這個旅途之中，在天界修行成佛很緩慢，因為沒有機會修集所需要的福德資糧；而且那邊環境不適合學佛，除了彌勒內院和色究竟天，所以學佛最快的路就是在人間。

如果去了三惡道，那是沒辦法學佛的，因為不論正報與依報都無法學佛，所以得要在人間。只要人間有佛法在，就應該生在人間才會快速，因為不論修福修慧都很快啊！那麼在人間，你可以觀察到自己的五位百法一一具足；在這五位百法之中有六個根本煩惱，也有二十個隨煩惱，後面還有四個不定心所，叫作「掉悔」、「貪眠」，以及「覺」與「觀」——又名「尋」與「伺」，總共是四個法，會跟前面二十六個煩惱和合在一起，使你的法身慧命毀壞，也會劫奪你的法財。這樣看來，怨賊到底是誰啊？

所以學佛之初第一件要作的事情，就是把會壞人法身慧命的惡見砍死，就是六根本煩惱的最後一個「惡見」；「惡見」也就是錯誤的、對學佛者不利的見解；因爲偏斜而成爲惡法，所以稱爲「惡見」。那麼這個「惡見」又細分成五個——五利使，就是身見、邊見、邪見、見取見，還有一個戒禁取見，也就是三縛結再加上兩個錯誤的見解。這個「惡見」配合了各種煩惱就會產生大作用，這個「惡見」是其他各種煩惱的首領；因爲這個惡見會毀壞大眾的法身慧命，也會引生其他的煩惱導致執著貪愛的緣故，所以放不下，就會繼續貪著，由此偶爾會忍不住造了惡業，所以毀損許多的法財。惡見作祟的緣故，最容易使人毀謗三寶，毀壞自己與他人的法身慧命，因此是應該首先滅除的怨賊。

但是惡見會引生這一些煩惱：貪、瞋、癡、慢、疑，以及二十個隨煩惱，加上睡眠、掉悔、有尋、有伺，這一些說起來都是惡見手下的大將軍、小將軍、小嘍囉。惡見則是首領，因爲縱然有時因貪等煩惱而毀損了某一些法財，卻還不失法身慧命，所以一直不間斷地在人間有種種貪著，那是因爲三界愛還沒有降伏、還沒有斷除；甚至於入地之後有時也會毀損法財，因爲還有三界愛的習氣種子有時會現行；但是毀損法財時不論多寡，法身慧命是不受損壞的，法身慧命依舊完好如初。可是一旦被惡見所制伏了，法身慧命就死掉啦！所以說，最容易斷的這個「惡見」，反而是其他煩惱的首領，應該稱之爲怨家，而不只是竊賊。

世間人之所以敢胡作非爲、無惡不造、殺人越貨等等，莫非因於「惡見」；由於惡見所以不相信有因果，才會成爲一個大惡人。由於惡見會損壞法身慧命，所以就稱之爲怨家；爲什麼要稱惡見爲怨家？因爲惡見這個法，於我們的法身慧命視同寇讎，你想要成就法身慧命最後成佛，惡見卻正好處處要遮障你，讓你無法見道；甚至於見道之後，還會來影響你再退轉，把你的法身慧命毀壞，所以惡見是法身慧命的怨家，它對法身慧命有怨。

賊對你不一定有怨，而且大部分無怨。並且賊偷了或搶了你的法財以後，就譬如世間賊搶了你的財物以後，他們心裡還高興：「欸！今天搶了這個不錯，他的財物倒是滿多的。我可以兩個月不必再偷、再搶了，這得要感謝他。」大部分的賊對你是無怨的。可是如果有怨時，問題可大了，他一定會設法奪取你的命，因爲怨能奪命啊！非得要讓你死不可。怨家即使不奪命，他至少也要傷害你。所以惡見總共是五個見地上的結使，它會毀壞你的法身慧命，因此我們就該像世俗法上說的「擒賊先擒王」啊！這惡見既然是其他煩惱的首領，我們先抓了它，一刀把它砍了，千萬不要慈悲。

對惡見這種首領——土匪頭，你千萬不要慈悲；對於那些法賊，偶爾慈悲一下，偶爾隨順它們一下還行；因爲對法賊來說，它跟你之間沒有深仇大恨，所以偶爾隨順它也無妨，有時候和平共存禮讓一下它，有時候它讓一下你；但大部分時間是它讓你的多，你讓它的少。那麼和平共存，菩薩道就好走了。假使你對於法賊深惡痛絕，那你菩薩道上將會走得很痛苦，而它也會一天到晚跟你搗蛋，因爲你跟它沒有默契。

譬如說，有時很精進修行一段時間了，覺得很累、很累——不是身體累，而是心覺得累；所以精進修行了三個月、五個月以後，心裡面想：「啊！好

累！休息一下好了。」休息一下去幹什麼呢，例如去遊山玩水呀！然後順便問問看，去遊山玩水的時候，那邊有什麼好的素食餐廳，打打牙祭，祭祭五臟廟，把身心放鬆下來，道業就不很精進了，這就是賊啊！什麼賊？「貪」賊。這個貪欲之賊，要來盜一點法財，那你就隨順它一下；畢竟你又不是八地、九地菩薩，就偶爾隨順它一下。那這個「貪」之法，在這兩三天跟著你旅行，看好的風景，吃好味道的食物，喝好味道的飲料等，滿足了一下，終於它就乖下來了。所以到了第三天，你說：**「可以了！回家啦！繼續好好再用功，已經放逸三天了。」**就回來道業上繼續努力了。

所以根本煩惱（貪瞋癡慢疑）會跟你盜法財，可是它跟你無怨，不會殺害你的法身慧命；因此你在那三天，看漂亮的，吃好吃的，它高興、你也歡喜，和平共存；而它不會害你的命——不會使你否定佛法中的根本法，不會使你退轉於正道；最多只是偷你一點法財而已，所以它與你無怨。也許有人想：**「不見得吧？有時我氣起來，又損了法財啦。」**說的也是！但其實不然；諸位想一想，假使你不是因爲見道修道的功德來伏除性障，而是用壓抑的方式，每天壓著自己不許生氣（其實事事不順都會生氣，現在都不許氣，每天就這樣壓著、壓著……），那你修道時能夠好好修行嗎？不好修欸！

所以你就把它分門別類，這種事情只是小事情，作個觀行：「爲什麼是小事情？對我又有不利，是什麼不利？」去把它作觀行以後，心裡面就等於寫下程式在那邊，以後遇到這個事情出現時就不理它，也就過去了；可是遇到很嚴重的事情時說：「這可得要氣一氣，才能解決掉。」因爲這火山裡面的熔岩累積很多了，這時讓它爆發一下，壓力不就消除了嗎？那麼這個家賊得到機會發洩了怒氣以後，也覺得蠻不錯的——終於可以讓我出一口惡氣。怨賊的氣消了，你的壓力也消失了，又可以和平共存，它也不會記恨你，你也不會記恨它；而它頂多是跟你竊盜一點法財，絕不會跟你害命。

因爲當你說：「我還是要繼續走我的成佛之道。」它也會認同你，氣過去了就好啦！所以說「怨能害命」，但是賊與你之間無怨，不像惡見會害死你的法身慧命。那麼這樣子想通了、看開了，菩薩道就容易走啦！假使你規定自己說：「我現在開始學佛，今天開始，我這一世都不許生氣。」那你這麼一規定，那個瞋的煩惱跟你就誓不兩立，雙方就會結怨；結了怨以後就會漸漸害死你的法身慧命了。

那麼以上說的就是貪、瞋，至於「愚癡」呢？也就是無明。無明也是一樣，不會害你的命，頂多是說：「這個見道的事我還是不懂。」頂多是說：「相見道的內容，以及修道的內涵我還有一些不懂。」但這一類的煩惱跟你無怨，不會害你的命，所以你的法身慧命還是完整的。所以說，貪、瞋、癡、慢、疑，其中的「慢心」也是竊盜你的法財，但不會跟你勢不兩立，雙方無怨，所以有時候想一想：「這位法師又沒有大山頭，名氣又不大，他算什麼？」心中起慢了。可是你心中起慢的時候並不會傷害你的法身慧命，因爲你依舊是在菩提道上行走，不曾離開。

回過頭來說「惡見」，總共有五個：身見、邊見、戒禁取見、邪見，加上一個見取見；這五個東西，每一個對你的法身慧命都有怨，都想要殺掉你的法身慧命；只要你落在那裡頭，它們就會殺害你的法身慧命；那時就看你手腳利索、不利索，能不能逃離它的範圍。因爲惡見中這五個東西，和你的法身慧命誓不兩立；它們對於你的法身慧命是深惡痛絕的，等於是懷恨在心的，所以是「怨家」。無明頂多是說這個也不懂，那個也不懂；這個也無法實證，所以那個層次的法更不能證得，最多只是這樣延遲道業，但不會害死法身慧命。

「疑蓋」也是一樣，有時候全疑，有時候半疑，有時候少疑，總而言之就是疑根不斷；雖然常常疑根不斷，卻不會害死你的法身慧命。但是惡見與你的法身慧命有怨、有仇，常常會引生邪見等五利使，然後對正法加以毀謗或抵制。你們看十年前的佛教界有很多人抵制如來藏正法，特別是釋印順等人全面否定三乘菩提的根本——第八識如來藏，也就是否定這裡說的自性「觀世音菩薩」，使他們的法身慧命死掉了，不就是由於惡見這五利使所導致的嗎？所以這樣子弄清楚了「怨」、「賊」，懂得如何以不同的方式對待它們，修行就比較容易一點。

因此世間法說「寬以待人，嚴以律己」，這在漫長的三大阿僧祇劫佛菩提道上行不通；因爲從三大阿僧祇劫的漫長修行過程來看，嚴以律己的結果就會跟貪、瞋、癡、慢、疑以及二十個隨煩惱、四個不定心所法結怨，很快就退轉了。有好多人很努力、很精進學佛，學過五年、十年以後，又回到世俗法去，再也不學佛了。爲什麼呢？因爲他跟這一些煩惱結了怨，就不想再學佛了。所以學佛有時要容許自己有某一些煩惱出現，因爲你還在三賢位中，這是正常的事。即使入了地以後，都還有習氣種子有時會現行，何況還在三賢位中？所以守得住菩薩戒就行了，不必嚴以律己太過分。

對這一些竊取你法財的貪、瞋、癡、慢、疑等煩惱賊人，有時要寬容、寬容；平常盡量把它防著，防到它忍受不住，當它必須要來偷一點法財的時候，你就裝傻給它偷一點；只要它不偷太多，你就當作沒看見。那麼這樣行菩薩道，你就走得很順利啊！就好比說，你作某一件營生，算盤拿來打一打，看必要的開支是多少，然後結算可以賺多少。作生意時沒有人是只有賺錢而沒有支出的，你開一家店鋪，難道不用支出什麼費用嗎？水費、電費、房租，請職員也要發薪水呀，所以你就當作給貪、瞋、癡、慢、疑等一點薪水，那你就能接受說：「對啊！時間到了，差不多要給它薪水了。」雖然修道上其實不應該給它，但你睜隻眼睛、閉隻眼睛就讓它偷一點；它是用偷的，就不敢整個抱走嘛（大眾笑⋯），所以你實際上嘴裡還是說：「不允許！不允許！」但私下裡裝迷糊讓它偷一點，這樣你的菩薩道走得容易，這一些法賊也不會太明目張膽啊！但惡見卻是會把你整家店都砸毀——害死法身慧命，可就絕對不允許它，才一看見它就得立即殺掉它。這樣把怨與賊都弄清楚以後，知道你要討伐的怨賊、要收服的怨賊是哪些了，接下來菩薩之道才好走。

這個「滿中怨賊」爲什麼說是「滿中」？因爲在你自己五陰的三千大千國土中，確實是「滿中怨賊」。在人間，尤其是末法時代，何處沒有惡見在流傳？這些都是怨。你哪一天沒看到有貪？正是賊。譬如說，現在夏天熱了，剛好孩子端了一杯涼水來，雖然不是很冰，也還是夠涼的，那你也許院子裡拈花惹草正渴著，他剛好端得來，那你喝的時候會怎麼樣呢？一口氣把它喝光了。本來打算喝個一半就放著，再繼續工作；結果越喝越順口，一時起貪了，乾脆把它喝完。這貪是不是隨時存在？是啊！那你就不要在那邊責備說：「唉呀！我怎麼又對這個起貪啦？」於是嚴以律己說：「唉呀！我怎麼又對這個涼起貪了？這是不對的。」便在那邊自責其心（大眾笑⋯），那你學佛修道眞的不好過了！你想想，是不是這樣？是啊！

所以，你既然不肯發給它薪水——因爲不想要它增長，那你有時就得容許給它偷一點，它也不敢太明目張膽強搶，對不？於是雙方和平共存，學佛就是這個樣子安定下來了。那麼這樣子學佛，這一段旅途雖然很長，你就走得順利了；否則三大阿僧祇劫，嚴嚴謹謹，每一世的每一天都很痛苦，那你要如何修行？你不必多久就會退轉，心裡說：「唉呀！我不學佛了，學佛好痛苦喔！」然後就回到世間法去了，但即使如此，這賊也不會害你毀謗正法——不會害死你的法身慧命，未來還是會有機會再繼續修道。

所以，我們對怨與賊應該有不同的立場，只要擒到了怨家，一刀就把它砍了，絕不遲疑，一點活命的機會都不給它，這個怨家就叫作「惡見」。可是剩下來，由於賊的首領抓來砍死了以後，就沒有怨家了，剩下就是偶然要跟我們偷點法財的賊；不管群賊中的大將軍，或者小將軍，或者那一些嘍囉兵，都無所謂，就慢慢跟它們應付著。群賊中的大將軍是誰？就是六根本煩惱砍掉了大王惡見以後，剩下的貪、瞋、癡、慢、疑，這五個就是大將軍，它們若想要多一點，你就多一點給它們，因為你還是在三賢位中，煩惱勢力本來就比較強一些；反正你已經把首領砍了，現在換你當首領了，大將軍開始聽你的了。這時你要是全都不給它，它也得聽你的；可是每天臭臉相對，菩薩道的旅途就不好走啊！所以有時它真的開口要了，你就說：「不行！不行！」然後轉過頭去讓它偷一點，你裝著沒看見；它以為你不知道，會拿一點法財去花，就滿足了，因為它怕你知道。

那你如果公開說：「沒關係！你就拿。」那可不行，否則你這個菩薩道就暫停，都沒法再前進了。對於瞋、癡、慢、疑也都一樣，這一些就是大將軍，它們要的比較多一點，畢竟身分不同，因爲它們是根本煩惱。至於其次的那一些小將軍們，我唸給諸位聽一下：「忿、恨、覆、誑、諂、憍、害、嫉、慳、無慚、無愧、惱、不信、懈怠、放逸、昏沉、掉舉、失念、不正知、散亂。」這是五個大將軍手下共有二十個小將軍，那它們要的比大將軍少，你一樣是跟它們說：「不行！你們不可以拿我的法財。」當它們眞的忍受不住了，你就稍微走開一下，讓它們拿一點，雙方就這樣和平共存，三賢位就比較容易混過去。它們被你訓練得越來越沒有貪心，法財拿得越來越少，你就這樣子最後把它們全部收服，就完成三賢位道業了。

至於小嘍囉，數量是最多的；雖然看起來只有四種，但這四種中的每一種，全都是一大堆，很難對治，但也最好使用。正因爲很多，就像五個大將軍率領著二十個小將軍，這些二十個小將軍率領著四大團隊；譬如悔，也就是掉悔，好多人在一生之中不斷地掉悔：「唉呀！早知道，我不會那樣作啦。」年年在掉悔，月月在掉悔，甚至也有人每天在掉悔：「唉呀！早知道，我就不那樣作。」或者說：「早知道，我就不那樣說了。」人家不是早講了嗎：「千金難買早知道。」他就是不懂這個道理，所以每天或者每一個月、每一年都是作了不對的事情以後，然後在那邊掉悔說：「唉呀！我這麼笨！爲什麼要作這件事情。」可是下回遇到那個狀況出現時，他又繼續作著，就是這樣啊！

例如現在不是說要修改法律，對喝酒駕車要嚴懲，對吧？那些酒駕的人都有個習慣：「我這次偷偷酒駕，以後喝酒一定不會再開車了。」偏偏這一次開了車就撞人，就是這樣啊！然後下一次又喝酒，又撞人。每一次都這樣，然後每一次來掉悔。這個掉悔又叫什麼？叫作「惡作」，對於自己所作過的事情覺得厭惡，就是惡作。可是惡作這個東西，對於剛剛在學佛的人來講，那是一天到晚都存在的，就像是有一個很大的團隊。

那接著是「眠」，這眠有兩個意思：第一個是一天到晚睡覺，貪眠。他覺得睡覺是一大享受，所以每天早上明明可以起床了，但他爲了睡眠的滋味，依舊癱在那邊半睡半醒，覺得好享受，就這樣賴床。不得不起床以後，只要逮著了機會，坐著就打瞌睡，沒事就打瞌睡；不管什麼時候，只要一有機會就小睡一下。人家是病了或者身體機能有問題，所以一天到晚睡，他卻是沒事抓了瞌睡蟲來弄自己，時時刻刻就是想要睡覺。

這個眠，有一種人很奇特，平常生龍活虎，一到了誦經的時候就開始瞌睡，很嚴重。有的人時時刻刻生龍活虎，可是一上座打坐，就開始打瞌睡；人家上座是打坐，他上座時打睡。明明早上剛剛睡醒、刷了牙、洗把臉，應該是神清氣爽的時候，但他這一上座又打瞌睡，下座又是生龍活虎了。你不信，跟他說：「欸！你今天睡個午覺，醒了再來打坐。」他真的去午覺，睡到打呼了；等他睡足整整一個鐘頭，起來打坐，又打瞌睡，這個叫作「睡眠蓋」。

睡眠在人間是一定要的，凡是人身就要有睡眠；人如果沒有睡眠，就不可能生存——不能活命，所以一定會有睡眠，否則身體就會毀壞。但問題是睡眠這個法，超過他身體需要的程度時就成爲障礙。而「眠」這個法，對有些人來講並不是問題。至於人家有眠，而他失眠，這也很常見。所以西藥房裡都賣幫助睡眠的藥物，琳瑯滿目。有一天我看到人家在介紹，才知道助眠的藥物原來有那麼多種，而且都很貴。那麼睡眠這個法會緊緊跟著愛睡的人，所以有時聽經之前，先在心裡面打定主意：「現在要講〈普門品〉了，這〈普門品〉一般大師都是依文解義；但現在蕭老師不知會怎麼講，一定很有道理，我就來仔細聽聽看。」打定主意之後開始聽，沒想到一會兒又瞌睡了；等到人家笑了起來，「大家在笑什麼？」才終於又醒過來；可是聽著、聽著，他不知不覺又開始打瞌睡了，這就是睡眠蓋，這眞的很難對治。

既然如此，現在很方便，到處都可以買得到咖啡，你如果準備要打坐、準備聽經，就先去喝一杯咖啡提提神（可是別買到化學咖啡，因爲你要留著道器，還得好好用它）。然而「眠」是一個常常會跟隨著修行人的小嘍囉，雖然不會嚴重遮障道業，但總是會使你有一些小損失。若是睡眠蓋很重的人，有時也會使他的法財少賺很多。眠還有一個層面，就是當人家在說法的時候，他一直都與那個法有隔閡；若是談到其他粗淺的法，即使是非常乏味的法，他就不會打瞌睡；可是一談到如來藏、眞如、佛性，他就開始昏沉了，沒多久就開始打瞌睡，這也是「眠」。這是從哪裡來的眠呢？是因爲往昔毀謗正法、毀謗賢聖產生的業緣，使他遇到深妙法的時候，「眠」這個法就來了，這個賊就來偷他的法財，在他正要得到法財時，在店外就劫了去花用。

所以眠是一個大團隊，但掉悔與眠這兩個大團隊，其實還不是頂大的，最大的是「尋」與「伺」。尋與伺換個名詞來說，就叫作「覺」與「觀」；覺與觀也就是尋與伺，有時合稱為「尋伺」。尋是主動去尋找；伺是被動性的接受，是停住在那裡窺看有什麼狀況來，這叫作伺，或者叫作窺伺。前心分別名之為「覺」，後心觀察名之為「觀」。意思是說，覺知心剛起心的時候，對想要了知的對象去作了知，那就叫作覺，這個心是比較粗糙的；覺知以後，接著後面再詳細去觀察究竟是怎麼回事，這叫作觀。還有一說：粗心分別名為「覺」，細心了別名為「觀」；也就是說，只作一個概略的、粗糙了別，叫作覺；接著很詳細去觀察，那叫作觀。

覺與觀這兩個法，真是大團隊——兩個特大的團隊。為什麼是兩個特大團隊？因為這兩個團隊一天到晚跟隨著你，你從來都沒有離開過。現在全球佛教界，我不曉得有誰能夠離開這兩個團隊；包括我這十幾年來也沒有時間離開覺、觀，因為現在很忙，都沒時間打坐入定了。以前修二禪的時候，有時進去等至位中，幾個小時離開覺觀也不錯，其中都沒有五塵，也就是離開尋與伺——離開覺與觀。這十幾年來根本沒辦法打坐，沒時間。

這覺與觀，是每天一醒來就時時存在著，所以諸位想一想，覺與觀這兩大團隊是不是最龐大？眞的很龐大呀！你睡著、睡著，半夜覺觀就來了，所以不得不起來洗洗手，正是有覺也有觀哪！回到床上又睡著了，覺觀暫時停了，再過不久你又有覺又有觀了，所以才會起床呀！然後就一整天，一直到晚上睡著以後，覺觀才滅除啊！每天都是如此，這樣想起來，它們竊取的小法財可就無量無邊了；而你藉著覺觀來獲取的法財數量很少，雖然每一個法財都很龐大，但不是時時刻刻都在獲取；而覺觀從中劫取的法財雖然都很小到微不足道，卻時時刻刻都在前頭先劫取。相形之下，掉悔——惡作，以及眠，這兩個團隊相形之下就變小了，所以覺與觀是無時無刻都有的，是與你賺取法財時同時並存的。

然而這一些都是小嘍囉、小兵，你也可以使用它們，所以你每天用覺觀來修行。這是因爲大將軍收伏了，小將軍也收伏了，偶爾給它們一點不算薪水的薪水，那你就可以使用這一些兵了，不是嗎？它們都不會跟你抗議，你就用這一些小兵來幫你修道。而這些小兵們數量雖然很多，但是它們很容易滿足，所以把它們當作法賊也行。就把它們當作你要使用的小嘍囉，拿它們當走使也不錯啊！這樣子就把怨與賊都弄清楚了。這些怨與賊，我們講堂入門處有這麼一張表印清楚，在小櫃子裡，你們都看過，想要的話就自己去拿。現在回頭來看看，你自己的「三千大千國土」中是不是「滿中怨賊」？對呀！怨雖然只是其一，可是它居心叵測手段毒辣，會害死你的法身慧命；因此學佛的首要就是要擒住這個賊王，一刀把它砍了；一定要它死透，絕對不要猶疑，絕對不能心軟，當然要一刀就把它砍了。然後剩下的五個根本煩惱、二十個隨煩惱、四個不定心所法，你可以暫時跟它們和平共存；慢慢地跟他們廝混，然後去轉變他們，最後你就可以成佛。可是你在三賢位中，「滿中怨賊」都是正常底事。

接著說：「有一商主將諸商人，齎持重寶、經過嶮路，」「商主」究竟是誰？商主是作主的人對不對？決定要出遠門去經商時由他決定，大家就跟隨他。那這個商主是誰啊？大聲一點！（大眾回答：末那識。）對！就是末那識——意根。如果你意識想著說：「我要學佛，我將來要成佛。」可是意根不答應，那你也沒轍！意根就是這個作買賣，到最後要成佛的商主；大家商量以後，由祂決定要走上成佛之道，決定要去達到佛位，都是由祂來決定。因為成佛是流轉生死中的最大買賣，不論怎麼說，都沒有一個買賣可以跟這個買賣相提並論。譬如一神教講：「富人要生到我的天國，遠比一隻駱駝要穿過針眼還要困難。」可是我說那個還是小買賣。又有人說：「我只要玄關這麼一點，就天堂掛號、地府抽丁。」我說那個叫作「買空賣空」，根本就不是生意，只是籠罩；因爲人們本來無罪，他們的名字又不在地府中，爲什麼要他幫忙從地府去抽丁？人家既然持五戒、修十善，死後本來就一定會生在欲界天中，那天堂何必要他去幫忙掛號？根本不需要，所以我說一貫「盜」那個叫作買空賣空。

有的人作買賣說：「我要即身成佛。」那個買賣千萬別作，因爲若是作了那個買賣，不但沒有任何利潤可得，還得要虧損幾千萬億倍；那當然不是買賣，那叫作受騙，是被詐欺。至於有的人說：「我作正經的買賣，我離開欲界法，證得禪定，我來世要生到色界天去，成就永遠清淨的梵行。」我說那依舊是個小買賣，雖然比起生天堂或天堂掛號好多了；因爲如果有因緣，禪定是一世就可以修成的，只是標的物太小了。但你要是作了一個買賣，這買賣是要你賣掉惡見這個首領，還要賣掉貪、瞋、癡、慢、疑五個大將軍，以及二十個隨煩惱小將軍，再加上四個不定法四大團隊；全部要賣掉，可以買回佛果——買得佛地果位；這是個大買賣，想要完成這麼大的買賣是非常辛苦的，而且時間很長，所以如果你沒有充分的證據和道理告訴了意根，意根的你是不會接受的。

那麼你終於決定了說：「好！我要去作這件買賣，我要踏上長遠的旅途去作這個買賣。」當你意根決定了，其他的商人要不要跟隨你啊？當然要啊！所有商人都依於商主，這是一定的。所以說：「有一商主將諸商人，」這個「商主」也就是意根。你的第七識意根恆審思量、處處作主，確定說這個買賣可以作、應該作，遲作早作都必須要作成，所以決定要踏上旅途了。可是意根不能一個人踏上旅途，於是要「將諸商人」；「商人」是誰？（有人答：七轉識。）只有六識，什麼七轉識？你意根就是一個識，已經是「商主」，隨從才是「商人」；所以意根「商主」加上六識「商人」才能叫作七轉識呀！

那我再問你：「處處作主的心，加上了了分明的六識心，就可以踏上旅途了嗎？」還得要什麼？還要有色陰十一個法；就好像《西遊記》，那沙悟淨一天到晚顧著行李，一點都不放。那唐玄奘是代表誰啊？正是如來藏啊！所以就是要癡癡呆呆的。（對不起喔！其實玄奘菩薩是很有智慧的，但我們現在講的是《西遊記》，是依八識心王來說理，就沒有所謂的恭敬與否的問題。）可是唐玄奘跟沙悟淨，再加上煩煩惱惱一天到晚精明幹練的孫悟空意識，只有這三個識就能夠到得了西天嗎？還是到不了啦！因爲還得要豬八戒那五個識，得要一天到晚到處抓取五塵中的美好境界，這是最貪的了，不是嗎？但只要這樣，八識心王就能出發了嗎？還不行呀！還得要有龍馬。這個龍馬究竟是誰？正是色陰等十一個法，所以唐玄奘一定要騎馬才能去西天。這樣子，《西遊記》的大意懂了沒？至於什麼盤絲洞、牛魔王以及他們的無數手下，這一些全都是還沒有被收服以前的貪、瞋……等大將軍、小將軍和小嘍囉。

話說回來，這商主要去作買賣時，其他的商人若不肯追隨，他也沒轍呀！當其他的商人不肯追隨的時候，「商主」又能幹嘛？只能睡覺。你們想想：是不是只能睡覺？還沒想通喔？對啊！如果你前六識都不肯追隨意根，只剩下意根一個人時，你能作什麼？就只有睡覺，什麼事都幹不得。雖然說，這些商人全都會聽從意根商主的意志，但商主意根也得要這些商人等等的配合，才能成就種種買賣。所以意根必須「將諸商人」，而這時「商主」一定還要有色陰等十一個法，也就是要有龍馬來馱著唐玄奘、沙悟淨、孫悟空、豬八戒等八個人，才能啓程去到西天；所以這個「商主」的你一定要有五色根：眼、耳、鼻、舌、身五根，然後加上六塵，要有這十一個色法，以及第八識與前六識的配合，才能成就一個商隊——五陰具足。

當這個商隊成就了，是由誰來帶領呢？當然是由「商主」意根來帶領；接著要去作生意時當然要「齎持重寶」，假使要去遠地跟人家換一個你心目中最珍貴的寶物，結果你只是挑了一擔柴、挑了一擔水就要跟人家換，人家換不換？當然不換呀！所以你一定要有價值相當的寶物帶去。那你想要得到的佛地果位，那是三界中最重、最大的寶，當然要帶著價值相當的寶物前去。所以這一趟三大阿僧祇劫的旅途中，你得要「齎持重寶」才能上路，那麼請問你們有一些什麼樣的重寶可以帶出門？（大眾回答：如來藏。）如來藏是要保佑你的「觀世音菩薩」啊！怎麼會是如來藏？你有五個遍行心所法，還有五個了別境界的心所法，然後你還有十一個善法，再加上你有六個無爲法，這些眞的叫作「重寶」。你如果沒有這些「重寶」，走完了三大阿僧祇劫的旅途時，也得不到佛陀的果位。

五遍行與五別境總共十個心所法，爲何也是「重寶」之一？諸位想一想。我先說明遍行跟別境好了：遍行就是說，它們普遍存在於八識心王中——永遠普遍存在於八識心王中運作，所以叫作遍行。遍行這五個——觸、作意、受、想、思；別境是另外五個——欲、勝解、念、定、慧，都是「重寶」，因爲若沒有它們，誰也動不了，連生存都辦不到。但這個五遍行心所法，我跟諸位講白了，其實就是十住菩薩所見的佛性。但是這樣子聽了，你就能看見佛性嗎？看不見啦！我保證你看不見，不管你把這十種「重寶」如何去研之、究之，依舊看不見。因爲你若是想要看見佛性，絕對不是這麼看的。

也有佛教研究學者，他想要看見佛性，他就去找了古德的著作《佛性論》讀了，但他讀了以後能不能看見？看不見！因爲佛性是 世尊已來的不傳之密，縱使慧力莊嚴、福德莊嚴、定力莊嚴都具足了，想要看見佛性時還得要看時節因緣。所以這不是用研究可以得來的，但是我可以簡單地說五個遍行心所法和合運作，其實就是眼見佛性的人所眼見的佛性。眼見佛性的人，放眼望去遍一切山河大地，莫不是自己的佛性。好！那麼請問你，這一個佛性是不是重寶？當然是重寶啊！多少人想要看見佛性都看不見，自古以來如是。即使當年那麼多迴小向大的阿羅漢成為大菩薩了，也不是人人可以看見佛性呀！能有一半大阿羅漢位的菩薩看見，就算很棒了，所以這五遍行、五別境等心所法當然是「重寶」。

而且說句老實話，如果不是這五遍行心所法，你八識心王一個個都動不了，都沒有作用，所以這當然是「重寶」啊！所以，從如來藏、意根和眼、耳、鼻、舌、身、意識，一直到最後一個心，全部都有這五個遍行心所法，才能互相和合運作。可是如果只有這五個遍行心所法，那你也沒有辦法在色界、欲界、人間生存啊！你還得要有別境心所法；如果沒有這五個別境心所法——也就是欲、勝解、念、定、慧，你連生活都辦不到，何況能修道而想要走上三大阿僧祇劫的旅途？所以這五別境心所法也是「重寶」。

那麼還有善法總共十一個——信、慚、愧、無貪、無瞋、無癡、精進、輕安、不放逸、行捨、不害。這十一個善法也是「重寶」；因為你得要依循這十一個善法去走上三大阿僧祇劫的旅途，你才能成佛。所以首先要有「信」，假使對佛陀沒有信心，老是說：「**佛陀就是阿羅漢，所以佛陀的證量跟阿羅漢一樣的，沒有特別的智慧。**」他對佛陀沒有信就表示他還沒有

「信」這個寶物，老實說他對三寶是完全沒有信力的；連信根都還沒具足，就別說是信力了，那他如何能夠在三大阿僧祇劫的旅途之中有這個寶物可以運用呢？如果有人聽到緣起性空就很歡喜，一聽到說如來藏、佛性，就說那是外道自性見，這表示他對眞正三寶的信根都還不具足，那他是對大乘佛法—對佛菩提—就不可能有信力啊！何況是信力的圓滿。這樣，顯然他沒有這些寶物作依憑，那他要去跟人家換什麼佛陀的果位回來呢？

那麼「慚」與「愧」也是兩件寶物，所以如果遇見了什麼同修，他一見就跟你說：「昨天好對不起喔！慚愧！慚愧！」你就說：「你有寶物，因爲慚與愧是兩個寶物啊！」那麼有慚於心，而且面對他人時覺得於人有愧，是這兩個善心所所保護的人，他就可以走上成佛之道。假使遇到一個無慚無愧的人，表示他的法財是每天被人家搬走很多很多的，那個人眞要走上成佛之道了，一定是化短劫入長劫，成佛遙遙無期。

這樣有三個寶物了，接著是「無貪、無瞋、無癡」；在世間法中賺到一個程度，對社會有交代，對家庭有交代，對員工有交代了，就覺得滿足了。不像有的公司老闆一天到晚盯著賺錢，不但如此，還想辦法要以小蝦米吃大鯨魚；這在臺灣就看得見啊！對不？「我這個公司只有一塊錢的資本額，但我要買下十塊錢價值的大公司。」有這種事呀！這就是大貪了。那我們學佛的人很多都是怎麼樣呢？特別是進正覺同修會的人，往往是把職業辭掉說：「我參禪見道要緊，等開悟破參以後再來找職業。」我們有不少同修是這樣子，我們有的親教師也是這樣走過來的。「無貪」就是個法寶，這也是「重寶」啊！至於其他的世間法也是如此。

「無瞋」，這也是個重寶。有時候無法不起瞋，就讓它起一下，別壓得太過火；它需要竊盜一點點法財，你就給它偷一點，當作不知道。但是等它拿了一點，就告訴它：「以後不可生氣！不可以再生氣喔！」告訴它以後不許再氣，這樣它漸漸的瞋心就越來越小。這個「無瞋」也是個法財，當然也是「重寶」啊。

然後是「無癡」，就是你必須要不斷地提升佛法正知見，然後你的無明就越來越少，這也是個法寶。接著「精進」也是個法寶，如果沒有精進這個法寶，走一天睡三天，什麼時候能到達呢？還有「輕安」，輕安是基本的，輕安主要就是說你在禪定上面有所得；也就是因爲學法而使你貪緣世間法的心休止了，因此與定力相應，也就是跟未到地定相應；然後你就覺得輕安，心中沒負擔，色身也覺得沒負擔，這是個必須要有的條件。你要走上佛菩提道，這是必須要有的，這也是個「重寶」。

如果你沒有未到地定的定力，就算努力觀行去把我見斷了，大不了是一個初果向，取不了初果的；一定要有基本的定力，才能眞的取證初果，所以我們要求大家都要作動中的功夫無相念佛。這無相念佛的功夫作得很好，就是動中的未到地定。這是一定要有的「重寶」，如果沒有這個「重寶」，就算你觀行斷三縛結了，也只是個初果向，因爲畢竟只是個乾慧。《楞嚴經》講乾慧，就是這個道理，就是沒有實質。你如果沒有未到地定，我幫助你明心以後還是會退轉，因爲你不會有受用。那些退轉的人，從第二批到第三批退轉的人，大部分人都是沒有什麼定力的；會退轉的人，大多是因爲沒有受用，因此這個輕安就是代表未到地定的實證，這也是個「重寶」。

接著是「不放逸」，不放逸跟精進是不同的；精進是在積極面來說，不放逸是從消極面來說的。假使每天很精進在那邊打坐，想要修定力，可是每一次打坐心中都是一場糊塗，胡思亂想一大堆，這表示他屬於放逸的人；所以心中要把得定，時時刻刻在法上，這就是不放逸，這也是個重要的法寶。接著「行捨」，假使他很慳貪，當眾生很困苦時，他有九牛而不肯拔其一毛以利天下，就是惡心所的慳。菩薩道與聲聞道完全不同，聲聞道只要信受布施的因果，不必一定努力行施；可是菩薩道必須要確實去執行，去如實履踐布施這回事，這叫作「行捨」，這也是一個「重寶」。最後一個是「不害」，於一切有情不害，同時也於一切善法不害。以上這十一個法也是「重寶」。

然後你還要帶著六個無爲法：虛空無爲、擇滅無爲、非擇滅無爲、不動無爲、想受滅無爲、眞如無爲。這樣全部都帶著，你的寶物就夠啦！可以踏上三大阿僧祇劫的旅途了。如果你沒有帶著這一些「重寶」就踏上旅途，結果將來還要再回家，重新把這一些重寶帶在身上再走。那麼你從佛教界各道場去觀察，他們踏上三大阿僧祇劫的旅途時，究竟帶了哪些「重寶」，那你就知道他們每走一段路就要回去再拿一樣；然後走一段路才知道原來又欠這個重寶，只好又回去再拿一樣。他們就是不斷地要回頭去拿，所以他們這個旅途幾乎是一直沒有開始，因爲常常在走回頭路。

這是什麼階段呢？就是在初住位到六住位爲止，就這樣不斷來來去去；

至於十信位，那都只是在修信心而已，還不算眞的踏上旅途。所以從初住位到六住位進進退退，都是稀鬆平常的事。因此你看見某一些人在某個大山頭好努力、好精進，再經過三年、五年時看，再也沒看見人了；有時候你在路上遇見了說：「某師姊！妳現在怎麼很久都沒去道場啊？」她會告訴你說：「我現在要帶孫子啦！孫子沒人帶不行。」其實她是對法沒有信，孫子只是個標榜而已；當她的孫子也是倒楣，被她拿去作藉口。

可是眞正踏上旅途，努力布施之後，他們還得要來來回回不斷走好幾趟，才終於可以到達六住位滿心的階段；這時候關卡來了，他想：「我要眞正踏上這個旅途，就得要先見道啊！」而大乘法的見道是要證眞如，證眞如意思就是說他身上要帶著一個眞如無爲這個法，去踏上旅途才行得通啊！眞如無爲這個「重寶」，其實就是很多無量無邊關卡的金鑰匙。眞如無爲就像童話故事「阿里巴巴大盜」的「芝麻開門」，寶庫也就打開了！所以眞如無爲就好比是那一句「芝麻開門」，祂是一切寶庫的金鑰匙。那麼你把這一些寶物都帶著，是不是「齎持重寶」呢？眞的是啊！因爲你將來成佛的時候一樣不外於這一些東西，就是這一些「重寶」讓你成佛的；所以你將來取得佛果的時候，就是這一些寶物已經打磨抛亮，然後各種加工的內涵也全部完成了，你就成佛了！所以這一些東西當然是「重寶」。

因此說，意根帶著六識、帶著色陰十一個法，身上攜帶著各類心所法等重寶之後，開始上路了，是否就是一路坦途？當然不會是一路坦途啦！因爲到處都有險路。也許有人還是懷疑：「眞的四處都有險路嗎？」我再講一遍律部《菩薩瓔珞本業經》的記載，世尊說：無量劫前的淨目天子、王子法才、舍利弗，三個人開悟明心了，可是他們那時福德不夠，沒有善知識攝受；世尊說他們那時是般若「正觀現在前」；般若的正觀已經現前了，就表示他們證眞如了，眞的開悟了，不是像現代人悟錯了那樣。但因爲沒有遇到善知識攝受，所以最後退轉；退轉了以後十劫之中無惡不造，所以下墮三塗而輪迴生死無量劫後轉生人間，繼續努力在行菩薩道，卻始終沒有辦法得入，一直到遇見了 釋迦世尊才重新又悟入。所以能否遇到善知識攝受，這就很重要！因爲善知識可以幫助咱們脫離險路、超越險路，平安的穿越。

那麼「嶮路」到底是指什麼？修行的過程中一定會常常遇到世間法所說的瓶頸，如果瓶子的口跟底都是一樣寬，一倒可就全部都出來了；可是瓶子的口是小的，就好像一個人的頸部一樣，因此想要全部倒出來時很難一次就倒光，要慢慢地去疏通，有時甚至還得用鐵鉤去鉤。例如你們有時候去買福菜——菜乾，那些產品都擠在一個瓶子裡，你想要拿出來煮湯時很不容易掏出來用，因為它有個瓶頸。如果它是直桶桶的，你一倒就能全部倒出來。所以裝在瓶子裡，你有時用筷子去摳一摳；若是筷子不好摳，甚至於拿鐵絲穿進去拉也行，就是無法直接倒出來，這就是瓶頸。

可是學佛上的瓶頸可多了，在十信位修行中就已經有很多瓶頸了；所以修過一段時間好不容易信心起來了，忽然間有人來了說：「信佛就信佛，別信到那麼迷。」有沒有？對啊！真的。其實也有很多人應該被這樣講，因為他們信得太迷；他們不是智信，他們迷的是什麼？「喔！這個山頭好大，一定是大師。」「這大師已經一百歲了，一定很有智慧。」或者是說：「這位大師名氣好大。」「這位大師徒眾好多。」這樣只看表相的人就叫作迷信者。

有時遇到個善知識指點一下說：「你不要只看表相，要看他說的法對或不對呀？」他想想：「嗯！也對。」可是他不論去到哪裡，聽來聽去都對，因為他的層次只能聽到那一些最基本的法，或只是冠上佛法名詞的世間法；

由於人家講的都是世間法，聽來當然都對呀！那麼有一天人家推薦說：「你去正覺聽聽看。」去聽了以後說：「我都聽不懂他到底講什麼？講來講去都是如來藏啊！」（大眾笑…）然後他就想：「那如來藏到底是什麼？」在會外問來問去，人家都是說：「如來藏法義就是自性見外道。」所以他在這個地方無法突破，一聽到人家講如來藏是自性見外道，他就不學了；他連聽都不想聽，更別說瞭解。所以他一世又一世聽到如來藏三個字，或是聽到眞如兩個字，心中就生起煩惱，然後就不學。

不幸的是，這個瓶頸往往得要十百千萬世才能突破；終於有一天心裡相信說：「原來二千多年前弘揚到現在都還存在的如來藏妙法，只在正覺同修會中有得學，才是正確的佛法。」終於願意學了。可是來到同修會剛開始聽到基本佛法知見，又學習無相念佛的功夫；這些教完了，才一正式上課，講的就是菩薩六度，說要從布施開始修起，他就想：「喔！又想要我的錢了！」所以我們親教師都不說：「你們要好好護持正覺，講堂缺錢呢。」我們的親教師從來不這樣講，只是把六度的道理告訴諸位，不會跟你要錢。所以也有人共修兩年半期滿報禪三時，我一看各組的審核，什麼義工都沒有參加過，財務組的護持記錄也是零。人家二年半共修完了，至少也曾捐個五百塊錢，因爲這麼想：「我在會中聞法時吹著冷氣，也曾喝喝開水，都要用電。」但他都沒有，任何義工事項也都不曾作過，也有這種人啊！那麼六度中的第一度，對他而言就是個非常嚴重的瓶頸，可以說他這個瓶子的頸就像針孔一樣。（大眾笑…）所以修行時的瓶頸非常之多。

終於一步一步突破布施這一度的瓶頸，接著聽說修菩薩道要修學菩薩戒，可是菩薩戒到底是什麼內容？挨著、挨著，終於親教師開講菩薩戒了，講過三堂課、四堂課以後，他老兄不來了，心想：「這分明是要把我綁死嘛！我爲什麼要永遠當菩薩？」他不想永遠當菩薩，因爲不願意永遠被菩薩戒綁住，所以這持戒對他又是另一個瓶頸。道業上的實修也就不說，其他的瓶頸也非常之多。而六識論的法師們，她們有很多人的瓶頸是什麼？是聽到正覺兩個字就生起煩惱：「因爲我師父說：我們不讀在家人寫的書，我們也不聽在家人說法。」可是她們其實不懂什麼是出家與在家，人家都能出三界了，還叫作在家人嗎？而她們還被我見、我執綁在三界中流轉，只因色身出家了而自稱是出家人，所以她們的腦筋是有問題的。

但是這個問題很普遍存在著，對她們而言，這是一個超大號的瓶頸，終其一生都不可能突破的，所以成佛過程中的瓶頸非常之多。有的人一生學佛都很順利，都沒有瓶頸，可是一路上滿是岔路；他想要學什麼也都能學到，都沒有人阻礙他，只是他所學的全部都是走向岔路；所以走著、走著偏了，好不容易讀到正見的書而被善知識拉回來了，然而走著走著又偏了，永遠都在偏離的方向中走著，永遠走不上正路，這也是「嶮路」呀！所以「嶮路」不單單是瓶頸，岔路一樣是「嶮路」。

老實說，岔路往往比瓶頸更嚴重，因爲瓶頸最多只是穿越不過去，但方向還是正確的，只是卡在那個險路上過不去；然而岔路往往會讓他落下懸崖粉身碎骨，法身慧命屍骨無存，所以岔路這類險路才是最嚴重的。且不說大陸，單說臺灣就好了，臺灣佛教界在早期，大家都只是遇到瓶頸，只是修行沒有成績；可是後來開始出現岔路，因爲有自稱證悟者出來指導大眾了，有的大師說：「我只要一念不生時就是開悟了。」有的說：「我只要心中沒有煩惱就是開悟。」有的又說：「我們現前坐到清清楚楚、明明白白了，就是證得眞如佛性。」不勝枚舉的一大堆岔路，都是害人家陷入大妄語業中。好在後來有個正覺同修會出來講清楚、說明白，否則他們都還不知道自己犯了大妄語業呢！那你說，岔路危險不危險？比起瓶頸那個險路更險，而這個岔路的狀況到處都有。

可是這些岔路也還不是最危險的，還有「危途」；危險的路途是什麼？往往是因爲走投無路，所以修大乘佛法想要開悟證眞如，沒想到正覺出來一講，說這些大師們全都不對；沒辦法依止修學了，只好往南方去——學南傳佛法去了。在南傳佛法中修學，後來正覺竟然又說那些也都不能使人斷三縛結，不能使人實證聲聞果；這可就沒辦法了：「**南傳也不行，北傳也不行，那我們該怎麼辦？好在還有個密宗。**」（大眾笑⋯⋯）於是走入密宗去，那就是進入「危途」了！法身慧命死得屍骨無存。誤入岔路頂多是粉身碎骨，他們可是屍骨無存了。所以險路、岔路、危途，眞的到處都有；眞要細說起來，可眞數之不盡；那我們也沒時間細說它，因爲時間已經到了。

《妙法蓮華經》〈觀世音菩薩普門品〉，上週講到一百九十頁倒數第三行：「**齎持重寶、經過嶮路，**」那麼上週我們最後說到佛菩提道的修行過程中，有非常多的瓶頸，並且還有更多的岔路；我們說到那一些瓶頸最多只是使人無法突破、不能實證而已，但是岔路往往會害人法身慧命死亡，萬一不慎走入密宗，可就屍骨無存了。所以顯教之中（其實不該說顯教，應該說爲正統佛教），有許多讓人家錯悟、錯證，然後自以爲是賢聖的那些狀況，其實也都是岔路。

更嚴重的岔路，我們上週最後說到，就是北傳大乘法走不通了就走到南傳去，但在南傳小乘法中也走不通了，然後走到密宗去，那個就是最艱險的危途。因爲那條路非常危險，即使還沒有走到懸崖，路上都是極危險的，因爲路上布滿了外道邪見與邪修的法門與知見，就等於是各種銳利的鐵刺遍植在路上一般，密宗那種岔路和危途才是最危險的。不管是正統佛教中的岔路，或者在外道法中修學而自以爲是在學佛的那種危途與懸崖，其實都屬於「**嶮路**」啊！

那麼這個「**嶮路**」，在近代還多了另一種，就是把佛學學術研究當作實證。這就是臺灣佛教界在三十幾年前、快四十年前了，那時有不少大山頭派法師們去日本大學留學；他們去留學時，同時也跟著日本佛教東密學了一些法。可是東密到底是不是佛教？有人認爲是，可是到了正覺同修會以後，大部分人認爲並不是。東密又稱爲唐密，因爲是唐朝時傳過去的，但它所宗本的經典仍然是《大日經》、《金剛頂經》，所以跟西密的藏傳假佛教四大派所宗本的教典其實是一致的；只是東密中的樂空雙運即身成佛法都不傳給在家人，是出家人專有的；所以在東密中出家以後被稱爲和尚時，他就住在寺院裡面當出家人，但卻娶了妻子修雙身法、傳宗接代。

所以日本的和尚是有妻子也有兒女的，那你說他們跟西密假藏傳佛教四大派有什麼區別呢？還是一樣的本質呀！只是他們不把雙身法傳給在家人而已，本質還是一樣的。那麼臺灣這些大山頭派法師們去日本學習時，當然就會接觸東密；回來以後雖然並沒有在寺院裡面娶妻生子，但也受到不少影響了！此外，日本佛教對臺灣佛教最大的負面影響，是把文字訓詁的學術研究方法，帶到臺灣的寺院裡面來，後來演變的狀況就是設立了一些佛學院，然後請一些有研究過經典的佛學教授去教導法師們；而這一些檯面上的人物，有許多人是諸位所瞭解或認識的。

其中也有一些人比較低調，可能是因爲沒有著作寫出來，所以大家比較不瞭解；那他們就是單純作學術研究，因此也開始了他們佛學教育的過程。

他們認爲培養弘法人才應該經由佛學教育來作，所以就有一些佛學院陸陸續續成立，後來又有山頭向教育部立案，正式有佛教大學成立，現在好像有兩家了，這就是走學術路線。

但現在有個大問題是：那些在佛教大學或佛教學院教授佛學、佛法的教授們，竟然讀不懂蕭平實寫的書，所以他們私底下要去互相研究討論：「這蕭平實到底在講什麼？」因此各大山頭也都組織了讀書小組。就像大陸有許多我的讀者在讀我的書時，各自去組成讀書小組一樣，臺灣各大山頭也都有讀書小組，專門研讀我的書，想要探知我講的佛法密意究竟是什麼。問題是：他們是大學教授，在佛學院或者佛教大學教授佛學，可是我連大學都沒讀過。不但沒讀過佛學院，我連普通大學都沒讀過，但我寫出來的書是他們一直在研究的。那麼諸位由此想想看，作學術研究能不能實證佛法？爲什麼你們都搖頭？因爲那是意識思惟的所得！不是親證。

可是佛法講的是實證，跳個時代來說，一千多年前五祖弘忍把衣缽傳給六祖慧能，經過十五年的隱遁及思惟體驗以後，六祖才在嶺南開始弘法。想當年，那位獦獠剛去找五祖弘忍的時候，可是斗大的字識不了一籮筐；你想一籮筐能放幾個斗大的字？至少也放三個吧？但他連一籮筐都沒有，然而跟著他學佛的人若不是學士、就是進士，不然就是侍郎、巡撫這一類大官。那麼到底在佛法的實證上，是應該走實證的路或者應該要作佛學研究？（眾答：實證。）你看！大家都異口同聲說要走實證的路啊！所以佛法修行的另一個險路，在近代就多了一樣——把佛學研究當作佛法實證，當然無法實證；因此飽讀四書五經又讀了三經六論的那一些大官，都得要去跟著實證而不識字的六祖慧能大師學法。

從古時那個時空再拉回到現在來看，那麼多在作佛學研究的教授們，又有誰在佛法上曾經有所實證？且不談佛法，單說最淺的二乘聲聞菩提中的見道就好，這只是羅漢小法，如今有誰作到了？臺灣佛教幾十年來最負盛名，站在正統佛教地位又有學術地位的就是釋印順法師，終其一生——從二十五歲出家到一百零一歲過世，終究不曾斷除我見，都還是落在意識裡面，從來不離識陰我見的範疇。所以他那麼強勢的人，不容許人家批評一句話的人，我寫了那麼多本書評論他（說起來他眞的很偉大，能讓我爲他寫那麼多書），像他那樣強勢而不許別人說他一句話的佛教法師，眞的少見啊！可是，終其一生，從我開始寫他，直到他捨壽，前後十幾年間，他那麼強勢的人竟然都沒有回應過一句話。由此可見，作學術研究只能依文解義，在佛法上終究無法實證。

可是臺灣佛教二十年來已經風行這條路，根深柢固了，我想這就是臺灣現代正統佛教中的另一條「嶮路」啊！所以「嶮路」會隨著時代的演變而有一些變化差異，不過萬變不離其宗，全都是依文解義。至於臺灣這二十年才開始風行的密宗，除了覺囊巴以外，那四大派全都不是佛教，只是仿冒的假佛教而已；那已經不只是險路，而是「危途」再加上「懸崖」；掉下去的人，不只是粉身碎骨，可說是屍骨無存，因爲連屍骨都找不回來了。所以眞正佛法的修行是很困難的，因爲連粗淺很多倍的二乘菩提，在如今都已經很難實證了，更何況深妙很多倍的佛菩提，當然更難實證，所以說成佛之道上的「嶮路」極多。

那麼這樣子說明了以後，大家再回憶一下說，上週講的「三千大千國土，滿中怨賊」，其實還眞的是「滿中怨賊」！因爲不論你去到哪裡，都有「怨賊」等著你。你從這一個星球去到另一個星球，再從那一個星球轉到另一個星球去，遍歷這個娑婆世界所有能住人的星球以後，你再回來這裡；假使你一生中可以這樣子繞一圈回來，你會發覺到處都是「怨賊」；因爲不論你走到哪裡去，那一些根本煩惱、隨煩惱都會跟著你去，所以不論你走到哪裡都有「怨賊」啊！而且你所見到的諸有情，他們也都跟你一樣離不開這些怨賊。世俗話說，生而爲人都有三千煩惱絲。（好在我先把它剪短了，所以我的煩惱絲很短；但我不是叫你們要理光頭，這得隨著個人的因緣喜好。因爲我如果要求你們理光頭，可就是我的過失了！諸位看看觀世音菩薩、文殊菩薩都是長髮飄逸，何曾理光頭？）好！話說回來，在佛法中連二乘菩提都難以實證了，更難實證的是佛菩提；難實證的原因就是因爲「三千大千國土」中，這一世在這個星球，下一世到另一個星球，一一巡歷可以住人的星球以後回來地球上，你會發覺眞是「滿中怨賊」，因爲根本煩惱、隨煩惱都跟著你；不論你去到哪裡，那裡就有「怨賊」；而且你所見的各星球的人們，也都和你一樣有著這些「怨賊」。

那麼因爲這個緣故，你想要擺脫「怨賊」，因此作了決定：「我呢，帶著一票人要去作買賣，想要把『怨賊』賣掉，帶回我想要的功德。」所以說：

「有一商主將諸商人，」「將」就是帶領或攜帶的意思，那他是作主的人，也就是你身中那個沙悟淨意根，連夢中也在作主，甚至睡著無夢時也在作主，把什麼都抓著不敢丟；你帶著一票人是哪一票人？就是帶著你的意識，眼、耳、鼻、舌、身識，連同根本煩惱、隨煩惱等一大票人，大家簇擁著第八識如來藏；外加一匹龍馬，也就是這個身體等色陰十一法，一同出去營商；可是你「齎持重寶」，帶著非常多的法寶——五遍行、五別境及其中的許多微細法寶；我們上週講了一些，還有很多細項的法寶無量無邊，就是如來藏中的一切種子，數不盡的寶貝。你帶著這些寶貝出門去，要去營商，要把佛地的功德賺回來；在賺回來的過程中，你就是要把「怨賊」一個一個賣了，絕不手軟，因為這些「怨賊」都在強奪或竊盜你的功德法財啊！

可是佛菩提道極為長遠，而且處處險路或危途，所以一世又一世往往會被人家誤導，只要遇到一個惡知識，可能就有好幾個險路，就得被騙上很多年。那麼一生之中會遇到幾個惡知識呢？你自己並不知道。這得要一世又一世親自去經歷，所以說處處「嶮路」。但是你身為「商主」意根，帶著一票人跟許多的「重寶」，要去貿易佛地的功德回來，遇到「嶮路」時無可奈何，這時「其中一人作是唱言」，教導大家平安經過險路的方法；這個「一人」究竟是誰？是誰？講大聲一點！正是意識啊！怎麼不太敢講？「觀世音菩薩」第八識這時候還沒有出面，對不？你自己的「觀世音菩薩」——唐玄奘——還沒有出頭露面呢。

你意根帶著這一些人出門，意識通常聽命於你，所以你決定睡覺時意識就中斷了，意識都要聽命於你；那你覺得膀胱不舒服，要起來洗手時，你就把意識叫起來，然後意識就開始分別，於是把前五識叫出來，看要如何去到洗手間，所以意識全聽你的。洗完手回到床上，你決定要繼續睡，意識又不見了，意識當然全聽你的。決定要讓意識起來，是誰決定的？還是你意根來作決定，意根才是眞正的你，才是眞的「商主」。會思惟的、能了知的，並不是眞正的你呀！因爲這個你是會中斷的生滅心，睡著就不見了，怎麼會是眞正的你？所以三界中眞正的你其實就是作主的你——意根，又名末那識。那你睡著之後，這個你還在，可是並不了知五塵與大多數法塵境界，因爲沒有意識了。

那麼意識不存在時，也就是說孫悟空睡著了，暫時離開一會兒。當孫悟空不在底時候，那五識豬八戒就幹不了什麼了，所以他什麼正事都幹不了，對不？所以孫悟空不在時他就沒轍，甚至被妖精綁住而無法自由了，要等孫悟空回來解開他。這五識豬八戒一天到晚緊抓五塵，最貪了；貪五塵、貪到後來出了毛病，他自己又無法解決，於是只好哭啊、叫啊：「**大師兄！趕快回來救我！**」得要等孫悟空回來才能處理善後，孫悟空代表的就是這個意識啦！一個筋斗雲飛多遠？十萬八千里；對呀！你看那一些修行人在打坐時都想求一念不生，可是一個筋斗雲、兩個筋斗雲，還不必一秒鐘，已經跑到美國大峽谷去了。就這樣呀！他心中的影像就出現了，神遊去了：「**九寨溝好美、好壯觀喔！**」突然想起來：「**欸！這是我去年去玩的，現在是要好好打坐。**」於是再拉回來，又開始數息：一、二、三……。

這隻孫猴子很伶俐，可是學佛時若沒有孫猴子，你還真學不成；你想要取得佛地的功德，還得要這個意識孫悟空啊！所以這時最懂得佛法的是誰？正是意識，因為意根不懂啊！意根雖然會作主，可是不懂法，最懂得佛法的就是意識心，所以修行時一定要有意識。意識雖然是生滅法，可是若沒有這個生滅法，你修行還修不成呢！當你修行遇到「**嶮路**」時，也許是有危險，也許只是有瓶頸過不去，那你起個念頭說：「怎麼辦？」束手無策的時候，意識突然想到了，於是就說了：「諸善男子啊！不需要恐怖，你們應當一心稱唸『觀世音菩薩』的名號。」你就能立刻依止從天竺取回來的、「斷語言道」的無字眞經，立時解脫。

也就是說，當你修行遇到了一個狀況；例如你找到如來藏以後，意識會常常記著；雖然不是常常在想著自己的「觀世音菩薩」，可是那個作意總是會存在；那麼在修行的過程之中，也許某一個大師來告訴你說：「離念靈知才是眞如佛性。」他的名氣很大，信徒幾十萬、幾百萬、一二千萬，道場規模無人能比，那你心裡開始有一點動搖時，這就是佛道上的「嶮路」了！你想：「他的道場那麼大，信眾那麼多，名氣那麼響亮，在佛教界地位那麼崇高，我到底要不要信他所說的法？」當你意根商主舉棋不定的時候，意識突然出來說話了：「我們應該歸命於自己的『觀世音菩薩』。」出來主張說：「意根商主和五識同伴們！咱們要一起來高聲說：『歸命於觀世音菩薩』。」

那麼大家這一聽到就想起來了：「對呀！我們自己的觀世音菩薩才是我們所應該歸命的，這大師都還不知道他自己的『觀世音菩薩』何在呢！我們為什麼要聽他的？」所以意識說：「諸善男子！勿得恐怖，汝等應當一心稱『觀世音菩薩』名號。」就這樣提醒了起來。也就是說，你意識突然醒覺了說：「我在禪三時悟得這個『觀世音菩薩』，我應該要如實歸命才對。」所以你提起來唱說時，意根商主以及前五識眾商人就聽從你，就能度過「嶮路」了。這時意識得要告訴大家說：「這位菩薩能夠以無畏布施給眾生，你們大家如果稱呼『觀世音菩薩』名號，面對這一些『怨賊』時就可以得到解脫了。」

譬如說，當你有一天起了貪心，想一想說：「我學佛以來賺錢都不用功，看見好朋友最近賺了不少，那我要不要像他一樣用那種手段去賺更多？」因為你覺得他的手段不正當，可是賺得很痛快呀！就想：「那我要不要賺？」這是不是修道過程中的「嶮路」？是「嶮路」呀！又譬如說，偶然遇到一個突發狀況，那對方眞的蠻橫無理，他嚴重得罪了你，讓你受傷以及財物損失，竟然還要告你，那你要不要生氣起來說：「你明著亂用司法手段來搞我，我就暗中花錢派人把你幹掉。」起了這個念頭，這是不是修道的「嶮路」？也是啊！遇到這個「嶮路」時，不論是貪或瞋，全都是「怨賊」。

這些都是要劫奪或搶奪你的功德法財，這眞的是怨賊現前、遇到險路了。那麼這時你知道說：「我在學佛過程中處處都埋伏著這些『怨賊』在『嶮路』上面，現在終於又遇到了嶮路，躲不過這兩個『怨賊』。」於是意識想起來說：「嗯！我應該歸命觀世音菩薩！」你知道自己的「觀世音菩薩」是如何的慈悲，又是如何的眞實！也知道祂如何的如如！又是如何具足了功德。你全都知道，所以你出來呼籲「商主」意根，也呼籲跟你同行的眼、耳、鼻、舌、身五識等商人，希望大家的「重寶」不要被「怨賊」所奪走，於是你出來呼籲：「大家應該要稱唸『南無觀世音菩薩』。」

因爲大家若願意共同來稱名的話，對於這些「怨賊」就可以得解脫。你想：這樣有沒有道理？有嘛！既然有，爲什麼答話聲音這麼小？（大眾同答：有道理！）是應該如此啊！在三大阿僧祇劫成佛之道的經商過程中，「嶮路」很多；你到某一個階段就會遇到一個無法突破的狹隘之路，那個狹隘而且危險的路上埋伏了許多「怨賊」，那時你都必須要歸命於「觀世音菩薩」如來藏，才有辦法突破。

爲什麼「怨賊」這麼多？剛剛講的還只是根本煩惱的怨賊，還只是講到其中的貪瞋兩個而已。可是還有其他的呢？即使入地了，也都還有「嶮路」、都還有「怨賊」呢！入地以後還有什麼樣的「怨賊」？就是三界愛的習氣種子呀！這也是「嶮路」和「怨賊」啊！到處都有怨賊埋伏著。過了七地進入八地以後，險路一樣多，只是不像以前那麼險了，變得比較平順，但是仍然會有許多很小的怨賊；遇到了那些怨賊，就把它們大喝一聲：「去！走開！」它們就走開了。可是這時節遇到的怨賊數目太多了，那是什麼怨賊？是無始無明所攝的上煩惱，又名塵沙惑，在《勝鬘經》裡面說是「過恒沙等上煩惱」。你到了八地心了，照樣有險路，但不那麼險了；照樣有怨賊，但那些怨賊都小，危害不了你，只是來讓你在成佛之道上走不快而已；就是不斷來跟你干擾，但已經不會傷害你的法身慧命了。

那你遇到時就是要罵它們，要不然它們一堆又一堆，全都堵在你前往佛地的路上，你的腳常常會被它們絆到；雖然你不會跌倒，但常常被絆到也是很討厭的事；所以你要一一罵去：「走開！走開！走開！」你只要罵它走開，它就走開了，就消失了。可是因為數量太多，幾乎除不盡，也把它叫作「怨賊」。那麼這樣子說明了以後，你當然要主張說：「大家都要聽我的話，我們應該要稱唸『觀世音菩薩』名號；大家都一起來高呼：『南無觀世音菩薩！』」

那麼大眾對於這一些「崄路」上的「怨賊」，也就可以「得解脫」了，不再被它們干擾了。

於是大家聽了也就「俱發聲言」，也就是說一起開口來稱唸。請問是不是一定大家一起？是不是？對嘛！一定要八識心王一起的！當你開口稱唸「南無觀世音菩薩」時，有把眼識、耳識、鼻識丟掉嗎？沒有呀！那時你意識能把意根丟掉嗎？也辦不到！所以就是意根以及識陰六個識大家一起來唱唸：「南無觀世音菩薩！」所以說：「眾商人聞，俱發聲言：」沒有一個「商人」漏掉。經文中這一些文字並不是隨便亂寫的，佛陀說法是不會隨便講的，因此不可能說：然後這個商主聽了以後就高聲喊「南無觀世音菩薩」，結果其中有一個人沒有跟著唱唸「觀世音菩薩」名號；也不會前面五識走開而不理祂，讓意識一個人單獨唱唸。所以也不會是單單意根一個人，而是意根以及識陰六個識大家一起齊心合力，就高聲唱言：「南無觀世音菩薩！」當然這時你七個識一起齊心合力（因爲遇到險途，埋伏了許多怨賊，當然要這樣來呼喊），呼喊著說：「歸命觀世音菩薩！」在歸命時你就看見自己的「觀世音菩薩」了，所以「稱其名故，即得解脫」。假使這樣高聲呼喊著「歸命觀世音菩薩」時，還看不見自己的「觀世音菩薩」的眞如法性，還自稱開悟證聖，來世果報堪慮。

由這裡，可以看見《法華經》的勝妙；譬如剛剛舉例遇到貪的境界、遇到瞋的境界，當你七識心王這樣齊心合力，不管在心裡高呼還是喊出口來都行；那你這樣唱唸「南無觀世音菩薩」的時候，你知不知道自己這時是在歸命於第八識如來藏？知不知道？知道嘛！好！當你知道的時候，意思是表示說：「我要轉依於我的第八識眞如，第八識眞如不貪、不瞋，離愚癡也離智慧，離一切法，本來解脫，所以轉依於我的第八識眞如無貪、無瞋亦無癡的境界時，沒有世間法也沒有出世間法，本來就解脫。」

當你不以五陰爲自我，改以自己的「觀世音菩薩」第八識爲眞我時，看見祂本來就不在生死之中，那你轉依於祂，不就是離生死了嗎？那你轉依於祂的時候，你的法身慧命就不會死亡了，你所攜帶的所有「重寶」也都不會遺失呀！換句話說，當你七個識齊心合力說「我們要歸命於觀世音菩薩」的時候，你的惡心所就全部中斷了！這時在佛法上應該生起的善心所就跟著生起了；然後你就看著自己的「觀世音菩薩」所住的本來自性清淨涅槃，以這個大乘涅槃作爲依止，於是殘害你法身慧命的「嶮路」消失了，「嶮路」上埋伏著想要殘害你法身慧命的一切「怨賊」也都消失了，那就是「得解脫」了。

這個解脫，我們再說回來，當你有這個解脫功德時，你還會不會再墮入三惡道中？不可能啊！因爲你不會再去幹惡事了，所以不會再墮入三惡道中。這是學佛的第一大阿僧祇劫路程中，在入地前可能隨時都會出現的「嶮路」，你也都可以安然通過。那一些「怨賊」聽到你們「商主、商人」七個兄弟，齊心合力高呼「南無觀世音菩薩」的時候，所有的「怨賊」尚且不敢正眼瞧你，何況敢來危害你？所以當你呼喊說：「歸命觀世音菩薩！」那一些「怨賊」都只能不好意思地看看你，然後漸漸地走開，再也不敢盯著你了，那你就是得解脫了，所以盡未來際都應該這樣子發聲說：「南無觀世音菩薩！」這些經文中寓意眞的難懂，那你們說，這〈普門品〉勝妙不勝妙？（大眾回答：勝妙！）太勝妙了！

可是好多人每天在課誦〈普門品〉時，心裡往往抱怨說：「觀世音菩薩都沒有來幫忙我。」老是心裡面這樣埋怨，然後開始懷疑。問題是他們跟「觀世音菩薩」沒有交情，「觀世音菩薩」一天到晚在幫忙他們，可是他們每天視而不見，根本就不理不睬，菩薩要怎麼幫忙他們？所以他們在佛菩提道的「嶮路」中，「怨賊」也就是「怨賊」，一大堆都在路上等著他們，大家全都應付不了。那麼如果跟「觀世音菩薩」有交情，每一次，至少每天睡覺前說：「我要睡覺了，今天『觀世音菩薩』幫了我好多忙。」你都知道人家的恩德，那麼「菩薩」就感應到說：「嗯！你跟我有一點交情。」於是當你在成佛之道的過程中，遇到了「嶮路」，有很多「怨賊」的時候，只要高呼「南無觀世音菩薩」，祂就來幫你度過這個「嶮路」，也能處理掉所遇到的「怨賊」。

所以，如果你每天對「觀世音菩薩」視而不見，都沒有跟祂好好把交情弄好，還在懷疑祂究竟存在或不存在？到時候你說：「我現在學佛遇到了瓶頸，無法突破，那我就來高呼『南無觀世音菩薩』。」對不起，祂沒有幫忙你，就被各種煩惱「怨賊」殘害了。因爲你對祂還不知恩哪！祂每天幫你好多，可是你都沒有知恩；至少也要知道人家對你的恩德，總得要知恩，才能夠有交情。比方說，有一個貴人，一天到晚跟在你身邊幫忙你，但每一次他幫忙完了，你都視而不見，連點個頭都沒有，更不要說是謝謝，那麼請問：

將來你有困難的時候，你高呼說：「貴人來喔！貴人來幫忙呀！」他來不來？不來！因爲你不知恩啊！假使你每一次都對他致謝：「感謝您啊！」每一次都跟他感謝，那麼你一遇到困難，他就會繼續幫你。那你這條成佛之道就可以一個關又一個卡，都能次第通過，法身慧命都不受傷害，所攜帶的「重寶」都不會被「劫奪」。

所以說，想要得「觀世音菩薩」的幫忙之前，應該要先幹什麼？要先知恩。可是要如何才能知恩？當然得要先找到祂呀！否則如何能對祂表示知恩呢？你如果每天受祂幫忙，可是你都說：「我看不見你，要怎麼致謝？」那你就跟祂沒交情了，祂就無法幫你順利突破一切學法過程中的「嶮路」，也不能幫你順利排除一切「怨賊」，那你在成佛之道的行道過程之中，自然是始終不得解脫。

那麼這樣子，我要來問問大家：〈普門品〉所說「觀世音菩薩」的這一些神跡（其實不該叫作神跡，因爲神的層次太低了，應該叫作菩薩偉大的行跡），〈普門品〉說的內容，有沒有騙人呢？（大眾齊聲回答說：沒有！）你們看，經中所說眞的沒騙人啊！所以〈普門品〉眞的是普門示現，非常地勝妙，大家都應該要好好去理解其中的密意。

那麼這一段經文中　世尊的開示，我們要先把它作一個小小的結論：這到底是在講什麼境界？就是在告訴你，當你看見了第八識「觀世音菩薩」普門示現的時候，應該以至誠心來歸命於你的「觀世音菩薩」，因爲你已經看見「觀世音菩薩」確實普門示現了。只要有人住的門戶裡，就一定有「觀世音菩薩」住持著；所以每一個人家裡，包括一神教上帝自己的五陰家裡也都有「觀世音菩薩」，問題是耶和華不認得他自己五陰家中的「觀世音菩薩」呀！所以他不相信「觀世音菩薩」。

他都不知道自己的五陰，還是由自己家裡的「觀世音菩薩」幫他出生的，還誇大口說他創造了世界、創造了眾生。當他在天上壽命終了的時候，可別怪「觀世音菩薩」不幫他忙，因爲死相現前時，他知道自己要往生去哪裡的時候，拼命地呼喊「南無觀世音菩薩」也沒用啊！因爲他一生對他家裡的「觀世音菩薩」忘恩負義呀！所以我們在正覺同修會中學法，當你找到「觀世音菩薩」的時候一定要知恩，不要糟蹋你自己家裡的「觀世音菩薩」。有的人就是很會糟蹋，你都無法想像他們爲何那麼大膽。他們如何大膽呢？他們竟然說：「我找到了我家裡的這個『觀世音菩薩』，可是這『觀世音菩薩』是被眞如出生的。」他家裡的「觀世音菩薩」就是第八識，他竟然說：「我這個第八識是生滅法，是被眞如出生的。」那不是在糟蹋「觀世音菩薩」嗎？

他家裡的那一尊「觀世音菩薩」幫他出生這一世的五陰，讓他在人間過得好好的，並且也幫他來到正覺同修會；然後同修會幫他找到他自己家裡的「觀世音菩薩」，沒想到他竟然不知恩；不但不知恩，還公然否定說這個阿賴耶識「觀世音菩薩」不是眞正的眞如，說是被眞如所出生的，他們就這樣糟蹋「觀世音菩薩」；結果呢？他們的法身慧命也就因此死掉了。是被誰害死的？是被惡見「怨賊」害死的。要再等待未來世別的因緣，才能使他的法身慧命重新出生；那未來世因緣成熟時，他家裡的「觀世音菩薩」救不救他？當然會救，怎麼不救？

半救半不救？因爲他家裡的「觀世音菩薩」，還是一天到晚告訴他說：「這就是眞如、這就是眞如，都是因爲我，才有眞如。」可是他半信半不信哪！所以「觀世音菩薩」看看說：「我從早到晚一直告訴你，我就是眞如，你若是不信，我也不能勉強你呀！」所以「觀世音菩薩」不會勉強人，但是會繼續告訴他說：「你信我，我就幫你；不信我，你要殘害自己的法身慧命，那也是你自己的事，我不強加干預，但是我會繼續告訴你：我就是眞如。」每一個人家裡的「觀世音菩薩」都是如此啊！你如果知恩，而且你懂得感恩，就一定不會否定祂。

但知恩和感恩的層次，二者有所不同；知恩的人會依止他家的「觀世音菩薩」，不會去否定祂；感恩的人，可就要去告訴每一個人說：「普門都有『觀世音菩薩』。」這就是感恩的人。那麼你知恩了，如果再加上感恩，只要法身慧命有危難的時候，七個兄弟在心中高呼：「歸命觀世音菩薩！」也就像是孫悟空帶領其餘六個識，撕心裂肺地一起歸命於唐玄奘時，危害法身慧命的一切「怨賊」自然全部消失，「嶮路」就變平坦了。意思就是告訴大家說：「當你找到自己的『觀世音菩薩』時，你應該要至誠歸命。」「南無」就是歸命的意思，把自己的法身慧命歸依於自己的「觀世音菩薩」，也就是歸依於你的第八識眞如。

這一段經文中，世尊的開示就是告訴我們說：在上面所說八個情況之中，都應該要隨時記得轉依於你自己的「觀世音菩薩」，這就是見道後的轉依，可以避免退轉。也許有人想：「你說的是見道後的轉依，但我還沒有找到我家裡的『觀世音菩薩』，那我該怎麼辦？」不必擔心，你一樣可以辦得到；你先把自己說服一下：「我雖然還沒有找到我家的『觀世音菩薩』，可是我在同修會裡面看見有好多的同修都已經找到了，不是只有一個、兩個、三個人，不是只有四、五個人，已經有幾百人了。大家異口同聲這麼告訴我，難道還不可信嗎？」當然是可信的。既然可信，那你自己先歸依還沒有看見的「觀世音菩薩」，猶如最先被度的優婆塞，世尊吩咐他歸依後來即將成立的僧團一樣——那時憍陳如等人還沒有被 世尊所度；然後再來慢慢尋找「觀世音菩薩」。就好像說，有的人常常感應到 觀世音菩薩來夢裡爲他決疑，也有人總是感應不到；但是聽說那麼多人感應到了，事情都解決了，就想：「那我何妨也來信受？當我跟菩薩的緣足夠時，萬一眞的遇到困難，菩薩也會來幫我。」就像這個道理一樣。

所以有許多事情，在世間法上你沒有辦法解決，有時甚至於去求神；問了神以後，神也說：「這件事情我幫不了忙。」那你說：「我該怎麼辦？」就跟你指點說：「你去龍山寺求問菩薩，求了以後只要菩薩應允了，你那個事情漸漸就解決啦！」眞的如此啊！身爲菩薩，原則上，自己作的事情自己承擔。在菩薩道中絕大多數的事情，你都得要自己去作決定，不能事事請問佛菩薩。可是有時你沒有辦法下決定，那就請示於佛、菩薩吧。

有的人假清高說：「我們是佛教欸，你爲什麼在佛前拿著筊杯在那邊丟？」那叫作假清高，因爲他自以爲很行。可是原則上你大多數事情應該自己去作決定，你不能每天拿著筊杯在那邊擲，否則佛菩薩會說：「你爲什麼連這一點粗淺智慧都沒有？」可是有一些事情你得要請示，不能自以爲是。那自命清高自以爲是的結果，作下事情的後果就不好解決，也不會成功。那這裡我告訴諸位一件祕辛，我們講堂一直都不夠用對不對？那我是應該繼續添購講堂呀！可是我希望的是依照市價買得，三寶的錢我不能亂花呀！若是要比市價高去買得，這我作不到。

既然樓上的房子都沒有因緣，我就想到地下室那三戶總共五百坪，我們暗中在進行著，但進行了很多年都沒有成功，最後換個方式直接談，始終也談不好。而我們若是不買下這三戶房子，眼看著樓上四個講堂明後年就不夠用了。因此，我雖然有一個理想的價錢，可是屋主不肯放手，這時買賣雙方很有得談。後來我們內部說定了一個數目，決定就是這個數目，不許再超過。可是談了許久，始終都談不好；後來有人說：「我去問問菩薩好了。」問了菩薩各種數目全都不對，最後問出來一個答案是沒有數目的，是說價錢要由蕭老師來決定。因此後來不論怎麼樣談，那個過程非常曲折而且還牽涉到黑道，但最後還是依照我的價錢成交。

那你說當你遇到一個重大的事相，自己無法決定的時候，你要不要問一下佛菩薩？應該要問，不要假清高，因爲那個假清高就是慢心的示現。慢心流露出來說：「佛菩薩在不在，我並不知道，反正我自己決定了就是。」這就是慢。在佛菩提道中，即使修到等覺位過了，已經到達妙覺位，依舊有很多事情要請問　佛陀，不敢擅自作主啊！更何況還在凡夫位就瞧不起菩薩說：「不管什麼事情，我決定就是了，爲什麼要請問佛菩薩？」還怪人家說：「欸！你爲什麼事事都要請問佛菩薩？」瞧不起人了！這就不對。自命清高的人其實並不清高，因爲那是慢的表現；身爲三寶弟子竟然對佛菩薩這麼沒有恭敬心，因爲他認爲佛菩薩已經過去了，心中認爲：「現在是我的時代，我是一代大師欸！」於是就像臺灣話說的，一切事情他都是自己隨意決定，結果就作了許多不如法的事，這表示他心中不存著佛菩薩，自以爲是。

這一段經文世尊在告訴我們說：我們在理證上面應該要歸命於自己的觀世音菩薩，可是在事相上，仍然應該要歸命於事相上在四聖法界中眞實存在的諸大菩薩們。理上以及事上的事情 世尊都告訴我們了，就在這一段經文中告訴了我們。所以當一個人起了慢心而自命清高，不願意遵從佛菩薩的時候，他的法身慧命就很危險了，隨時都可能喪身捨命，印順法師即是一個最具體的代表。那麼其他的大師們，也就八九不離十，因此他們對於〈觀世音菩薩普門品〉的眞實意涵就永遠無法理解。那麼我們宣講〈普門品〉就是想要扭轉那一些人錯誤的觀念，希望跟隨著他們學佛走上佛菩提道的四眾弟子們，不要被他們所誤導而走上「嶮路」，這就是我們的希望。那麼證悟的時候轉依，以及還沒有證悟的人也要作這種推理上的轉依；可是悟後應該怎麼作呢？再來聽 世尊的開示：

經文：【「無盡意！觀世音菩薩摩訶薩，威神之力巍巍如是。若有眾生多於婬欲，常念恭敬觀世音菩薩，便得離欲；若多瞋恚，常念恭敬觀世音菩薩，便得離瞋；若多愚癡，常念恭敬觀世音菩薩，便得離癡。無盡意！觀世音菩薩有如是等大威神力，多所饒益，是故眾生常應心念。若有女人設欲求男，禮拜供養觀世音菩薩，便生福德智慧之男；設欲求女，便生端正有相之女，宿植德本，眾人愛敬。無盡意！觀世音菩薩有如是力，若有眾生，恭敬禮拜觀世音菩薩，福不唐捐，是故眾生皆應受持觀世音菩薩名號。」】

語譯：世尊接著開示說：

【「無盡意！觀世音菩薩大菩薩，他的威神之力偉大到這個樣子。如果有眾生婬欲之心非常強烈，常時不斷地憶念以及恭敬觀世音菩薩，就可以離欲；如果他瞋恚非常嚴重，只要不斷地憶念和恭敬觀世音菩薩，他就可以離開瞋恚；如果他非常愚癡，只要不間斷地憶念和恭敬觀世音菩薩，就可以漸漸地離開了愚癡。無盡意啊！觀世音菩薩有像這樣的很多種大威神力，能夠對眾生有非常多的饒益，因爲這個緣故，眾生應該常常不間斷地在心中憶念著觀世音菩薩。如果有女人假使想要求生男兒，她禮拜和供養了觀世音菩薩以後，就可以出生有福德、有智慧的男兒；假設想要求生女兒，她就可以出生端正而且有好相貌的女兒，並且這女兒是很久以來就一直在種植各種道德根本了，她將會是眾人所愛敬的人。無盡意啊！觀世音菩薩有這樣的威神之力，如果有眾生恭敬禮拜觀世音菩薩，他的福德絕對不會是浪費掉的。由於這樣的緣故，眾生都應該要受持觀世音菩薩的名號。」】

講義：剛才是依文解義，但我相信諸位已經可以體會到另一層意思了，因爲知道這不單是在事相上講，而且在理上也是如此。先來談談事相好了，觀世音菩薩這位大菩薩威神之力確實非常廣大，所以有一部陀羅尼經說：「千手千眼廣大靈感什麼？」（眾答：《千手千眼觀世音菩薩廣大圓滿無礙大悲心陀羅尼經》。）你們都幫我講了，因爲你們每兩個月來參加大悲懺法會，都記得嘛！但從現在開始，參加大悲懺、誦〈大悲咒〉的時候，可不單單在事相上知道觀世音菩薩的威神力，還要知道理上 觀世音菩薩有什麼威神力，要聯結在一起來受持。當眾生知道 觀世音菩薩那樣的靈感，他們對 觀世音菩薩有信仰時，這個信仰是很廣的，因爲 觀世音菩薩不是只有三十二應身，那三十二應身只是代表，因爲他遍及一切有情；所以有不少眞有神通的人，往往出來說一神教聖母瑪利亞也是 觀世音菩薩的化現。

後來更有學術界考證說：耶穌基督十三歲以後，七年間不見人影，跑到哪裡去了？跑到印度北部去學了佛教的淨土宗；也有不少人這麼講啊！因此他們一神教自己也考證不出來他那段時間是哪裡去了。可是他叫人家祈禱時，祈禱完了最後要講一個字叫什麼？阿門。那一些有神通的人說：其實是他們漏掉了一個音，應該叫「阿門達」，阿門達究竟是什麼？我再加一個字「阿門達布達」，是什麼？欸！就是「阿彌陀布達」，「布達」就是指佛陀；所以他們也拿念珠，只要稱呼聖名，然後求生天國，天國其實是哪裡呢？但他們卻不能眞懂，反而來否定佛教。當然，這一些都是他們宣稱有神通的人說的，咱家姑妄言之，諸位暫且姑妄信之。

這是因爲他確實整整七年不見人影，然後突然出現就爲人家受洗，叫人家要祈禱，最後結束時要說「阿門」。那時耶穌幫人家受洗，在傳福音時他有沒有《聖經》爲人傳授？那時候有沒有《聖經》？《聖經》是什麼時候才出現的？是在後面啊！可是《聖經》裡面都是耶穌講的嗎？不盡然！所以《聖經》裡的許多說法才會前言不對後語呀！

這是題外話，不再談它，我們轉回到理上來講：耶穌是不是由「觀世音菩薩」所生的？大聲一點！（大眾回答：是！）連他們《聖經》所說的上帝耶和華—假使那個上帝眞的存在—也是他自己的「觀世音菩薩」所生的；因爲上帝畢竟只是個五陰，不會超過忉利天的境界。這是抬舉他的一種說法，如果我要說眞的，他根本還不到忉利天的境界，爲什麼呢？因爲他說：只要行走的時候背向天上的，全都可以殺來供養上帝，上帝接受；他的信徒們也都可以把身體橫著行走的有情殺來吃。

那我請問諸位：「這個境界有沒有超過四王天？」沒有！因爲忉利天人都以甘露爲食，不吃血食啊！所以上帝顯然是有五陰的呀！上帝既然是具足五陰，而五陰不能生五陰，所以耶和華的五陰不能出生耶和華自己的五陰，否則就變成無中生有，或是自己出生自己，那就是「無因生」或者「自生」，早被《中論》所破了。所以他一樣得由自己的「觀世音菩薩」，也就是由他自己的如來藏出生他的五陰。

那麼這樣再拉回來說明：理上的「觀世音菩薩」是普門示現，但事上的觀世音菩薩何嘗不是如此呢？有一本書談到 觀世音菩薩的本事，所以說大眾所感應的 觀世音菩薩有各種形像：有水月觀音、竹林觀音、楊柳觀音、馬郎婦觀音、白衣觀音……等。有很多種觀音，全都各有緣由而被記錄下來。

也有人很喜歡供養　如意觀音，各種觀音都各有緣由，表示在歷史上是常常示現的，所以感應的人心存感激而記錄下來廣爲流通。由於這個緣故，所以在中國幾乎是家家戶戶信仰　觀世音菩薩。不管學不學佛，幾乎都有信仰。即使道教中人，也信　觀世音菩薩，他們有時又把他叫作註生娘娘，身邊一定有一個小孩子，稱爲善財童子。在許多道教寺廟裡面都有，其實就是　觀世音菩薩的化現，有時又稱爲送子娘娘，所以很多家庭都信仰　觀世音菩薩。一直到近代西洋人船堅炮利，而中國本有的佛教文化持續被壓抑著，於是有些人只看表相而開始向外去求，才會信了所謂的天主教、基督教，卻不知道他們的教義是很荒誕的。若不是迷信外國信仰，都會是虔誠信奉　觀世音菩薩的，即使不學佛也會信仰　觀世音菩薩。

如果是一個很有錢的員外，結交官府，這時他還沒有信　觀世音菩薩，因此「多於婬欲」，所以家裡有大老婆不滿足，又去娶了二老婆回來；過一段時間有一點覺得膩了，又娶一個三老婆回來，後來就這樣妻妾成群。最後乾脆用搶的，眞的叫作「多於婬欲」。可是有一天他若是信了　觀世音菩薩，他開始轉變了，到最後說：「**大老婆、二老婆留著，其他的諸妾！妳們都可**

以回家去，我給妳們一些珠寶銀兩，各自回鄉去吧！」爲什麼呢？他「常念恭敬觀世音菩薩」，所以他的想法與行爲改變了，這是中國自從唐朝佛教開始弘揚以來，就開始常常出現的現象。還沒有信受之前「多於婬欲」，信了以後他開始改變。

也有人瞋恚心很重，那他每天在誦〈普門品〉，誦久了以後，有一次遇見一件事情又生氣起來，可是事後開始懊悔：「我每天在誦〈普門品〉，〈普門品〉裡面說：『若多瞋恚，常念恭敬觀世音菩薩，便得離瞋。』可是我現在都還沒有離瞋，我明天早上還要再誦〈普門品〉，屆時可眞的不好意思。」於是他想想：「我明天早上誦經以前，要先懺悔一下。」於是跪下來跟觀世音菩薩道歉說：「我昨天不好，又起瞋了，請菩薩原諒。」於是他常常這樣懺悔，因爲他瞋心很重，動不動就生氣。但是每天懺悔、每天道歉，道歉次數多到自己不好意思了，於是下定決心：「再怎麼樣都不生氣。」隨著時日過去，他就開始漸漸地離瞋。

也有人信了觀世音菩薩，那他就想：「〈普門品〉明明告訴我：『若多愚癡，常念恭敬觀世音菩薩，便得離癡。』，我爲什麼到現在還如此愚癡？爲什麼人家講佛法時我還是聽不懂呢？原因何在？」於是他開始去探求諸大名山。探求了很久，繞了很遠很遠的路，最後繞回到故鄉的路上來，那時候才聽說故鄉有一個善知識，於是趕快回到故鄉來拜見善知識；善知識告訴他：「你家裡也有『觀世音菩薩』，你爲什麼到處去求？」他心疑說：「我家裡眞的有？」善知識說：「有啊！眞的有啊！不但你家裡有，我家裡也有啊，祂是普門示現的。」「那我要怎麼樣才感應得到？」善知識突然間瞋心大發喝他：「出去！」他想：「怎麼罵起我來了？大約我來得不是時候。」於是就回家了。

回家後想一想：「不對呀！我應該弄清楚他爲什麼對我生氣？」私下裡去探問說：「某某法師啊！你師父昨天有什麼事情不如意啊？」對方說：「沒有呀！我師父昨天心情很平順，什麼都很如意啊。」不信，問另外一位法師：「你師父昨天眞的沒有什麼事情不高興嗎？」「沒有呀！昨天我看師父就是很歡喜過日子啊。」問了第三位、第四位都如是，最後他乾脆問：「那爲什麼你們師父昨天對我這麼兇？」法師們說：「唉呀！他對你太好了！你竟然不知道他爲何對你那麼好。」欸！這時候覺得奇怪：怎麼會這樣？眞的叫作丈二金剛摸不著頭腦。於是他就開始問了：「請問法師，你們師父對我這樣是有什麼意思？」那法師就告訴他：「你啊！每天來供養我師父一顆水果也好，一杯茶水也好，常常來就對了，有一天你就會懂。」

於是他常常來親近老和尚，老和尚有時候罵他，一開口就把他罵出去。有時候說「坐」，有時候給他茶喝，有時候還為他說說法。他終於覺得：「嗯！原來佛法是這樣。」於是有一天誦〈普門品〉時想起來：「我現在比以前有智慧。」這也是事相上常有的事啊！因為禪師不可能幫每一個人開悟。自古以來禪師幫人家開悟的很少啦！哪有像我們正覺同修會這樣多的？所以事相上給他一點開示就好了。因為既然來了，直接把他喝出去，終究喝不出來，那就算了；於是就開始為他從皮毛上講了去，這也就夠了。讓他有一些正知正見建立起來也就夠了，這也是自古以來事相上常有的事。

所以自古以來，中國儒家總是說：「十年寒窗無人問，一舉成名天下知。」當上官兒，於是也要開始附庸風雅了。聽說禪師們很有智慧，而這些當官的都有一些輩分尊卑，哪個主考官把他欽點上榜了，互相之間就認作老師與弟子；放榜以後就要去拜訪老師，他就屬於那位老師的門下，一生就互相照顧著。那他想：「欸！我的恩師跟某某禪師很要好，何妨請我的恩師幫我引薦一下。」於是他也去親近禪師，可是不肯歸依三寶，因為他只是附庸風雅，不想當禪師的弟子。好啊！附庸風雅的官兒，禪師也會接見的，就當作方外之交；也就是不讓他入室，永遠是在方丈之外接見。

「方外之交」，講得好聽時，說這是出家人與世間人互相來往，那是講好聽的；但在禪師心中，方外之交的眞正定義就是：「方丈室之外的交情，不讓他入室。」雖然每天到方丈室裡來坐著，講上個一、兩時辰的話，該過堂時就順便請他過堂；當他臨走時要不要留下一、二兩銀子供養？要啊！他的官當得那麼大，不可以太寒傖。禪師請他一頓飯，一、兩個時辰陪他耍耍嘴皮子，賺他一兩銀子、二兩銀子也行，寺裡僧眾可以維持好幾天的道糧了。但是論到實證的法，就是不讓他得，要他永遠都說「禪門是玄門」，在法上讓他永遠都在方丈之外。可是他來跟老禪師交際久了以後，也還是會有一些表相佛法上的智慧呀，他自己也覺得現在比以前有智慧。

有一天想一想：「我跟老和尚來往十幾年，始終沒有辦法入門；人家少年出家，到他座下不過三年五載，竟然就入門了。」入門意思就是證悟了。

有一天心裡面想：「不對！這一定有原因啊！」於是問來問去，終於有一個好心人告訴他：「你又不是三寶弟子，老和尚憑什麼把這個菩薩法教給你？你得要先是菩薩的身分才行。」喔！終於懂了。哪一天具足威儀前來禮拜歸依，於是他懂得要供養三寶了。以前只是因爲吃了人家齋飯，讓住持陪著說話好久，不好意思，拿個一兩銀子、二兩銀子作回報，因爲老禪師畢竟也陪他喝了好幾碗茶。

這下終於懂了：「我得要歸命三寶、禮敬三寶和供養三寶。」所以成爲三寶弟子受學的時日既然久了，老禪師當然也就幫他開悟了；這時才終於眞正懂得什麼叫作「普門示現」。所以古時有的大官，反而是悟了以後才去誦〈普門品〉，悟前是絕對不誦的。因爲悟前他想：「這是老爺爺、老太婆作的事，我是什麼樣的身分，也跟人家一樣誦〈普門品〉？」後來他悟了反而自己開始持誦了，只是他都在心血來潮時誦一誦，並不是每天誦。所以你看：「常念恭敬觀世音菩薩，便得離癡。」眞的啊！

有的老太婆都不識字，爲了要誦〈普門品〉，是因爲聽說觀世音菩薩好靈感、好靈感，她爲了每天課誦〈普門品〉，開始學著認字。認字以後跟著每天誦，誦久了以後她在事相上也知道　觀世音菩薩到底是怎麼回事；至少知道大菩薩眞是大慈大悲，而且只要她有事情求菩薩，就會暗中滿了她的願，所以她漸漸也懂得跟人家說：「你要信觀世音菩薩呀！觀世音菩薩有好多功德。」她就把誦過的〈普門品〉內容，拿來告訴人家，顯示她也有一分事相上的智慧啊！

有的人是誦〈普門品〉久了以後，他往世與菩薩感應道交的因緣又恢復了，所以菩薩有時會來夢中爲他指點：「你去那裡學佛。」一次夢見了，心裡面想：「唉！我是日有所思，夜有所夢啊！」不久又夢見了，又接著繼續夢見，已經重複三、五次了，他想：「這不是偶然。」於是他就開始去問：「欸！菩薩告訴我要到某一個道場去學佛，那是個什麼地方？」那他問清楚就開始去學，也開始會有智慧增長呀！至少也有依文解義的智慧。這種事情諸位不要以爲都是神話，其實不然。且不說　觀世音菩薩會這樣跟人家指點，單說我弘法早期的事情就好：

我弘法早期，那時還沒有正覺同修會，我在三個地方：中央信託局佛學社、建國北路，以及石牌等三個地方在共修。這三個地方的學人總數加起來只有一百多個人，比我們現在臺北禪淨班的一個大班還要少。有一天在中信局上課，有個男人來告訴我說：「我有個事情不懂，要請問您。」我說：「您講。」他說：「我夢見廣欽老和尚，那廣欽老和尚已經過世很多年了，我夢見他來找我……。」然後就說他第一次夢見時，老和尚告訴他說：「你去學無相念佛。」那時我們還沒有成立正覺同修會，我們的書也才只有一、兩本；當時第一本《無相念佛》才剛出版，還不到一年，只有出版了一本書。

他說：「老和尚叫我去學無相念佛，那時我也不曉得他叫作廣欽老和尚，我沒理會他。第二天晚上我又夢見，又叫我去學無相念佛；第三天又夢見，還是叫我去學無相念佛。我問來問去，都問不到哪裡可以學到無相念佛。」他說，他就開始一個行動，凡是遇到有佛教的精舍就走進去瞧一瞧，看見佛像就拜一拜。就這樣子，只要路上看見佛教道場，一定會進去問一問，看看哪裡有無相念佛，但問來問去都問不到。那時連正覺同修會都還沒有成立，而我們總共只有臺北的三個班級。

以前在中信局的那個班，最少時曾經少到只剩下六個人，我也繼續教下去，然後才漸漸又恢復。那他接著說：「我都找不到啊！有一次我在新生南路上，看見有一個講堂，叫作慕欽講堂。」慕欽講堂是不是在新生南路上？他是這麼說的，他就進去，一看！「原來那柱子上掛著的就是我夢見的老和尚。」他就問人家說：「這位老和尚叫什麼名字？」人家告訴他說：「他叫廣欽老和尚。」啊！於是他就禮拜；拜了起來一看有個書架，拜好起來這一看，正好看到《無相念佛》。可是時間又到了，下回請早。

《妙法蓮華經》〈觀世音菩薩普門品〉，上一週講到一百九十一頁第二段第三行：「若多愚癡，常念恭敬觀世音菩薩，便得離癡。」上週我們好像談到一個例子，是不是？講到廣欽老和尚的故事，是講到哪一句？是說那位男眾去到新生南路慕欽講堂，他進去禮佛三拜之後，就看到柱子上掛著一張照片，他嚇了一跳說：「這不是我夢見的人嗎？」然後就問人家：「這位老和尚是誰？」那講堂裡面的人告訴他：「這是廣欽老和尚。」他告訴我說：「我三次夢見這位老和尚，我一直都不知道他是誰？這位老和尚叫我要去學無相念佛，又沒告訴我地方，我也不知道哪裡去學。」然後談著談著，他說就看到書架上有一本書，正好就是《無相念佛》。就這樣子，他拿了回去讀一讀也就擺著，一直都沒有好好用功。

然後又過了大約一年，廣欽老和尚才又去他夢中與他談話。因爲他連著夢見三次，也終於找到書了，卻沒有來修學；老和尚關心他，又過了一年左右再度來給他夢見，還是告訴他：「你要去學無相念佛。」講了一番話，最後告訴他說：「要學、不學，隨你！」這是用閩南語說的。他終於忍不住了，就打電話來問。因爲我們在書中留有電話可以請問，結果他找到中信局去見我。那時還沒有成立正覺同修會，來告訴我這些事情，然後問我說：「那麼老和尚最後講這一句話，是什麼意思？」我說：「很簡單啊！就是說，以後不會再來告訴你了，這是最後一次來勸你。至於你能不能眞的修學，或是願不願意學，那就完全在你，我也是無法勉強你的。但老和尚不會再來你的夢中勸你了。」

他就問說：「爲什麼他連著三次來找我，現在又來找我？」我說：「因爲你過去世是他的愛徒，所以記掛著你；因此有這麼一個機會就來告訴你，給你一條明路啊！」他就說：「可是事業正在作，我也結婚了，現在剛剛生了個兒子。」我說：「你就斟酌看看嘛！或者等孩子大了再來學也行，不急。」就這樣子，結果有沒有來呢？到現在爲止好像還沒有來；可能要等他兒子大學畢業了吧？不過時間算來也差不多了，因爲已經十幾年了，再等幾年看看。也許過幾年看到我書上寫了他的故事，他想：「這不就說我嗎？那我該去了。」也許就回來正法中了。

這意思告訴我們說，佛菩薩總是針對有緣的弟子們在關注著，什麼時候該去提點一下，屆時就會作一個指引。也有許多人得到同修會的書，問來問去，這個師父說「那是邪魔外道」，問到另一個師父也說「那正覺是個邪魔外道」，可是他越讀越信受：「明明這裡面講的才有道理啊！而且有方法、有次第，不但有正確理論，還有實修的方法，這眞是很難遇到。」因爲學佛最怕的是沒有方法又不知道次第，所以他忍不住一直想著這件事情，後來想一想：「那我去問觀世音菩薩好了。」就跑到龍山寺去，筊杯一擲就是三個聖杯，然後他就來正覺了。

有的人則是抽籤，籤中指示：正確，應該去學。於是他也來了。好多人是這樣進來正覺的。因爲我們弘法早期，好多大山頭、小山頭的法師們，都說我們是邪魔外道，因爲他們沒聽過如來藏這個妙法，也沒聽過眞如這個妙法；偏又讀了六識論的印順法師書中說：如來藏就是外道神我。於是大家都害怕，不敢來修學。那時很多人在各大小法師之間問來問去，都無法決定；但我們書中又講得很有道理，從聖教量來檢驗也都沒有問題，最後想到的是直接請問佛菩薩；當佛菩薩指示無誤了，所以他們就來到正覺，這樣的人也很多啊！所以一個人如果心心念念唸著 觀世音菩薩的聖號，有事的時候想要解決疑惑，第一個就是想到 觀世音菩薩，就去龍山寺請示；不然就是家裡供著 觀世音菩薩，就在家中直接用筊杯請示一番，結果都是三個聖杯，他們的法身慧命便是如此給救了，今天不就坐在現場聽我講經了嗎？甚至有不少人都已經實證佛法了。

如果沒有因緣——他對這個實證的法是還沒有因緣的，譬如他是新學菩薩，學佛以來不過幾劫時光，那就會給他兩個聖杯，一個笑杯，因爲他的緣還不很成熟。那如果他一直求一直問，最後會給他三個瞪杯——瞪他。瞪杯是什麼意思？閩南話叫作「銀杯」，聽過沒有？沒有啊？其實叫作「銀杯」（臺語發音。臺語的瞪與銀同音）。就是兩個都倒覆，好像瞪著眼睛看你一樣，這不正是瞪著眼睛看你嗎？既然是瞪你，你就不必再問了；等待十信位等功德修好了，未來緣熟了自然會再相遇。對呀！但有的人就得到應杯，就是相應而允許的意思，就是允許你——三個聖杯。但有人在十信位中的修行還不夠，就給他三個「銀杯」，其實就是「瞪他」三次。閩南語說：「把你銀。」（臺語）也就是瞪你的意思，就表示他在法上實證的因緣還沒有到，還要等候因緣；但不會一開始就給他三個「瞪杯」，而是他一直想要請問自己有沒有實證的因緣時才會這樣給杯。

所以，具足「十信」是第一重要的事，特別是在學佛這條路上。《華嚴經》也明白告訴我們：「**信為道元功德母。**」如果對佛菩薩都沒有具足信，這個道就沒有源頭可以找出來了；找不到源頭，那麼想要修學佛法的各種功德也就跟著不可能了。所以說「**信為道元功德母**」。那麼很多人自大，也有許多人是愚癡，可是有一種情形最嚴重，就是自大加上愚癡。自大是說：「**我自己判斷就好了，何必請示佛菩薩？**」愚癡是怎麼回事呢？譬如他每天早課完了，等人家都離開大殿，他還在大殿上跪在佛前開口求：「**觀世音菩薩！請您幫幫弟子，幫我指引一位善知識，弟子出家以來二十年，佛法總是學不好，請菩薩指引。**」又禮三拜才下去。晚課完了，進藥石，等到安板之後又偷偷跑上大殿去，又去求 觀世音菩薩：「**您嘛卡好心，我跟您求這麼久了，**

都沒跟我指示。」（閩南話）就每天這樣子求。

有一天菩薩叫某弟子動了念頭，沒來由就是想要把這本書送給他。為什麼今天就得要送去？他也不知道為什麼，反正就是有一股衝動，今天一定要送去。好！他真的送去了，沒想到那位每天求佛菩薩的法師拿到手，才一看：「蕭平實？」把書一丟，又不讀了，然後任憑這位居士怎麼樣為他說明都沒有用。到了晚課圓滿、過堂完了，等候安板結束的時候，他又溜上大殿跟　觀世音菩薩抱怨。就這樣子一天到晚求　觀世音菩薩，又跟　觀世音菩薩抱怨；但菩薩真正把法送過去時，他又不想要，因為他一看：「這不是出家人，不是法師，我不要讀。」

可是他根本就不懂什麼叫作「法師」，因為在《阿含經》或者大乘經裡面的定義是說：有法之師，如實說法，名為法師。那麼說法的時候如果把法講錯了，不是把五蘊當作苦、空、無我、無常來說，而是教人家要把握自己，要緊緊抓住五蘊的全部或小部分，他就不是法師。但他不懂，只看表相。於是每天求了又求，也許求了幾年菩薩都不理他，因為他還很愚癡；「把善知識介紹給你，你又說那不是善知識，以外就沒有別的善知識了，還求什麼？」

但他不瞭解，因爲還很愚癡，於是想一想就說：「**觀世音菩薩不靈感，我不求了。**」他改去求誰？去求 文殊師利菩薩。

因爲 文殊菩薩代表智慧呀！所以他就求、每天求。可是他每天求的時候沒有注意到一點：觀世音菩薩頭髮好長喔！梳起髮髻，頭上還戴有寶冠。但他都沒注意到，等他去求 文殊菩薩的時候，文殊菩薩也是如此，都不是像我這樣理光頭，但他依舊沒有絲毫警覺，所以我說這種人稱爲自大兼愚癡。因爲菩薩已經安排了人送書給他，想要引生他與正法的因緣；而那位送書的人，是沒來由而特地要去送給他，並不是順路，而是專程送給他。結果他往桌上一丟就不管了，再也不讀。所以說，學佛人對於法有沒有正信，對於佛菩薩有沒有正信，是實證正法的第一個要件。

還要加上心地調柔而沒有高慢，當心地調柔的時候，人家專程送書去給他，他知道人家並不是閒著沒事幹，而是請了假專程送給他，結果他竟然不當一回事。一般無慢之人，至少也會想一想說：「**人家是請了假，專程送書給我，那我就把書讀讀看，至少也表示對人家的善意回應。**」可是他連看都不看，當面就直接否定了！這一丟，可能丟上五年、十年以後都還沒有閱讀。

後來有個人有智慧，就明著告訴他：「唉呀！你每天求菩薩，菩薩派那個人送來，就是把正法送給你。」但他還是不會接受。爲什麼呢？因爲他開口閉口都說：「我師父說，我們出家人不讀在家人的書。」他信凡夫的師父，不信菩薩的指點，那你就沒辦法了，因爲他還不懂什麼叫作出家。

那 維摩詰菩薩到底是在家人還是出家人呢？他是 金粟如來倒駕慈航來幫助 釋迦古佛，示現爲菩薩；所以 佛陀在世時來這裡受生幫忙 佛陀，他就隨順世俗法娶了個妻子，生了個女兒，就這樣示現給大家看。他那麼大的宅院，財寶無量，那他到底是個在家人還是出家人？而另一位有智慧的法師，借了那本書讀了，隨即知道這才是正法，於是前來正覺修學，早都實證了，他卻還在六識論邪見中混著，都還沒有了期。

所以想要實證佛法時，「信」是第一個要件，第二就是要心沒有「慢」。心如果沒有慢，佛菩薩安排了善知識，他就可以立即接上法源了；這個法的源頭他接上了，他未來就有實證的因緣。否則他老是看表相，也許想去正覺時，心裡又想：「正覺在臺北只不過那幾個講堂，又沒有個大山頭。我們某某山，一百多公頃、兩百多公頃，那正覺算什麼？」雖然正覺眞的不算什麼，因爲如來藏也不能算是什麼，卻是眞正的佛法。你到底要說如來藏算什麼？什麼都不能算，因爲是無所得法呀！

那麼這樣講清楚，大家瞭解對佛菩薩的信是最重要的事。當你有因緣遇到了某一個法，不管人家說得多麼勝妙，也許哪一天人家說：「這個人更厲害，比正覺厲害十萬倍。」那時可要記得先請示佛菩薩看看：該不該去學？可不可以去學？可得要先請　觀世音菩薩給個指示，那就絕對恰當。所以這一種情形很普遍，大家以後應該知所依止：不單是應身的佛菩薩，對於諸天法界、諸淨土法界中的佛菩薩，也應該一體依止。因爲人類的智慧是有限的，觀察的層面也是很狹窄的，而且所知道的也不夠深遠；而佛菩薩是發了大願，那十無盡願是永無窮盡的，對一切眾生都會加以攝受。即使是十惡不赦之徒，當他來請示的時候，佛菩薩也是一樣爲他的未來著想而給他最好的指示。

可是那一些六識論的法師們，就是自大又兼愚癡，因此他們於法的實證也就沒有因緣，只能夠在相似像法上面去用心，到頭來白忙一場還不打緊，最嚴重的是不知不覺成就了謗法、謗賢聖的大惡業。可是他們全都渾然不知，還認爲自己是大力在護持正法，認爲自己有護法的大功德，洋洋自得，我們就說這一類人不但自大而且還是愚癡。像這樣的人，我認爲還不如那一些老老實實拿著念珠、一天到晚口裡喃喃不停唸著「阿彌陀佛！阿彌陀佛！」的老公公、老婆婆；遠不如他們求生極樂世界，因爲至少不會謗法、謗賢聖而下墮惡道。

很多人不瞭解謗法、謗賢聖墮惡道以後，要回來人間時很困難、很困難！特別是他有破斥正法的居心，「根本罪」具足；然後又作了許多錯誤資料的蒐集，把日本或洋人一神教中專門研究佛學的人，所講的抵制正法的謬論收集起來整理完成，這時方便罪也具足了——導致最重罪的「方便罪」已具足了；接著付諸於實行，次第進行破斥正法的事情，還自以爲是在護持正法，那他們作完了，「成已罪」也具足了。在菩薩戒中，這是犯十重戒中的兩個重戒——謗法與謗賢聖。而且不但是十重罪中的兩個重罪，在這兩個重罪裡面，他的根本、方便、成已三個都具足圓滿，那他死後不下無間地獄也難啊！所以我說這種人不可救。

但是其他不知就裡而盲目跟隨的人，只是跟著瞎起鬨，他們還可以救，我們得要救他們，所以我們應該如實說明這個道理。因此我說他們不如那一些拿著念珠喃喃自語唸著「阿彌陀佛」聖號的老公公、老婆婆。那些老公公、老婆婆想要死後去極樂世界，很信受 觀世音菩薩，他們絕對不會造惡業，而且他們在世間法上也得到利益了。例如兒子媳婦生不了孩子，他想要抱孫的希望落空了，有一天他想起來：「欸！觀世音菩薩不是身邊都帶著一個小孩子嗎？」原來他想起送子娘娘了，就是送子觀音。於是趕快到廟裡去，供上了香、花、素果，向菩薩求。不久媳婦有喜了，果然幫他生了一個孫子。

有的人老是生男孩，心裡面不是很喜歡，希望再生個女娃，因爲有很多人覺得女兒比較貼心。有的人覺得孫女比較貼心、比較乖巧，所以想一想又去求了，求了以後果然又有個孫女出生了，求來的孩子都是佛菩薩安排的，都是好孩子。就像童話故事講的，從此以後他們就過著幸福快樂的日子，就是這樣子，也眞的是如此。這就是說，對佛菩薩要有怎麼樣的信心，才是學佛人最重要的課題。若是像那些六識論的法師們，對於經中八識論的種種聖教全都不信，是自大再加上愚癡，偏又不知道自己的愚癡，那就很可憐了。

所以 世尊說：「無盡意！觀世音菩薩有如是等大威神力，多所饒益，是故眾生常應心念。若有女人設欲求男，禮拜供養觀世音菩薩，便生福德智慧之男；」因為眾生有所需求，觀世音菩薩就會感應，而且眞的叫作「大慈大悲千手千眼救苦救難廣大靈感」。既然又有這樣的大威神力，可以使人家離貪欲、離大瞋，也能夠離開愚癡，那應該大家心中要常常想念著他。像這樣的事情，我們一定要為大家提出來說明；而且不是只有那一些老阿公、老阿婆有感應，以我個人來講，我這一世的自悟破參（往世就不談，因為往世也有得過文殊菩薩指點、觀音菩薩救命等，且都不談它），就說我這一世就夠了；我這一世在那個看話頭的功夫已經很好，住在見山不是山的過程中已經一年半了，常常坐著參話頭，參到後來沒聽見也沒看見，其實只是被誤導而成為看話頭，等著開悟，那種日子其實不好過。

不但自己不好過，家人也不好過；因為家人覺得：「怎麼學佛學到這樣？」我有一個侄兒就曾當面跟我說：「小叔！我看你學佛學得這麼痛苦，也眞不捨。」（閩南話）因為我是五個兄弟裡面最小的，所以我是小叔，他叫我小叔：「我看你學佛學到這麼痛苦，我心裡覺得很不忍。」那是為什麼呢？因為我沒有眞正的善知識指導，我這一世的師父卻又全面誤導我。那時就像一句歇後語說的：玻璃窗裡的蒼蠅。歇後語是什麼？前途一片光明，沒有出路。眞是沒有出路啊！都說學佛是那麼好，可是大家都沒有辦法實證；所以像那隻蒼蠅在玻璃窗裡面一直飛撞著，總是撞不出去，雖然眼前是一片光明。

所以我說你們眞的很幸福，我把鍛鍊看話頭功夫的方法，把基本定力的方法鋪陳出來，也把學佛破參的知見鋪陳在那邊。不但如此，還辦禪三幫你們開悟，悟了以後該作什麼呢？又把悟後進修的內涵也幫你們準備好好的，你們太幸福了！所以想起來，我都覺得自己眞的是「歹命」呀！這是因爲我得自己去摸索，而且破參後把見道報告寫了出去，還沒有人理我，眞是可悲啊！好可憐！好在還有經典文字般若住世，我可以自行印證。所以佛法這一條路，在還沒有離開胎昧之前，又正好沒有正法住世時，那你自己摸索的時候，常常還得要菩薩指點啦！

說實話，我那時也眞的沒有辦法了，當時也有一點點想要放棄的感覺！因爲不論怎麼樣努力都沒有辦法實證，所以當人家說，辦佛教大學來維護佛教的久遠住世，那時我也贊成，我也去捐了不少錢；老實說我在那裡捐了不少錢，比你們大多數人來同修會捐的還要多。因爲那時我覺得開悟是沒有希望的，實證是沒有希望的，那麼佛教要繼續延續下去，就只剩下一條路——辦佛學教育，不然能怎麼辦呢？也就在那個山頭努力護持及作事。

但後來菩薩指點了兩句話：「開悟哪有那麼簡單？心肝那麼沒閒！」是以閩南語說的「心肝那麼忙」，意思是告訴我：什麼義工你都不要作了，好好去參禪啦！因爲以我的狀況，去任何道場作義工都是沒有意義的，好好開悟破參出來弘法，對眾生才是有意義的。所以 觀世音菩薩叫我什麼都不要管，好好去參禪。那我一聽就懂了，所以把全部的執事辭掉，一個人在家裡好好去參究。可是怎麼樣參究都沒辦法，因爲人家教我的知見都是錯誤的，因此我空有深厚的看話頭功夫也沒有用。所以到了第十九天下午三點鐘左右，我把人家教導的全部丟了，乾脆自己來。

佛法不是講「明心見性」嗎？我從這四個字去探討。探討的時候，一樣是先把五陰過濾掉，知道也確定所悟的眞心一定不會是五陰裡的心，最後過去世的證境就上來了，自己就出來了——於是明心了！這個明心我當時覺得眞的沒什麼，接著就探究：那麼見性是看見什麼性？一定是佛性。佛性又是什麼？立即就知道了，然後馬上就看見了。那時心裡眞的很震撼！可是很震撼時就很冷酷，心中一點動靜都沒有，就這樣靜靜地去聽著。因爲幼稚園剛好放學，我的窗外正是幼稚園的庭院，他們鏗、鏗、撞起鐘聲來；然後就是孩子吵鬧聲，我聽了二十分鐘；唉呀！全都是佛性！

然後張開眼睛一看面前的白粉牆壁，也全都是佛性；轉過頭去瞧瞧左邊，那時我還沒有設佛堂，只有孩子的小書桌上放了三張佛菩薩像的卡片，加上一只小香爐，我這一看，都有佛性啊！明心見性的事就這樣解決了。不到半個鐘頭，自己過去世的證境就回來了。我用人家教的東西用功十九天，應該說是十八天半，因爲那天已是第十九天了，全都沒有作用，那些知見根本都是錯誤的，最後二十幾分鐘改用自己的辦法去靜慮思惟，才解決了。可是推究我能夠破參的眞正原因是什麼？還是菩薩指點了說：要把心靜下來，什麼事都別管，好好參究破參才是最重要的。

當時菩薩一定是想說：「後面那麼多人在等著你，你自己耗在這邊幹什麼？」一定是這樣啊！所以我不急，觀世音菩薩比我更急，因爲他知道有好多人在等我，所以就給了我這兩句話，那你說，這不是菩薩加被嗎？是啊！所以還是應該「禮拜供養觀世音菩薩」，要心心念念想著菩薩。因此世尊就說：「無盡意！觀世音菩薩有如是力，若有眾生，恭敬禮拜觀世音菩薩，福不唐捐，是故眾生皆應受持觀世音菩薩名號。」也因此，過不久，大陸有讀者送了一幅白衣觀音的畫像給我，我就去裱了起來，然後拜託張老師幫我寫字，就寫了上聯下聯各八個字：「眞心清淨不觀自在，倒駕慈航常觀世音。」這就是上下聯。現在不知道祖師堂還有沒有地方掛著？因爲我現在的佛堂沒地方掛，就送到祖師堂去。

那麼這是從「事」上來解說這一段經文，但這一段經文中的「理」是說明什麼？一定也有理可解的，如果只有事而無理，那〈普門品〉就不值得我講解了。一定在事的背面也有理，而它背後的眞實理正是我們大家都必須瞭解的，才會是最深妙的經典。那我們再從頭來看看　佛的開示：「無盡意！觀世音菩薩摩訶薩，威神之力巍巍如是。」理上的「觀世音菩薩」住在你們各自的五蘊山中，每天觀看著你們。正因爲祂看著你們這個五陰世間對祂發出了什麼樣的音聲，所以祂叫作「觀世音」。爲什麼不叫作「聽世音」呢？爲什麼不叫作「聞世音」而要叫作「觀世音」？因爲祂的境界不必使用語言文字，祂只要看著你就知道你這個五陰世間的心聲是什麼？所以祂是「觀世音」。

又為什麼祂是「摩訶薩」？因為一切人努力修行，不論證量多麼高，永遠都及不上祂；那祂為什麼又叫作「菩薩」？祂既然無形無色，怎麼可以叫作菩薩？諸位想一想，菩薩應該有的格是什麼？聲聞人有聲聞人的格，緣覺有緣覺的格，菩薩有菩薩的格，凡夫們也有凡夫們的格，乃至畜生也有畜生的格，天神也有他們自己的格，而菩薩的格是什麼？菩薩的格就是從來不生氣，永遠都是慈悲而不捨棄一切眾生，這就是菩薩的格啊！你想一想，過往無量劫的無量世中，你們在人間有沒有當過國王？有沒有？有沒有當過皇后？都有啊！不單是妳們，男眾以前也不完全當男人，有時也當過女人的，對不？不管誰都當過國王。以往的無量世中有沒有當過午夜牛郎？一定也有，當然也當過妓女啊！連我自己都一樣，不管誰都一樣，因為大家都有過去的無量劫生死。

但這都還不打緊，畢竟還是人類；往昔也曾經在三惡道裡面當狗、當螞蟻、當蛇等等，什麼種類都當過；最痛苦的就是下墮無間地獄，這個都曾經待過，沒有誰不曾待過，連我自己都包含在裡面。可是這樣的眾生，有時候當轉輪聖王，有時當一般國王，有時下墮地獄，有時生到色界天、無色界天去，他的「觀世音菩薩」如來藏曾經捨棄過他嗎？那麼這樣算不算是菩薩？當然是呀！眞的不捨一切眾生。因爲你過去世、我過去世、他的過去世，全都一樣，大家都曾經當過最卑賤的、也曾當過最高貴的有情；但不管身爲什麼樣的有情，理上的「觀世音菩薩」對他終究不離不棄，這叫作「不捨一切眾生」，這就是菩薩的格。

那祂對於當轉輪聖王的那一個五陰世間有沒有厭惡？沒有。當他護持正法因此有機會實證佛法而成爲菩薩摩訶薩的時候，他的「觀世音菩薩」對他這個五陰世間有沒有厭惡呢？也沒有。甚至於更早的無量劫之前，因爲愚癡而毀謗正法下墮無間地獄，每天受苦無量的時候，他的「觀世音菩薩」對他這個五陰世間一樣不離不棄，這就是慈悲啊！如果有事情出現了，祂就趕快離開，那祂就沒有慈悲了啊！可是「觀世音菩薩」一定對五陰有情不離不棄，就這樣觀聽五陰世間的心聲，這就是菩薩摩訶薩的格。關於身爲菩薩修學佛法、想要成佛的人，要學習的對象就是這個「觀世音菩薩」。

我們剛剛說了三種，還有一個是什麼？我說是慈悲，就是菩薩應有的格。我要問諸位：當你觀察到某一些人不可理喻，告訴他們說：「五陰是苦、空、無常、無我，不應該把五陰裡面的某一個法或全部當作常住不壞法。而五陰是從如來藏中所出生的，你應該要證如來藏，你就能知道什麼叫作眞如。」可是不管你怎麼樣說，他們都不聽，執意要繼續毀謗如來藏是外道神我，那他們是不是在造惡業？是！好！接著爲了想要勝過你，因爲他們是要諍勝——見取見非常嚴重，他們想要把你弄倒，讓你無法回應；所以蒐集了好多資料，還寫了文章故意貼到網站上去，他們所造的是不可想像的極大惡業，那他們各自的「觀世音菩薩」會不會因此捨棄他們的五陰？都不會。

因爲祂從來不生氣，不管他們怎麼樣，都一樣寵著他們：「你要作就作吧！」祂都沒意見，就隨順他們。人間沒有哪一對父母溺愛孩子到這個地步，不管是多麼疼愛子女的父母，當孩子使壞，父母有時也會生氣啊！可是「觀世音菩薩」從來不生氣，這有沒有菩薩摩訶薩的格？有啊！所以你說「觀世音」是不是菩薩？當然是菩薩摩訶薩呀！因此，我們瞭解這一點，知道要去實證自己的「觀世音菩薩」了。有一天終於實證了，悟後繼續修行，結果是你越修行證量越高，可是你發覺自己永遠無法超越過祂。即使你修到了等覺位，眞的是大菩薩了，但你的證量一樣不能超過祂，所以你成爲菩薩摩訶薩中的摩訶薩了，但依舊不能超越祂，因爲祂才是眞正的「摩訶薩」。假使沒有祂，那你這個等覺菩薩什麼都不是；所以從這樣來看時，你自己身中這位「觀世音菩薩」是不是菩薩？是不是「菩薩摩訶薩」？因此說眞的，我們都應該心心念念這樣念著，有時候無妨也高聲喊一喊：「南無觀世音菩薩摩訶薩！」因爲祂眞的是摩訶薩。即使到了妙覺位，祂依舊是摩訶薩，妙覺菩薩也還是不能超過祂呀！所以 世尊說：「觀世音菩薩摩訶薩，威神之力巍巍如是。」眞的叫作功德巍巍。

接著下一句說：「若有眾生多於婬欲，常念恭敬觀世音菩薩，便得離欲；」在事上我們講過了，那麼在理上來看看，你自己身中這位「觀世音菩薩」有沒有過一絲一毫的貪欲？不但觀察現在，你還可以追溯到無量劫之前的無始以來，祂都不曾起過一絲一毫的貪欲，這樣才是眞正的「觀世音菩薩」啊！那你如果看清楚了這一點，你也知道說，實證了「觀世音菩薩摩訶薩」以後，就是要轉依於祂。當你轉依於祂的時候，發覺祂是從來離欲的，那你就知道說：「唉呀！目前我才剛開悟，還在三賢位中，還離不了欲；但是我要努力去修行試試看，不能因爲目前還作不到、我就不修，我就一世又一世好好去修！」於是對於淫欲，有時候就可以離開了。繼續修行而離開久了，意根習慣了以後，就眞的能夠離欲而超過欲界天，你的初禪就發起了。所以說，「常念恭敬觀世音菩薩，便得離欲；」這是眞的。

我們無妨借用《華嚴經》中的婆須蜜多菩薩的事跡，來說給諸位瞭解。以往我們都用文字的表義來爲大家說明，告訴大家說：其實眞實的法是遍於十八界、遍於十二處的，所以即使是在外道的雙身法之中，也還是可以證悟的；但證悟的內容並不是樂空雙運，而是在那個雙身法之中的第八識眞如。如果在雙身法中永遠都不可能證得眞如，就表示這個眞如—這個如來藏心—自性「觀世音菩薩」不遍於十八界。既然遍於十八界，雙身法正是在十八界中修的呀！那麼婆須蜜多就可以用這個方法幫人家開悟。但我仍然要作一個附帶聲明：我永遠反對雙身法。

那些密宗的人，以前因爲我書中有這樣寫過，就說我也認同雙身法。若是認同雙身法的樂空雙運，那我破他們密宗幹什麼？所以我還是要聲明，我們講的不是在鼓吹那個雙身法，而是在說明一個事實：既然是眞實法，祂就一定遍於十八界；既然遍於十八界中，只要十八界在運行的過程中就一定有這個第八識眞如存在，但不是密宗所說的樂空雙運中的覺知心。這個前提還是要再度說明一下。接著我們來引用《華嚴經》的經文證明，請歐老師放映出來。我們來引用這段經文，以前我們沒有機會講解，今天正好用來證明〈普門品〉中的這一段經文眞實無訛。這是《大方廣佛華嚴經》卷五十〈入法界品〉第三十四，我先唸一遍：

「善男子！我已成就離欲實際清淨法門。若天見我，我爲天女；若人見我，我爲人女；乃至非人見我，我爲非人女；形體姝妙，光明色像殊勝無比。若有眾生欲所纏者，來詣我所，爲其說法皆悉離欲，得無著境界三昧；若有見我，得歡喜三昧；若有眾生與我語者，得無礙妙音三昧；若有眾生執我手者，得詣一切佛刹三昧；若有眾生共我宿者，行解脫光明三昧；若有眾生目視我者，得寂靜諸行三昧；若有眾生見我頻申者，得壞散外道三昧；若有眾生觀察我者，得一切佛境界光明三昧；若有眾生阿梨宜我者，得攝一切眾生三昧；若有眾生阿眾鞞我者，得諸功德密藏三昧；如是等類一切眾生來詣我者，皆得離欲實際法門。」

諸位有沒有注意到？婆須蜜多菩薩這一段話不斷的在說「我」，幾乎每一句都有。這個「我」是指誰啊？（大眾回答：如來藏。）應該要大聲一點才對呀！她不斷地在說「我」，但菩薩不是證得無我法了嗎？爲什麼她卻處處說「我」？這就是以第八識如來藏作爲「我」，這個「我」就是她自己的「觀世音菩薩」。她向善財童子說：「善男子啊！我已經成就了離欲實際清淨法門。」離欲到底是誰離欲？就是如來藏呀！絕對不是婆須蜜多，因爲她一天到晚接客度人：有的人來與她談談話，有的人來了要與她拉拉手，有的人要抱一抱，有的人要親一親，有的人要晚上和她共宿一晚，她哪有離欲？誰能說她五陰離欲了？可是她明明說「我已經成就離欲的法門」啊！所以這個「我」不是講婆須蜜多的五陰我，而是講她自己的那位「觀世音菩薩」，就是第八識如來藏，又名「法華經」。

這個眞我已經成就離欲的法門，而且成就了實際法門。「實際」就是說一切法的眞實本際，一切法的眞實本際，婆須蜜多的「觀世音菩薩」當然早就成就了，誰都無法否定她，因爲一切法都是從這個「我」而來的。而且她說：「我已成就清淨法門。」「清淨」是說心中從來沒有染污。當你找到如來藏的時候，你看看如來藏有沒有起過一個念頭說：「你今天買這冰淇淋回來，天氣這麼熱，正好吃。」祂有沒有起過這個念？沒有！即使你吃得正在清涼的時候，祂也沒起過這個念呀！無始以來祂終究是這樣的清淨，所以說這個我——「觀世音菩薩」，已經成就清淨法門了。所以這個「我」當然不是指婆須蜜多，因為她是個高級應召女郎，只要人家送了錢來，而且那錢不是少數，她就得接客。

你們看中國古時，歷代都有一些名妓。那些名妓，不管客人來時要不要過夜，即使跟她聊聊天、琴棋書畫談一談，也都得要奉上很多銀子，那都是要算十兩、二十兩銀的；如果要過夜，可能是要六十兩、上百兩銀。可是古時那些名妓的境界，都不過是世間的琴棋書畫意識境界，而婆須蜜多是教人家解脫以及實相的法門；雖然她也藉著眾生的貪欲來教人家，可是她要收的銀子一定會更多。那她雖然收很高的價錢，值不值得？值得啦！

所以如果你手上有個十億、二十億元，現代如果還有婆須蜜多女菩薩，可以先遞個名刺探問一下：「我要跟您共宿一夜，請您指導我，因為我很笨。請問要多少供養？」她如果說兩億元，你就說：「便宜啊！」兩億元支票就帶了去。反正你有二十億元，或者至少有十億元，那有什麼關係？也許有人說：「我只有十億元，我給了兩億就只剩下八億元。」那我問你啊：「你的八億元帶不帶到未來世去？」帶不走呀！可是你只要跟她共宿一晚，她指導你悟入了，這個福德與功德都可以帶到未來世去，盡未來世用之不盡啊！那你說，兩億元算貴嗎？眞的不算貴呀！能跟菩薩摩訶薩共住一個晚上而證悟，兩億元算貴喔？我不覺得貴。只是我不必跟她共宿，我自己就能自悟了。

那麼這樣看來，顯然她說的這個「我」，不是指婆須蜜多這一個五陰之人，而是指她自己的「觀世音菩薩」。接著她開始說明：「若天見我，我爲天女；」她說：「如果是尚未離欲的天人來見我，當他看見我的這個眞我時，這個『我』就是天女。」有沒有道理？本來就是如此呀！天人爲了想要一睹風采，所以來見她；來看見她的時候當然是要接受指導的，如果看見了她的「我」——看見婆須蜜多的「觀世音菩薩」了，那他所見到的其實就是天女。因爲天人來見她，欲界天的天人爲什麼要來見她呢？因爲心裡面想：「我有五百個天女，這婆須蜜多竟然名聞天界，顯然她比我這五百天女還要漂亮，所以我要來見一見。」沒想到見到她的時候，婆須蜜多就幫他看見了這個

「我」；所以他這一看見的時候，他馬上就聯想到他的五百個天女同樣也是這個「我」；既然同樣是這個我，那麼這個「我」是不是「天女」？是啊！因爲他家的五百天女也是這個「我」。所以說：「若天見『我』，『我』爲天女。」這樣子，《華嚴經》難不難懂？不難懂呀！可是如果你沒有聽過正確的講解，你是怎麼樣也聽不懂、讀不懂的，就說：「唉呀！這太玄了，她這個什麼境界？她是神通廣大還是怎麼樣呢？」一定聯想到這邊去，就是沒想到這裡面有這個佛法密意。

接著說：「若人見我，我爲人女；」如果哪一個有善根也有菩薩性，可是心中有貪欲的菩薩：「聽說婆須蜜多好美，我得要去瞧一瞧。」準備了一百兩、兩百兩的白銀去到那邊，看見了婆須蜜多；婆須蜜多就幫他看見這個「我」；他得要弄清楚：原來婆須蜜多是這個「我」，那我家的嬌妻不也是這個「我」嗎？所以說：「若人見『我』，『我』爲人女；」接著「乃至非人見我，我爲非人女；」假使有夜叉或者有福德的羅刹，風聞婆須蜜多的大名，就去見她，心想：「不但欣賞絕世美女，而且還可以得解脫，還可以得實相智慧。」於是也來了，帶著天上的寶物來供養她。那麼當他看見婆須蜜多的時候，知道「觀世音菩薩」了，想一想：「這個婆須蜜多原來就是這個『我』，她身上這個『我』，跟我這個非人身中的『我』是一樣的啊。」既然一樣，那麼他馬上就聯想到：「那我的嬌妻雖然是非人之女，不也是這個『我』嗎？原來『我』就是非人女。」

那麼天人或者非人，例如阿修羅來見她，看見婆須蜜多「形體姝妙，光明色像殊勝無比」，無非是這個「我」的「形體姝妙，光明色像殊勝無比」。因爲婆須蜜多那樣的美麗，那樣的氣質，眞是天上人間難找；可是欲見婆須蜜多這個「我」，去了以後眞的見到了，漸漸就會知道是「我」把她製造出來，所以婆須蜜多其實就是這個「我」，而這個「我」當然可以說是「形體姝妙，光明色像殊勝無比。」

接著說：「若有衆生欲所纏者，來詣我所，爲其說法皆悉離欲，得無著境界三昧；」如果有人是因爲被婬欲所繫縛、所纏繞，不得解脫，他來到婆須蜜多這個地方，婆須蜜多爲他說法；至於怎麼說法？咱們這裡不敘述，但可以作一個提示，這個說法就像我們禪三那樣的說法。這樣說法以後，來見她的那個男人就得到了「無著境界三昧」，因爲他離欲了。但他爲什麼能離欲？因為見到婆須蜜多這個「我」，也就是我們這一品說的「觀世音菩薩」是完全離欲的，無始劫來不曾有一絲一毫的欲，而且盡未來際也將如此。而有欲的五陰是虛假的，這個「我」卻是眞實的，既然如此，虛妄的自己當然應該依附、歸依於這個眞實的「我」；從此以後轉依於「觀世音菩薩」這個「我」，他就不再有所執著了，因此他離欲而得到「無著境界三昧」。為什麼成為三昧呢？因為心得決定、永不退轉。

接著說：「若有見我，得歡喜三昧；」若是要為他說法，那可就講得很詳細了，所以他證悟而得到了無著境界三昧。如果來的人她只是讓他見到這個「我」，因為也許有的人來說：「我找不到自己的本際，聽說您有辦法幫我，所以我來求見您。」那麼婆須蜜多菩薩就讓他見到這個「我」，當他見到這個「我」，婆須蜜多是不必再為他說什麼了；因為顯然他是一個努力在修行的人，現在見到了這個「我」，心中歡喜無量，所以他得到「歡喜三昧」。

譬如諸位來正覺同修會修學而證得了這個「我」，非五蘊、非世間，然後轉依完成了，忙著為眾生、為正法作事；可是有時得個空閒，又想起來說：「這個『我』還眞是乖巧。」有時候想起來：「這個『我』還眞好使喚。」

所以心中又是一陣歡喜。所以有的人悟後作義工時，作到一個階段得了個空，坐下來休息時，自己想著、想著不覺笑了起來，人家問他說：「你在笑什麼？」「沒有！沒有！沒事！沒事！」他就說沒事。因爲他不曉得該如何說，就好像寒山子偈中說的：「教我如何說？」如果同樣是家裡人，欸！點頭一笑，意在言外，大家都能心領神會。可是如果遇到一般的學佛人，若是硬要他說，他會不會就答你一句話：「教我如何說？」因爲眞的沒辦法爲凡夫們講解。每當想到這一點，心中又歡喜起來；而這個歡喜常常都會在，只要一想起來心中就有歡喜，當然是「得歡喜三昧」。

你們有沒有誰找到如來藏以後，心裡面覺得痛苦的？你每天都看著祂說：「唉呀！我這一尊『觀世音菩薩摩訶薩』每天都在照顧我。」所以你不會討厭祂，看見祂就歡喜。有沒有誰找到你身中這位「觀世音菩薩」以後，生氣地說：「你趕快離開！」有沒有誰這樣想？有沒有？沒有誰能舉手的，因爲能舉手的人已經走了，已經轉生到下一世去了。所以見到這個「我」時，一定會得到「歡喜三昧」。具足見到這個「我」的功德，生起一分法無我智慧時，就叫作歡喜地的菩薩，也就入地了。

接著說：「若有眾生與我語者，得無礙妙音三昧；」如果有個好色之徒，聽說她可以幫人家離欲，而且長得非常甜美，國色天香不足以形容她，於是準備了大把銀子來，希望跟她說話，請她開示，所以來到她這裡奉上大把銀子供養以後，談話的過程中，婆須蜜多菩薩就讓他看見了這個「我」，看見了這個「我」以後，他發覺說：「原來我在跟婆須蜜多講話時，其實都是在跟這個『我』講話。」唉呀！原來可以跟「觀世音菩薩」對話，你說妙不妙？欸！所以誰敢再說「觀世音菩薩都不靈感」，真的可以一刀把他殺了，不讓他死掉五陰假我，我是不會死心的。所以說，他每天都在跟「觀世音菩薩」講話，竟然還說「觀世音菩薩」不理他，豈有此理！

所以說，當他跟婆須蜜多說話的時候，婆須蜜多幫他看見了這個「我」，讓他知道：「原來我都在跟『觀世音菩薩』說話，都是在跟這個『我』說話。」於是他從此也懂得這麼說話了，這就是得到沒有障礙的妙音三昧了，就是「無礙妙音三昧」。你們想想看，禪宗祖師們不都是這樣嗎？所以人家來問：「如何是佛？」那時他看見了山光水色，就用山光水色回答你；若是剛好看到花鳥，就用花鳥來回答你。讓局外人聽到都覺得無法思議，只好讚歎說：「唉！

意境深遠！」可是對禪師來講，沒有意境可說；全都是因爲不懂，所以才叫作意境深遠；其實那都是如來藏境，哪有意境？一絲一毫的意境都沒有，那麼這就是說，他已經得到了「無礙妙音三昧」，所以有時候隨便跟你胡說一下都行，因爲全都有爲人處。

所以如果有人來問：「如何是佛？」你既然得到了「無礙妙音三昧」，隨手拈來都可以用，那麼人家問：「如何是佛？」你就說：「你有沒有聽過一首詞？」「哪一首啊？」欸！你就唸給他聽：「不是有一首『蠟梅』的詞嗎？對不？」你就慢慢地吟出來。也許你覺得唸的比較麻煩，因爲沒什麼韻味，不然你用唱的也行，對不？「雪霽天晴朗，蠟梅處處香……」你就唱給他聽，這也是「無礙妙音三昧」呀！不然你如果說：「唉呀！時間不太夠。」你就簡單回答他一句話「六六三十六」也行。如果剛好在山裡，下午看見半山腰起了雲，你就說：「午後山雲起。」那他如果繼續要問你：「那，如何是法？」答：「小心著雨。」隨便你怎麼講都行；這就是「無礙妙音三昧」。因爲你見到了這個「我」，這個「我」就是自性「觀世音菩薩」，這時你請「觀世音菩薩」來跟他講話就好了，自己不必動什麼力氣呀！這就是得到「無礙妙音三昧」。所以他得到這個三昧時，發覺說：「原來我不是在跟婆須蜜多說話，我都是在跟她的『觀世音菩薩』講話；唉呀！『觀世音菩薩』還眞靈感呢！」

接著說：「若有眾生執我手者，得詣一切佛剎三昧；」有的人來見婆須蜜多，婆須蜜多為他說法也不懂，要讓他看見也不行，再跟他講話也還是悟不了，這時就只好跟他拉手了：「欸！這邊坐，來！這杯茶不錯，喝喝看。」遞過茶杯時，順便拉一拉手。有貪欲的人就喜歡這樣，對不？看見漂亮的女人就想拉拉她的手；看見英俊的白馬王子，最好是拉拉他的手，對不？很正常嘛！這個捧著銀子來見的眾生，既然前面那一些方法都沒有辦法悟入，就只好拉拉他的手了；可是拉手時，婆須蜜多菩薩會幫助他見到這個「我」；不讓他在婬欲上面用心，而是讓他看見這個「我」。當他看見這個「我」的時候，他會發覺：原來我是在跟「我」的手拉手，這個「我」就是「觀世音菩薩」如來藏。就知道：原來我在跟如來藏拉手。既然是這樣實證了，當他捨壽以後，十方淨土隨意往生啊！不管是哪一個佛國淨土，只要他知道有哪個淨土而發願要去，就一定可以往生過去，諸佛自然就會接他去，所以他得到「詣一切佛剎三昧」。而他死後去到另一個佛剎，往生過去以後回頭再用那個淨土所得的異熟果報，也就是用那時的天眼去看一切佛世界時，發覺一切有情全部都是這個「我」，這樣又得到另一個層面的「詣一切佛剎三昧」。

接著說：「若有眾生共我宿者，行解脫光明三昧；」有的眾生這樣拉著手跟她談話，還是悟不了，因爲太遲鈍，那時怎麼辦？只好留下來住一晚了。若是住一晚，也就免不了要修雙身法了，對不對？對呀！可是他的銀子可能要花上好幾千兩，跑不掉的，因爲這是大菩薩呀！雖然還沒有入地，可也是「摩訶薩」，而且幫他悟的是讓他生生世世受用的佛菩提智！那麼他想要跟她共住一宿，當然代價很大，也許要付上兩億元、三億元臺幣，但一樣是划得來，反正他家什麼都沒，就是有錢。有錢沒處花，這時買一下未來的無量世福德，又有什麼不好？這個生意划得來呀！花了三億元、兩億元，買到的福德是堅固法財；而世間的錢財是可壞之財，帶不到未來世去呀！

他買的這個不但有堅固法財，而且未來世還得福德可以繼續受用，所以他跟她共宿，共宿之後那就得要「行」了，對不對？一定不是只有談，也不是只有說，更不是只有看，所以那時要「行」什麼？要「行解脫光明三昧」，婆須蜜多就在雙身法中指導他：「這其中，哪一個是你的眞實我？」就不斷地提示他，讓他自己尋找。最後他突然會了，就知道說：「原來我在跟這個『我』行雙身法。『我』是我的『觀世音菩薩』，婆須蜜多是她的『觀世音菩薩』。我這個『觀世音菩薩』跟她那個『觀世音菩薩』，都同樣是『我』；而這個『我』在行解脫法，是在行雙身法中本來已經是解脫的，本來就是一片解脫的光明之中。」這時候懂了，他就是得到「行解脫光明三昧」，於是在解脫光明三昧中繼續「行」。爲什麼不是用「得」，而是說「行解脫光明三昧」？那你這時懂得其中的妙理了，一定說：「這不是亂講的。」也就是說，婆須蜜多在這個時候，所指導的是能令人解脫而且是本來光明的眞實「我」，也就是〈普門品〉中說的理上的「觀世音菩薩」。

接著是第六種，智慧高一些的人：「若有眾生目視我者，得寂靜諸行三昧；」這一類的眾生智慧較高，當他去見了婆須蜜多，婆須蜜多只要稍微指點一下，他就看見了這個「我」。所以他當時是定定地瞧著婆須蜜多，然後婆須蜜多指導他瞧見了這個「我」；可是他會發覺，婆須蜜多這個「我」是離見聞覺知的；雖然離見聞覺知，卻在一切諸行之中運行不斷，因此在運行不斷之中又是絕對寂靜的，因此這時他得到「寂靜諸行三昧」了。

那麼諸位可以去瞧一瞧：你在一切行之中，你自己的這位「觀世音菩薩摩訶薩」，一直都在運行不斷，而祂的境界中永遠都離六塵喧擾，所以祂是寂靜諸行始終不斷。當你這樣現觀以後，你看見了自己的這個「觀世音菩薩」時，就同時看見別人的「觀世音菩薩」了，那你這樣看見的時候，你也就得到了「寂靜諸行三昧」。所以人家問說：「要到什麼地方去才可以得寂靜呀！」禪師一定指導說：「你到鑼鼓喧天的地方去，就能看見最寂靜的境界。」很怪！對不對？然而怪，只是表相；當你會了，你就知道為什麼禪師叫你要去鑼鼓喧天最吵鬧的地方去見；因為在那個地方，你看著人家敲鑼打鼓等等，那是非常吵鬧的地方，你眞的可以看得見最寂靜的境界，這就是「得寂靜諸行三昧」。

接著說：「若有眾生見我顰申者，得壞散外道三昧；」「顰申」是什麼意思？不知道。就是東施效顰，所以這樣比一下是對的。如果看見了婆須蜜多在微笑的時候皺眉，這就是「顰」；「申」又是什麼？你們如果工作作久了，覺得腰痠背痛時會怎麼樣，會站起來特地伸直身子，那就是「申」。那你這時候，假使你是那個婬欲之男，去見了婆須蜜多，婆須蜜多故意用這種手段讓你看見了那個「我」，那你就得到了「壞散外道三昧」。一切外道說的那些看來好像很有道理的非理，全部都會被你破斥完畢，全部會被你破斥光了。好！爲什麼見到了這個「我」，笑顰或者伸懶腰等等，就可以得到這個「壞散外道三昧」？因爲你見到這個「我」。當你見到這個「我」的時候，就知道外道所說的其理不通；你當然更知道應成派中觀的說法不應成，因爲他們的中觀不應該成立。那麼這一些外道論，你都可以一一加以破斥，當然你就是有了「壞散外道三昧」。所以你看看，見到這個「我」以後的智慧會有多厲害！

又說：「若有眾生觀察我者，得一切佛境界光明三昧；」也許他心中疑著：「是不是這一個我？」可是沒有善知識，無法得到印證，沒有誰可以爲他開解，這時該怎麼辦？聽說了婆須蜜多，這時就抱了銀子去見吧！因爲她名聲在外呀！於是到了那邊去，說明了來意，奉上了供養，婆須蜜多就幫他來觀察這個「我」，讓他從很多個層面來觀察這個「我」，他就知道了：「原來這個『我』竟然還有這麼多層面，是我所不知道的。」這就是我們講那個《金剛經宗通》與《實相經宗通》的內涵，我們已經從很多的層面來解說這個「我」。當我一面講解，你們當時隨聞入觀，同時去觀察這個如來藏，這就是觀察「我」；觀察完了，這時得到「一切佛境界光明三昧」，已經知道：「原來一切佛的境界都是以此爲境界。」雖然這個境界是沒有境界的，但是一切諸佛以此爲境界，所以你就入於三世十方世界一切境界之中而沒有障礙，這就是「得一切佛境界光明三昧」，而這個「我」就是自己的「觀世音菩薩」。

接著說：「若有眾生阿梨宜我者，得攝一切眾生三昧；」「阿梨宜」是指什麼？就是擁抱或者愛撫。因爲來尋找婆須蜜多的這一些男人，有些人其實是仰慕她的美色而來的。老實講，像這一種人，證得這個「我」的時候只是一個附帶的收穫；他聽說婆須蜜多可以幫人證得這個「我」，可是他的心中比較側重於跟婆須蜜多一親芳澤；所以其他的就不要，就是要擁抱跟愛撫。那麼這個眾生來了而跟婆須蜜多來一番「阿梨宜」——跟她擁抱、跟她愛撫一番以後，他終於也知道這個「我」了。原來他所愛撫、所擁抱的其實正是這個「我」，原來已經不是婆須蜜多了。所以這時他看一切眾生時就知道了：「原來一切眾生都是這個『我』，沒有一個有情不是這個『我』。」那他以後就不會以貪愛心來含攝一切有情了：「原來『我』含攝了所有有情時，不論是人、天人、非人或者畜生、地獄、餓鬼，全部都是這個『我』；凡夫如是，聲聞、緣覺、菩薩、諸佛也都如是。唉呀！原來一切有情都是這個『我』啊！」所以這時他就能夠用這個「我」來含攝一切眾生，這時就說他已經得到「攝一切眾生三昧」。

那麼有的人這樣擁抱、愛撫還是沒有辦法見到這個「我」，接著就說：「若有眾生阿眾鞞我者，得諸功德密藏三昧；」「阿眾鞞」就是接吻、親吻。這接吻當然也有文章，婆須蜜多就用這個接吻的方法讓他知道這個「我」。當他知道這個我以後，可就厲害了，所以這時他得到了「諸功德密藏三昧」，因為他的所悟是很微細的。這個「諸功德密藏三昧」，古來其實有很多祖師是不懂的；但是也有許多祖師很嫻熟於這個三昧，譬如說人家來問：「如何是佛？」雲門說：「東山水上行。」如果是那一些依文解義之徒，是野狐大師，再怎麼樣也想不通：「東山為什麼會在水上移動呢？」我告訴你，他就是不懂這個密藏三昧。

那人家問老趙州：「初生孩子還具六識也無？」他說：「急流水上打毬子。」

毬子，現代話就是足球。老趙州說在水上踢足球，你要怎麼思惟都不通。又譬如有人問：「禪師！如何是佛？」禪師答覆說：「懷州牛吃禾，益州馬腹脹。」說懷州的牛吃了青草，益州的馬肚子卻脹了起來。這些都屬於「功德密藏三昧」。這樣接引人，我們就說他門牆高，弟子難入。然而這算是最高的嗎？不然，還有更高的，因為更微細。我舉一個例子來，唸給諸位聽：

【普請，往寺莊，路逢獼猴，雪峰曰：「這畜生！一人揹一面古鏡，摘山僧稻禾。」僧曰：「曠劫無明，為什麼彰為古鏡？」師曰：「瑕生也。」僧曰：「有什麼死急！話端也不識。」雪峰曰：「老僧罪過」。】

這是說：有一天普請（古時寺院常有人捐田給他們作功德田，由僧眾自己耕作、收稻穀；普請種稻時大家都要去種稻，普請除草時大家都要去除草，普請割稻時大家都要去割稻）；有一天普請，是要往佛寺所擁有的那個莊園去辦事，結果在路上看見獼猴在摘寺院所有稻田中的稻穀；雪峰就罵了：「這些畜生，每一個人揹著一面古鏡，竟然在那邊摘我的稻禾。」那個隨行的弟子就說：「曠劫以來就有的無明，為什麼師父您把它明說為古鏡？」古鏡是說從很早以來已經是古董的銅鏡。以前沒有玻璃明鏡，都是用銅去磨亮了可以照人，年代久遠的便叫作古鏡。古鏡當然是很貴重的物品，因爲是古董級的。

那僧人說：「曠劫無明，師父您爲什麼把它稱呼爲古鏡呢？」那雪峰禪師就說：「因爲有瑕垢出生了。」古鏡不很亮就是因爲久了都沒有磨亮，若是要當作古董，假使磨了人家就說那不是古鏡，就沒價值了，對不？就好像收集古錢幣，就是要有那樣一點點污垢存在，證明它的古。如果店員說：「您確定要買這個了，我幫你服務一下。」就幫買主拿去超音波裡面水洗，買主知道了，他一定挨罵。所以正因爲有瑕垢生了，才會是古鏡啦！雪峰就答覆說：「因爲有瑕垢生，所以我叫它作古鏡。」那麼這古鏡指什麼？就是這一品講的自性「觀世音菩薩」。

但這個僧人沒有弄懂，卻故意要顯示自己更高，就跟他師父雪峰禪師說：「師父您急什麼？我這不過是個話端，您竟然也沒有弄清楚。」雪峰禪師對嘴回說：「老僧罪過。」這件公案便結了。但這個僧人著了雪峰的賊，他卻都不知道。請問諸位：雪峰賊在什麼地方？這是更高的境界，徒弟當然不知道；所以這個「得諸功德密藏三昧」，那僧人是不懂的，以致著了雪峰的賊都還不知。老趙州也是這樣子，他們都有這個「諸功德密藏三昧」，那凌行婆，你們可別看她是個女人，但她的證量不輸給老趙州，因爲她和老趙州一樣都有這個「諸功德密藏三昧」。

你看，婆須蜜多以美色接引人的手段，就像這樣子說的總共有十種了，然後婆須蜜多總結說：「如是等類一切眾生來詣我者，皆得離欲實際法門。」說：「這一些貪欲的眾生來時，他們看見了『我』，就得到了離欲、實際的法門。」換句話說，當他們證知自己的「觀世音菩薩」時，也就離欲了。所以世尊這一句話說：「若有眾生多於婬欲，常念恭敬觀世音菩薩，便得離欲；」當你證悟了自己的觀世音菩薩，從此以後你對於世間人，也就沒什麼欲望可說了。因爲你所依止的是「觀世音菩薩」，而「觀世音菩薩摩訶薩」無始劫來就是離欲的；所以不再像以前一樣，七年之癢、十四年之癢、二十一年之癢等，全都再也不癢了。從此以後就是從一而終，心裡再也沒有癢了，對不？這就是因爲你證得「觀世音菩薩摩訶薩」以後，並且你心心念念記掛著自己的「觀世音菩薩」，常常恭敬於自己的「觀世音菩薩」而經常憶念著，所以你就能夠離欲了。好！今天講到這裡。

上一週《妙法蓮華經》講到一百九十一頁第二段第三行「便得離癡」，

接下來說：「無盡意！觀世音菩薩有如是等大威神力，多所饒益，是故眾生常應心念。」那麼這一句是說，觀世音菩薩摩訶薩能夠使常常憶念他的眾生離開貪瞋癡，也就是離開三毒，所以說他有像這樣的大威神力。離開三毒，當然有從二乘菩提來說遠離三毒；但也有另一個層面——依大乘菩提的實證，由於觀察到「觀世音菩薩」本來離三毒，實證的菩薩常常憶念的緣故，也就轉依於自心「觀世音菩薩」，也就在理上離了三毒。依此而實修也一樣可以離三毒，那就是事修上面的離三毒。

那麼 觀世音菩薩既然有這樣的大威神力，對有情當然是「多所饒益」；由於這個緣故，大眾應該常常在心中思惟憶念。這就是說，在佛菩提道中，只要在理上實證了第八識「觀世音菩薩」，就必然可以成就解脫道，同時也能成就佛菩提道。所以在眾生還不了知這個實相之前，菩薩應當要爲眾生加以廣說。雖然對緣尚未成熟的人都只是略說，讓他們種下一個菩提種而已；可是對緣已經成熟、即將成熟的人，都應該爲他們廣說。因爲對這些人廣說以後，可以讓他們迅速契入。對緣還沒有成熟的人，也應該爲他們略說，讓他們種下菩提種子，未來之世緣成熟時就同樣可以實證。因此說，「觀世音菩薩」確實有這樣的大威神力，對眾生必然「多所饒益」。

凡是知道這個道理的人，也就是凡是已經實證而可以認清這個事實、可以觀察而證明這個事實的人，都應該常常在心中憶念著。這個憶念，不只是名號上的憶念，也是藉著名號上的憶念而使自己常常記憶「觀世音菩薩摩訶薩」這樣的功德，自然漸漸地就離開三毒而得解脫。漸漸離開三毒而得解脫之後，接著伏除性障、廣修福德，配合深入觀察「觀世音菩薩」而生起的相見道智慧，漸漸也就入地了，所以說「眾生常應心念」。

「若有女人設欲求男，禮拜供養觀世音菩薩，便生福德智慧之男；設欲求女，便生端正有相之女，宿植德本，眾人愛敬。」我們上上週的事說講完了，理說講到第三行的第二句，接著是上週的理說，講到最後依舊是同一句；所以我們現在講的是理說，不再是事說。這裡 世尊向無盡意菩薩說：「『觀世音菩薩』既然有這樣的威神力，而且可以多所饒益眾生，那麼已經證實這一點的人，當然就要向『觀世音菩薩摩訶薩』來求得利益了。」所以就說：「如果有女人想要求得好男兒，應該禮拜供養『觀世音菩薩』，」這裡所講的這個女人想要求得好男兒，這個女人究竟是指誰？究竟是誰？因爲這在理上來說的女人，一定是有所指的。

說有個女人想要出生好男兒，既說是能夠生孩子的人，總不能夠說成「若有男人、設欲求男」吧？因為女子是能生者，所以這裡說的女人指的是「有一個想要求得好男兒的人」，她想要出生一個好男兒。那麼就請問：「人間最好的男兒是什麼人？」是畜生道的人嗎？是餓鬼、地獄道嗎？或者是人類呢？是喔？仍然不是指人類。那是指天人嗎？是修羅嗎？都不是，而是菩薩，菩薩才是真正的好男兒。不管你生為男生、女生，都是好男兒——只要你是菩薩。

那麼「好男兒」是如何稱之為「好」？這當然有講究；如果只是像世間人一樣，出生了、長大了，成家立業，積聚家財百千萬億，然後子孫興旺，就此滿足，這不會是佛法中說的真正好男兒，這種人在人間其實也不算少；然而大多是凡庸之品，而真正稀有的是菩薩。那麼菩薩應該要擁有的是什麼？就是福德與智慧啊！假使生而為菩薩，竟然福德嚴重欠缺；假使生而為菩薩，竟然智慧嚴重不足，那你就說：「這不是好男兒。」因為一定是新學菩薩，學佛以來不過十百千劫。往昔修行過十百千劫的菩薩們，大約是信還不具足、還不圓滿的人；信還不具足、不圓滿，那是在什麼位？在十信位中，所以他是新學菩薩。既是新學之人，想要進入初住位中精勤修學布施之道就不可能。

所以我們禪淨班半年上過了，接著進入六度的第一度談到布施，有的人心裡面就想：「嗯！準備跟我開口要錢了。」可是你們來正覺同修會上課，沒聽過我們親教師跟諸位喊窮說：「唉呀！現在正覺同修會缺錢。」有沒有？都沒聽過嘛！也就是說，我們只告訴大家六度的道理，但是我們不向諸位勸募，更不會印了勸募簿，要諸位去會外向別人勸募，因爲這不是我們的道風。但是既然我們弘傳的是菩薩法，而三賢位的菩薩本來就應該修六度波羅蜜多，這是菩薩修行的法門與內涵，當然我們得要如實教導。那麼終於布施度聽完了說：「原來親教師們沒有開口跟我要錢。」

接著開始講第二度持戒了，這持戒度的第一堂課講完了，下一堂課班上又少了五個人。這布施度講解以後少了五個人，講解持戒度時又少了五個人；然後繼續講過幾堂課，說到菩薩十個重戒的違犯果報是這麼嚴重，心裡面想：「原來修正覺這個法還得要受菩薩戒，犯了戒還眞嚴重呢！」想一想：

「算了，我不學了。」於是又走了幾個人，這都很正常。如果布施與持戒二度講過，開始講忍辱了，就不會再有人退轉了，因為布施與持戒這兩度對新學菩薩來講很敏感。

那麼從這裡來看，其實有不少人都還是新學菩薩，所以聽說正覺的法可以讓人家實證佛菩提道，走進正覺裡來，但是要受到那麼多的拘束，心裡就不爽快了：「雖然這不是正覺給我的拘束，而是佛陀給的拘束。」但是他想一想：「這個拘束我受不了，寧可不學。」因此很明顯地證明這一些人十信位還沒修學圓滿，因為對 佛不具信，對法也不具信。六度波羅蜜這個法他也沒具足信心，可想而知他對於大乘勝義僧也是不會有具足信心的，因此這些人都稱為新學菩薩。

那麼新學菩薩算不算「好男兒」？不能算。因為新學菩薩只有聞慧而沒有思慧，更不要說到修慧與證慧、得慧，所以還不算是「好男兒」。這也表示他學佛以來不超過十、百、千劫，顯然他所修集的福德依舊非常之少；這樣看來，他既沒有福德又缺乏智慧，就不是「福德智慧之男」。可是這個福德與智慧終究是有不同的層次差別，所以沒有入十信位之前，只能說他有少許福德、少許智慧；但如果他能夠超越了十信位，在初住位努力修行布施到彼岸的法，那麼學久了他也就願意努力修學持戒到彼岸的法；這樣子努力修，最後到達了第六度，開始修學般若波羅蜜多——也就是智慧到彼岸的法門。

但即使是如此，在六度圓滿的時候，都還不算是眞正「福德智慧之男」，因爲布施只是修福，持戒、忍辱也是修福；而精進的目的是讓前三度的福德可以快速圓滿，精進也在用來修習靜慮之法，也就是修學禪觀之法，這也是增長福德；當這些福德都修學圓滿了，才終於在第六度上面可以實證。當第六度圓滿了，在滿心位實證般若波羅蜜多，也就是親證第八識自性「觀世音菩薩」而得不退了，轉入第七住位中，這才算是第一個層次的「福德智慧之男」。

先來說說看，他爲什麼叫作「福德智慧之男」？因爲這時六度的修學滿足了，他可以親證實相法界而現觀每一個有情都同樣有眞如法性，所以看到一切有情的本際同樣本來不生不死，也就是本來涅槃；這表示他是六度的福德修學圓滿了才能實證，所以他算是有福德了。而這時看見自己身中那個不生不死的「觀世音菩薩摩訶薩」一直都在，每天觀察著「祂自己都在」，所以對於《心經》自然是恍然大悟，把後腦勺一拍：「原來《心經》講的就是眞實『我』實相心，自己五陰每天觀看著自己的這個實相心不生不死本來自在，所以就成爲『觀自在菩薩』。」

那麼觀自在菩薩在《法華經》〈普門品〉中就稱之爲「觀世音菩薩」，是從另一個層面來說。因爲祂無時無刻都在觀聽你這個五陰世間的音聲，所以你想要作什麼祂都滿足你；所以你有困厄需要離開惡劣境界的時候祂也幫助你，所以在〈普門品〉中就說祂是「觀世音菩薩摩訶薩」，那麼這樣子，你才算是眞的誕生了「福德智慧之男」，因爲你已經是眞實義的菩薩了，就是眞正的「福德智慧之男」。可是有個問題來了，妳們女眾也許要說：「但我生而爲女人，怎麼會是福德智慧之男？」那我就要請問了：「那妳找到自己的『觀世音菩薩摩訶薩』，轉依了祂，而祂是女生嗎？」爲什麼搖頭？因爲祂有大丈夫相，祂從來不跟妳小鼻子、小眼睛的；如果每天小鼻子、小眼睛，那就叫作女人。

對呀！你們男眾笑得好啊！如果男眾有人是每天小鼻子、小眼睛，他其實是個女人。那麼你看看，你找到自己的「觀世音菩薩摩訶薩」以後，祂有哪一次跟你小鼻子、小眼睛過？永遠都沒有。你再回憶到此世剛出生的那一刻開始，這一生下來直到如今，祂從來不曾有過，一直都是大丈夫相啊！那麼這時表示說你進入第七住位了，一定是有福德的人，也一定是有智慧的人，並且一定不是女人，自然可以稱爲「福德智慧之男」。

所以色身雖然還是女人，證悟了就不稱爲女人，就稱她爲菩薩僧。儘管畫了眉毛、點了胭脂，臉頰上又塗了粉，戴起珍珠項鍊，手上還有五克拉的鑽戒；如果這樣還不夠，再加上那個很有名、很有權勢的女人，她耳朵戴的那個叫什麼？乳白色透明的那個，那叫什麼？冰種的「鴿蛋」是不是？聽說那一對可能得要花上一千多萬元，卻還是比不上大菩薩們胸前的名貴瓔珞。但這樣還不夠，菩薩還加上臂釧，再來兩個頂級的玉鐲；再佩上一個腰帶，腰帶用金絲織成；腰帶上再加上一個玉珮——絕世稀有的祖母綠，那可能要算幾億元的大玉珮。

祖母綠的腰帶玉珮，當然要以億元作單位來計算。聽說小小的一個就要賣幾百萬元。這樣如果還不夠，鞋子上和腳下都還可以作文章。可是這樣子莊嚴了出來，她依舊是個出家人——勝義菩薩僧。可是這還不夠莊嚴，你們再看觀世音菩薩所佩的瓔珞，價値難以計數，而且你沒有天冠，他還戴著天冠來奉侍阿彌陀佛。縱使妳是女人之身而像觀世音菩薩這樣莊嚴起來，妳依舊是「福德智慧之男」；因爲妳之所依是始終呈現大丈夫相的第八識「觀世音菩薩摩訶薩」，已經是轉依於大丈夫「觀世音菩薩摩訶薩」，而不是以這個五蘊的女人之身作爲自我。但是這時候，妳是有智慧也有福德，有智慧還得要有福德，這兩個具足才能讓你成爲一個「好男兒」。

可是一個家庭中不能單單只有「好男兒」，還得要有「端正有相之女」，才能成就一個佛法家庭。那麼佛法家庭是指什麼？就是說，你必須要具足一個端正有相的五蘊，加上福德與智慧來莊嚴，才算具足一個佛法的家庭。譬如一個家庭中，家裡的男子很有錢，又英俊瀟灑、年輕力壯，可是他老找不到一個好妻子，那他就不能成立一個家庭；正是這個道理，所以還要求「端正有相之女」。但是我們先拉回來原來的題目說，有一人想要生，他想要生的有兩個部分：第一個部分是「福德智慧之男」，第二個部分是「端正有相之女」。想要求得「福德智慧之男」時，剛剛講過得要十信圓滿，並且努力勤修六度，最後才終於找到自己的「觀世音菩薩摩訶薩」；可是怎麼樣叫作已經出生了「福德智慧之男」？諸位都知道，就是要先找到自己的「觀世音菩薩摩訶薩」；可是你在參禪的過程之中尋尋覓覓始終找不到，那你就努力去尋找，這就稱爲參禪。而參禪在這一段經文裡面，就是在求「觀世音菩薩摩訶薩」。

所以有許多人參禪好幾年以後，最後有一天突然間會了：「唉呀！原來就是這個！」心裡面大喊：「我找了好幾年，到今天才終於找到你了！」這是會裡常常發生的現象。從此以後他不必再參禪了，也就是不必再求「觀世音菩薩」了。所以參禪的過程其實就是在求「觀世音菩薩摩訶薩」；如果你還沒有找到就繼續找，但是你找到「觀世音菩薩摩訶薩」的目的，是爲了想要誕生「福德智慧之男」。一旦找到了自家的「觀世音菩薩」，福德智慧就開始出現，因爲你往昔所修的福德也會開始實現。修了六度的人都有不少福德，這時是會開始實現的；那麼智慧也開始出生了，這就是出生「福德智慧之男」。總而言之，還是要求「觀世音菩薩摩訶薩」。

接下來說「設欲求女，便生端正有相之女，」你如果好好求自己的「觀世音菩薩摩訶薩」，當你找到了，下一世一定比這一世更莊嚴。可是我說：「在我的感覺中，當你找到的時候已經夠莊嚴了。」去到禪三道場打三，剛開始禪三的過程時，好多人看起來都不端正，都沒有莊嚴相。可是到了第三天，當他找到了「摩訶薩」以後，第一關、第二關、第三關開始闖過去，那時我一看：「哇！一個個都是端正有相。」在我的感覺上可就是完全不一樣的了！

你們自己不瞭解；但是我看到的時候都是想：「他比兩天之前更莊嚴了。」本來初次看到的時候，譬如有很多人，住在中南部，進會裡來一直都沒跟我照過面，禪三是第一次照面，鑾生分的；可是這一旦過了，那可親切了！不管是誰，都是莊嚴得很；即使七老八十、頭髮斑白、臉上皺紋一堆，但是她們看起來還眞是美！這時就已經夠莊嚴了，那麼未來世再來出生時呢？未來世當然會比這一世更端正啊！這就是說，經由前面六度的修行，所以必須要持戒以及忍辱；由於持戒、忍辱的緣故，因此來世生來就是端正有相；有這個功德而端正有相之後，來世會不會一天到晚跟人家瞪眼睛、發脾氣？會不會一天到晚想要欺負眾生？一定不會。因爲他是經由六度波羅蜜的修行而導致的「端正有相」，可不是去作什麼微整形、大整形，這就是經由六度波羅蜜多而獲得的端正和有相。

「端正」其實是因為他持戒而使身口意行端正，使人不會厭惡於他；「有相」是因為他擁有這個五蘊之身是用來修道，不是用來在人間享受、用來在人間欺負眾生，所以他來世「有相」。而這個「有相」既然是用來修道的，當然就同時要用來利樂眾生，隨緣說法接引眾生入佛菩提道，這也就是「端正有相」。那為什麼說是「端正有相之女」？因為心性調柔。你們兒子要娶媳婦的時候，觀察未來的媳婦，首先會觀察什麼？一定是觀察心性好不好？會不會生得很嬌又很傲；第一總是先看這些吧，外貌則是其次。意思就是說，媳婦應該是溫柔、賢慧的，否則就不讓兒子娶回家。

意思就是說，男人在外努力去奮鬥，心性要雄猛；可是媳婦在家，她是個女人，心性應該調柔才能奉侍公婆和持家啊！所以當你誕生「福德智慧之男」，可以為人宣說大丈夫之法；但是當你說法、接引眾生的時候，可得要調柔，不能像綠林好漢那樣，否則你接引不到眾生的，當然就是要求得「端正有相之女」。所以接引眾生說法時要有調柔之心，假使我坐上來就說：「哼！你們今天又來了，又想從我這兒挖什麼法寶？說來！說來！」大家聽了會覺得怎麼樣？你這樣還像個菩薩嗎？倒像個綠林好漢了，有不少人是沒辦法接受的：「菩薩本來就該是低眉善目，怎麼這樣子怒眼圓睜老是質問我們？」眾生當然不能接受。所以這時得要有女人的耐性，心性要調柔。

那你藉由持戒修行而來，身口意行端正，因此眾生來了，你不會毛手毛腳或是言語粗鄙，這才叫作身口意行端正。說法的時候，你得要有調柔之心，要有耐心為眾生一一詳細解說。可不能像某一些大師說的：「我講這樣，夠清楚明白了吧？怎麼還聽不懂？」千萬別像他們那樣。所以能夠從各個不同的層面為大家講清楚，你就盡量講清楚；因為你從東方講過來時也許他聽不懂，換個法子從西方講過來，也許他就聽懂了；如果你在這個層次講了他聽不懂，換了另一個層次講解，也許他就聽懂了。所以就得要像女人一樣有耐心。

如果有人生了個孩子，那兩、三個月的孩子不懂什麼道理，只是會哭；他又不會講話述說他是哪裡不舒服，如果這個母親沒有耐心，哭了就打，結果就把孩子打死了，最近不常常有這類新聞嗎？那我就說她沒有資格當女人，因為連父親都不會這樣打，何況是母親？所以你想要攝受眾生時，就應該要有耐心，要像個女人、像個母親一樣。如果一個女人動不動就張牙舞爪、口出惡言，人家會說她是母夜叉，對不？我相信沒有眾生喜歡親近母夜叉菩薩，縱使她眞的證悟了，眾生也不喜歡親近她。假使她眞的有法，眾生來時也是請益完了作個供養，趕快就走人了，不會一直留下來親近。因爲眞的不想親近，原因是因爲她難以親近。

所以身爲菩薩，你必須要端正還得要有相；端正是你自己的事，有相是面對眾生的時候。因此這時別像個女人，要先把前面的福德智慧拿來用，在說法時表現於外的就是端正及有相。可是身爲菩薩光是「端正有相」還不夠呀！還得要「宿植德本」；也就是一劫又一劫修行滿足了十信位以後，在初住位修學布施，在二住位修學持戒，一直到六住位修學般若，這樣很多劫一直修行下來，用了很多劫的時光修行六度波羅蜜多。這到底需要多少劫？需要第一大阿僧祇劫的三十分之六。這到底是多少劫？這可不是十劫、百劫、千劫的事了。那麼這時既然已經找到自己的「觀世音菩薩摩訶薩」，當然同時也已經有了「端正有相之女」，就容易攝受佛土了。

如果來到正覺同修會證悟了以後，把他派出來當親教師，學生說的話他都聽不進耳，學生就會跟他說理；學生講的在理，而他不在理上，結果他怎麼說呢：「哼！你給我記住。」竟然跟學生這樣講，那我就公開說：「我蕭平實眼睛被什麼東西蓋住了，識人不清。」當然要請他退下來。意思就是說他的智慧和福德不夠，所以他跟著就不夠端正也不夠有相。他的相不夠，不像個女人，因爲他對眾生不夠溫柔敦厚；之所以如此，原因在哪裡呢？是因爲往世多劫以來不是「宿植德本」，此世只是運氣好，遇到了這個蕭平實隨隨便便把法送給他，所以「宿植德本」還眞的很重要。

如果他有了「福德智慧之男」，而且身口意行表現出來是「端正有相之女」，就是有調柔之心來面對眾生了；並且往昔多劫以來「宿植德本」，那麼他當然是「眾人愛敬」的菩薩。可是談到這裡，根本又是在哪裡？這一定要探討啊！所以世尊就作了一個結論說：「無盡意！觀世音菩薩有如是力，若有眾生，恭敬禮拜觀世音菩薩，福不唐捐，是故眾生皆應受持觀世音菩薩名號。」也就是說，在證悟之前，一定要備辦供品而先「禮拜供養觀世音菩薩」；禮拜供養久了以後，觀世音菩薩也許夢裡來爲他託個夢說：「你這個傻孩子！你自己身中就有『觀世音菩薩摩訶薩』，爲什麼每天來求我呢？我是觀世音菩薩摩訶薩，而你自己身中也有『觀世音菩薩摩訶薩』，那要佛法就好好求祂吧？」

聽到這個指示，每天晚上繼續在 觀世音菩薩聖像前，繼續禮拜、繼續懇求；可是這時多了一個作意：「觀世音菩薩是我所供奉的摩訶薩，那我自己的菩薩摩訶薩何在？」心中就有了這個作意。所以每天晚上繼續在菩薩聖像前一稱一拜：「南無觀世音菩薩摩訶薩。」就拜下去；拜完了起立，又再稱呼：「南無觀世音菩薩摩訶薩。」又拜下去，然後就留意著：「上面是我供的觀世音菩薩摩訶薩聖像，那我自己五陰家裡的菩薩摩訶薩在哪裡？」就這樣繼續唱唸菩薩名號，繼續禮拜。

這時你不用覺得羞慚，因爲有的人會想：「菩薩託夢告訴我，說不要再求他了，那我還每天跟他禮拜、還跟他祈求。」你不用覺得羞愧，因爲菩薩知道你現在這個作意，就只會看著你繼續拜、繼續唱唸著 觀世音菩薩摩訶薩的名號。此時如果有冤親債主要來阻撓，他會幫你安頓；因爲這些冤親債主眼看著你快要出三界了，他們心裡發愁啊：「這傢伙以前欠我們的債，假使他眞的證悟了，成爲大乘勝義僧了，我們怎麼跟他要債啊？」這時菩薩當然會幫你安頓，爲他們安慰說：「你們等他悟了以後，再來找他要債，他未來世會幫你們開悟，所以你們現在不要打擾他。」幫你安排好了。

有的冤家債主也許聽不進心裡去，菩薩會告訴他們：「等他悟了來還你們的債，你們得到的遠比現在要到的多很多倍，那可是無數倍呀！」這麼一說，那一些冤家們都歡喜接受，因爲觀世音菩薩有大威德，也是眾生之所依靠。所以你就每天這樣稱唸觀世音菩薩名號，就這樣每天禮拜觀世音菩薩；持之以恆，有一天一定會找到你家的「觀世音菩薩摩訶薩」。這時你就會想起來：「世尊說的眞正有道理啊！我正是因爲聽信世尊〈普門品〉所說，每天晚上下了班，淨過身就來恭敬觀世音菩薩、禮拜觀世音菩薩，我才有今天終於證悟了，果然福不唐捐。」

以前聽人家說：「〈普門品〉好靈感喔！」也有人說：「〈普門品〉不靈感，因爲有的人每天課誦〈普門品〉求觀世音菩薩，問題都沒解決。」有的人所求非分，菩薩自然沒有幫忙他，所以他說沒有靈感。可是你到這個時候就說：「每一家的『觀世音菩薩摩訶薩』都很靈感，完全靈感！百分之百的靈感！」因爲祂與你如響斯應，只要你這個五陰世間動了念頭，祂就感應你；問題只是說，你沒有證悟之前不知道什麼地方感應罷了！所以恭敬禮拜　觀世音菩薩，眞的「福不唐捐」啊！

可是話說回來，每天恭敬禮拜　觀世音菩薩，想要福不唐捐的人，也得要自己有那個條件；例如有人只能挑得起十公斤的黃金，菩薩就只能給他十公斤的黃金。如果他的條件不夠，硬要菩薩給他一百公斤的黃金，這些黃金往他身上一放，就把他壓扁變成肉醬，那他到底是「福不唐捐」還是禍不唐捐，這就很清楚了。所以「福不唐捐」得有個前提，就是他所修學的〈普門品〉道理是正確的；如果他學錯了，那麼他恭敬禮拜　觀世音菩薩以後只得世間福，就不能得到理上的無上福。所以這個福有事上的福，也有理上的福；想要如實理解〈普門品〉的精義，在這個福上面還得要有所理解。

也正因此，有的人每天恭敬禮拜　觀世音菩薩，他只得到事上的福，因爲是由　觀世音菩薩摩訶薩來幫他安頓他在世間的生活，不至於遭致橫逆；可是在法身慧命上，他都沒有辦法得福，因爲他一天到晚都在佛門外道中修學一些常見外道的假佛法，也就是專學相似像法，所以他在理上有過而無功。那麼如果事上恭敬禮拜　觀世音菩薩，理上也恭敬禮拜　觀世音菩薩，這個人一定「福不唐捐」。因為當他證悟之後，也轉依於自家的 觀世音菩薩摩訶薩，每天都有一個作意起來說：「我要歸命觀世音菩薩摩訶薩！」那麼他在這裡修行一天，就勝過在極樂世界修行一百年；而那裡的一天等於這裡一個大劫，那麼那裡的一百年到底等於這裡多久？這樣就知道說：悟前是應該恭敬禮拜 觀世音菩薩，因為可以求得「福德智慧之男」，也可以「生端正有相之女」。

那麼悟後既然已經生而為「端正有相之女」，同時也是「福德智慧之男」，難道就可以棄而不理嗎？因為每一天都觀察到自己之一切都來自「觀世音菩薩摩訶薩」，這時候當然要依止於「觀世音菩薩摩訶薩」來修道；所以凡有所作「福不唐捐」。由於這個緣故，眾生都應該要受持「觀世音菩薩摩訶薩」，所以受持菩薩名號時已經是同時有理持而不只是事持了。這時你可以說：「我唸一句佛號時，概括事理。」因為一句菩薩聖號之中就有事有理，全都具足。所以如果人家問你：「如何是佛？」你就說：「南無觀世音菩薩。」「如何是法？」「南無觀世音菩薩。」「如何是僧？」還是同一句「南無觀世音菩薩！」因為其中有事有理啊！理事具足的時候，你就可以這樣為他接引。可是你這樣爲他接引了以後，他能不能入呢？不行！因爲 佛陀說：應當隱覆密意說法，如果不是很恭敬渴請於這個眞實義，就不應該爲他解說。如果他證悟的緣還沒有成熟，也不應該幫他證悟，否則就是虧損法事、虧損如來，所以你能爲他作的就到這個地步爲止。那麼這樣子說，悟前應該如何，悟後應該如何，這一段經文裡面都告訴我們了。接下來 世尊又開示：

經文：【「無盡意！若有人受持六十二億恒河沙菩薩名字，復盡形供養飲食、衣服、臥具、醫藥，於汝意云何？是善男子、善女人，功德多不？」無盡意言：「甚多，世尊！」佛言：「若復有人受持觀世音菩薩名號，乃至一時禮拜、供養，是二人福，正等無異，於百千萬億劫不可窮盡。無盡意！受持觀世音菩薩名號，得如是無量無邊福德之利。」無盡意菩薩白佛言：「世尊！觀世音菩薩，云何遊此娑婆世界？云何而爲衆生說法？方便之力，其事云何？」】

語譯：世尊又開示說：

【「無盡意！如果有人受持了十方世界中六十二億恆河沙菩薩的名字，

並且同時又盡形壽來供養他們飲食、衣服、臥具和醫藥，你的意下如何呢？這樣的善男子或善女人，功德是不是很多呢？」無盡意回答說：「很多啊！世尊！」佛陀又說：「如果另外有一個人受持觀世音菩薩的名號，乃至於不是每天受持，只是有時禮拜和供養一次；這兩個人的福德，其實是完全相同而沒有差別的，而這兩個人的福德同樣都是百千萬億劫不可窮盡的。無盡意啊！受持觀世音菩薩的名號，可以得到像這樣無量無邊福德的大利益。」無盡意菩薩就向世尊稟白說：「世尊！觀世音菩薩是怎麼樣遊於這個娑婆世界？是怎麼樣而爲眾生演說佛法？他的方便善巧的力量，實際上的情況究竟是怎麼樣？」

講義：在世上有一個人，假使他可以受持六十二億恆河沙菩薩的名字，並且對這一些菩薩們盡他的一生來供養生活上的四種事情「飲食、衣服、臥具、醫藥」。這個福德非常之大，老實說沒有誰作得到。如果有人作到了，這福德當然非常之大，但從古到今也沒見過有誰作得到。現在假設有人眞的能夠作得到，而另外一個人只是受持了「觀世音菩薩名號」，而且還不是每天受持。因爲人們受持 觀世音菩薩的名號，會有很多種情況；就像很多人唸佛一樣，所以有的人說：「我每天唸阿彌陀佛，要唸幾萬句。」所以拿著念珠一直數；現在有的人買計數器，每唸一句就按一下，很努力地唸佛。

然而同一個人唸佛，就會有很多種不同的狀況。所以說：「唸佛一年，佛在心田。」表示她很努力，佛都住在她心中，每天唸好幾萬聲。可是「唸佛兩年，佛在眼前。」已經不住在她的心中了，比起在心中可就遠一點了。因爲後來想一想說：「我唸佛那麼用功，佛陀又沒有保佑我家先生賺大錢。」所以唸得不殷勤了，只剩下每天受持一萬遍佛號；因爲她作事的時候不太唸佛，中午吃過飯就去午睡，也不唸佛，直到晚上洗過碗以後才去唸佛一個小時，所以一天唸不到一萬句佛號，這時佛已經不在心中，到眼前去了。繼續再唸，「唸佛三年，佛在西天。」佛已經遠在西天了，既不在她心中，也不在她的眼前了。那麼當佛在西天的時候，她可能只是每天晚上睡覺前把佛號唸個五分鐘。也許再過七年以後，唸佛總共十年了，可能就只是早晨上個香唸一句：「南無阿彌陀佛！」然後就走了，就只唸那麼一句。

所以有的人念佛是這樣念的，這其實不是念佛，只是唸佛，但很正常；那麼唸　觀世音菩薩摩訶薩的名號時也是一樣，所以經文說的「乃至」，也就是說從很精進的人，一直到最不精進的人，乃至只是一時之間、就是只有那一次禮拜 觀世音菩薩。但是他也有供養，就是供養那一次，禮拜了以後就沒了。即使如此，這個人所得的福德，跟前面那個盡形壽供養六十二億恆河沙菩薩的名號，並且每天都作四事供養的人，福德是一樣多的。

爲什麼受持「觀世音菩薩」名號，只有供養一次、禮拜一次的福德就那麼大？因爲他只要這樣子一次，他的如來藏中就有這個種子，那麼他一世又一世輪迴生死，只要聽到「觀世音菩薩」名號，就會覺得很親切；就這樣一世又一世輪迴生死，終有一世他會遇到像今天這樣的因緣，那麼他終於有機會證悟而聽到了，就想：「原來禮拜、恭敬、供養觀世音菩薩背後有這樣的因緣，好在我過去世曾經禮拜供養過這麼一次。」所以這福德確實很大。

前面那個人受持六十二億恆河沙菩薩的名號，盡形壽供養之後的結果，所得到的是什麼福德？只是世間的福德。那福德再大終究是世間的，可是他這個人就因爲禮拜供養「觀世音菩薩」，所以稱唸「菩薩」名號，這樣禮拜了一次，他未來世就有這個實證的因緣了。而他在實證的因緣之下所證得的是世出世間法，不是世間法；因此他所得的世出世間法上引生的福德，可以盡未來際受用，乃至三大阿僧祇劫之後可以成佛。那你說，他雖然那一世只是稱唸一次「菩薩」的名號，只禮拜供養一次，他的福德難道不足以比擬前面那個菩薩嗎？當然可以呀！所以 世尊說：「是二人福，正等無異。」眞是如實語啊！

因爲他所得到的這個福德，「於百千萬億劫不可窮盡」！所以 世尊就吩咐說：「無盡意！受持觀世音菩薩名號，得如是無量無邊福德之利。」意思就是說，大家都應該要受持「觀世音菩薩」的名號，因爲第八識妙理的種子就會種在心田中，將來生死流轉當中也會不斷地遇到這個勝妙法，未來的無量世中所得到的福德，是和前一人一樣無量也無邊。無量也無邊是指什麼？是福德滿坑滿谷嗎？不是的。那是否超過滿坑滿谷而溢到外面去，所以無邊？也不是。因爲這個福德屬於世出世間的福德，它沒有一個量可說，也沒有一個邊際可說。因爲這個福德是盡未來際而不可窮盡的，所以沒有邊。這個福德是世出世間法的智慧福德，不是世間法中的量，所以它沒有量，所以世尊說的是如實語啊！

世尊講到這裡，無盡意菩薩當然要請問了；可是在他請問之前，我們要回來討論這「六十二億恆河沙菩薩」，請歐老師把我援引的經文播映出來。這一段經文是《楞嚴經》裡面的，我先唸一遍：

【十四者此三千大千世界百億日月現住世間諸法王子，有六十二恒河沙數，修法垂範教化眾生，隨順眾生方便智慧各各不同。由我所得圓通本根，發妙耳門，然後身心微妙含容遍周法界；能令眾生持我名號，與彼共持六十二恒河沙諸法王子，二人福德，正等無異。世尊！我一號名，與彼眾多名號無異，由我修習得眞圓通，是名十四施無畏力，福備眾生。】

這裡也是講「六十二」，是六十二恆河沙數法王子，《法華經》講的則是六十二億恆河沙數的大菩薩。這二者當然相差很多，是以億倍來計算的，但同樣都是六十二。換句話說，《楞嚴經》中說六十二恆河沙數的法王子，全部都是妙覺菩薩，就像文殊師利菩薩那樣的證量。那《法華經》講的是六十二億恆河沙數菩薩，表示這些妙覺菩薩之下的那些菩薩也函蓋在裡面；可是爲什麼都是「六十二」？假使你有讀過《阿含經》就會留意到，佛在《阿含經》中說外道有六十二見——六十二種外道見；這意思告訴我們什麼？告訴我們說：六十二億恆河沙數菩薩，全部都是在對治外道見。

外道見的大歸類有六十二種，隨著眾生根器的差別，以及隨著大家修學佛法的層次差別，要針對這六十二外道見的不同層次一一加以對治。那麼對治外道見的菩薩，功德當然很大，因爲一方面是救護眾生，一方面是護持正法；在《實相經宗通》裡，我們講實相心時有說到救護眾生、護持正法。可是大家想想看，不論是六十二恆河沙數的法王子，或者這些法王子再加上他們所帶領的下位菩薩們，總共成爲六十二億恆河沙數的菩薩，他們在求道與見道上面，是不是同樣都要依止於理上所證的「觀世音菩薩」？是！

既然同樣都要依止於「觀世音菩薩」，那麼這「觀世音菩薩摩訶薩」難道還會有第二種嗎？沒有啊！娑婆世界如此，上方世界、下方世界、東西南北一切佛世界都是如此，同樣都要依止於「觀世音菩薩」。因爲你如果不依止於自己的「觀世音菩薩摩訶薩」，別說是六十二恆河沙數法王子的身分永遠得不到，就算是這六十二恆河沙數法王子下面的那一些菩薩們，也就是六十二億恆河沙數菩薩其中的一個階位，你也都得不到。所以說，前面那個人受持六十二億恆河沙菩薩的名號，並且盡形壽供養四事，結果你在這一生中只要一次稱唸「南無觀世音菩薩」，並且禮拜供養，福德就跟他一樣多了。

那你想想，這個算盤打一打，到底划不來還是划得來？太划得來了。

因爲理上如此，事上也是如此。你想，那一個人受持六十二億恆河沙數菩薩的名字，這些名字總不能亂唸吧？得要寫下來一一正確地唸，那要多少本書才能寫得完？那你每天二十四個鐘頭不睡覺一直誦唸，每一位菩薩都只要唸一遍就好，這六十二億恆河沙數菩薩的名號要唸多久？想想看你要唸多久？最後你終於唸完了，要開始「盡形供養飲食、衣服、臥具、醫藥」，得要供養多久才能完成？別說每一個人供養一世，就說對每一位菩薩都供養一次就好，你得要供養多久？你就想想看，眞不容易辦到啊！

可是你這一世，只要到觀世音菩薩聖像前，把香、花、飲食供上去，然後稱唸：「南無觀世音菩薩！」你就一拜，也就夠了——福德就跟他一樣多。特別是今天，你們懂得這個道理以後，家裡每天供上這麼一次，也稱唸一次名號，這福德有多大？這個福德，你不要說是這麼大、這麼大、這麼大，因爲這個福德無量又無邊。這種福德沒有量也沒有邊，不能秤重，也不能測量；因爲即使是被你受持、被你供養的那六十二億恆河沙數菩薩，他們也是要歸命於自性「觀世音菩薩摩訶薩」呀！所以，假使有一家公司做出來的產品絕妙而無瑕疵，具足所有功能，你只要一塊錢就可以買到；另外一家做出來的產品不像這麼好，你卻要花六十二億恆河沙數元去買，才能一樣擁有那些功能，那你要買哪一個？當然是只要一塊錢又是最好的。因爲另外那一家的東西全都是從這一家的次級品流出去的，那你要花那麼多倍的錢去買、又是次級品，而且賣很貴，你當然要買這一家的。

這是因爲在這一家買到的只要一塊錢，買到的是「觀世音菩薩摩訶薩」本尊；那你花了六十二億恆河沙數元去買來的都不是本尊，只是副產品。那你要買什麼？當然要買這一家的。這個道理很清楚，但是如果不瞭解這個道理，就無法去瞭解〈普門品〉這一段經文的眞實義。那麼《楞嚴經》裡面「耳根圓通法門」中能不能講到這麼詳細？不能，因爲眾生不相信，講了也沒用。這裡 佛陀講了我們來解釋最恰當，所以這樣子就瞭解了。可是想要得到這樣的大福德，不是自己能得到，是要修習耳根圓通法門。諸位來正覺聽經聞法修學，正是修學耳根圓通法門；因爲正覺都叫你要「入流亡所」：你聽進耳裡而知道原來五蘊、十二處、十八界、六入全部都虛妄，聽進來了就流掉而沒有我所。

無我所就是說：外我所不存在，內我所也不存在。這樣聞思修才是眞正的耳根圓通。以前不是有大師說：「我要好好坐在那邊聽聲音，聲音進來右耳進來、左耳出去，就是入流亡所。」不是那個說法啦！以前還有大師教人家說：要去海邊打坐，要好好聽著海潮音，要聽到入流亡所。現在諸位聽了就知道那樣的講法叫作說夢話。回到《法華經》來，這樣瞭解 世尊開示的意旨了，無盡意菩薩當然要打破砂鍋問到底，所以他請求 世尊說：「世尊！觀世音菩薩有這樣的威神力，那他是怎麼樣遊行於這個娑婆世界呢？他遊行於這個娑婆世界時，又是怎麼樣來爲眾生說法呢？他來幫助這個世界眾生的時候，又是有什麼樣的威神之力？請世尊您告訴我們。」還眞的有道理，所以無盡意菩薩就這樣爲我們請問。那 世尊怎麼說呢：

經文：【佛告無盡意菩薩：「善男子！若有國土眾生應以佛身得度者，觀世音菩薩即現佛身而爲說法；應以辟支佛身得度者，即現辟支佛身而爲說法；應以聲聞身得度者，即現聲聞身而爲說法；應以梵王身得度者，即現梵王身而爲說法；應以帝釋身得度者，即現帝釋身而爲說法；應以自在天身得度者，即現自在天身而爲說法；應以大自在天身得度者，即現大自在天身而爲說法；應以天大將軍身得度者，即現天大將軍身而爲說法；應以毘沙門身得度者，即現毘沙門身而爲說法；應以小王身得度者，即現小王身而爲說法；應以長者身得度者，即現長者身而爲說法；應以居士身得度者，即現居士身而爲說法；應以宰官身得度者，即現宰官身而爲說法；應以婆羅門身得度者，即現婆羅門身而爲說法；應以比丘、比丘尼、優婆塞、優婆夷身得度者，即現比丘、比丘尼、優婆塞、優婆夷身而爲說法；應以長者、居士、宰官、婆羅門婦女身得度者，即現婦女身而爲說法；應以童男、童女身得度者，即現童男、童女身而爲說法；應以天、龍、夜叉、乾闥婆、阿修羅、迦樓羅、緊那羅、摩睺羅伽、人非人等身得度者，即皆現之而爲說法；應以執金剛身得度者，即現執金剛身而爲說法。」】

語譯：【佛陀告訴無盡意菩薩說：「善男子啊！如果有的國土，那裡的眾生是應該以佛陀之身而得度的人，觀世音菩薩就爲他示現佛身而爲他說法；如果應該是以獨覺之身而得度的人，觀世音菩薩就爲他示現獨覺之身而爲他說法；應該以聲聞阿羅漢之身而得度的人，觀世音菩薩就爲他示現聲聞之身而為他說法；應該以梵王之身而得度的人，觀世音菩薩就為他示現梵王之身而為他說法；應該以釋提桓因之身而得度的人，觀世音菩薩就為他示現釋提桓因的色身而為他說法；應該以自在天身之身而得度的人，觀世音菩薩就為他示現自在天身之身而為他說法；應該以大自在天身之身而得度的人，觀世音菩薩就為他示現大自在天身之身而為他說法；應該以四王天的大將軍身而得度的人，觀世音菩薩就為他示現大將軍身而為他說法；應該以毘沙門天王之身而得度的人，觀世音菩薩就示現毘沙門天王之身而為他說法；如果是應該以小王之身而得度的人，觀世音菩薩就為他示現小王之身而為他說法；應該以長者之身而得度的人，觀世音菩薩就為他示現長者之身而為他說法；如果應該以居士之身而得度的人，觀世音菩薩就為他示現居士之身而為他說法；應該以宰官（現在名詞應該叫作法官）之身而得度的人，觀世音菩薩就為他示現宰官之身而為他說法；如果是應該以外道在家修行人的身分而得度的人，觀世音菩薩就為他示現外道在家修行人的色身而為他說法；如果是應該以佛門中的比丘、比丘尼、優婆塞、優婆夷的色身而得度的人，觀世音菩薩就為他示現這佛門四眾之身而為他們說法；如果是應該以長者婦、居士婦、宰官婦、婆羅門婦的女身而得度的人，觀世音菩薩就爲她們示現婦女之身而爲她們說法；應該以童男、童女之身而得度的人，觀世音菩薩就爲他們示現童男、童女之身而爲他們說法；如果是應該以天、龍、夜叉、樂神、阿修羅、金翅鳥、歌神、蟒神、人非人之身而得度的人，都爲他們示現相應的色身而爲他們說法；如果是應該以執金剛之身而得度的人，觀世音菩薩就爲他們示現執金剛之身而爲他們說法。」

這細說的部分就只能等下一週了。

講義：今天好熱，我家屋頂的太陽能熱水器今天是八十一度，聽說南部更高到九十幾度；夏天若是越熱，冬天就要準備會越冷，因爲天氣會兩極化發展。咱們大家要努力節能減碳，所以我今年家裡到現在都還沒開過冷氣機，今年應該就是這一、兩天最熱，再忍一忍就過去了。

回到《妙法蓮華經》〈觀世音菩薩普門品〉，上一週我們把一百九十一頁最後一段語譯完了，那麼今天要來從理上解說。因爲語譯的意思大家都能夠懂，用不著我再來發揮，那我們就直接從理上來解說。這一段經文雖然比較長，可是會講得比較快一點，因爲這一段經文就只是一個重點，而舉出很多不同的例子來講，其中的道理卻是一樣的。

佛陀告訴無盡意菩薩說：「善男子！若有國土眾生應以佛身得度者，觀世音菩薩即現佛身而為說法；」先來看看這一段。如果是一般大師的解釋，就說：「觀世音菩薩眞不得了，因為他本來就是正法明如來倒駕慈航的嘛！所以雖然示現為菩薩身，依舊可以用佛身的示現來度化等覺、妙覺菩薩成佛的。」這樣的說法，我們當然也要隨喜讚歎，因為他至少還相信觀世音菩薩眞實存在；而不像那些臺灣所謂人間佛教的六識論法師們，全都否定說：「觀世音菩薩不是佛教史中曾經存在的人物，是虛構的。」所以大法師相信觀世音菩薩眞的存在而這麼講解，我們當然要隨喜讚歎了。

然而實際上佛陀講這段話，另有其理；諸位當然都已經知道這一品裡面所說的「觀世音菩薩摩訶薩」是有理也有事，那麼事上的部分我們就認同剛剛所舉大法師們類似說法，我們就來談談理上的道理。假使有的國土中已經有妙覺菩薩下生人間，準備要示現成佛了，他就是應該以佛身而得度的人；這就是從他的意業所感而應該在下生的這一世成佛了，如果不是意業所感，他就不會下生人間成佛。所以三大阿僧祇劫修學完成，再歷經一百劫不斷地捨棄「身、命、財」而修集了廣大的福德；現在福慧兩個部分全部圓滿了，他是應該以佛身而得度。

表示說，他不像我們是應該以居士身、以法師身或者居士婦來得度，而是應該以佛身來得度；有了這個意業，他的第八識——就是他自己的「觀世音菩薩摩訶薩」，就為他在人間示現了佛身；這個佛身示現以後就不斷地為他說法，因此他可以證悟成佛。

諸位回憶一下我們本師 世尊降魔之後是怎麼成佛的？那些魔兵魔將們用箭射過來，無所不造，想要殺害 釋迦牟尼佛，但是 釋迦牟尼佛以祂的威神之力降伏了一切惡事，讓他們全部都變成曼妙的花朵從天而降。降魔完成之後，祂以手按地，示現了祂的清淨佛土——常寂光淨土，所以大圓鏡智出現了，這時就是祂的「觀世音菩薩摩訶薩」為祂演說了一半的法。這就好像前面講的「大通智勝佛，十劫坐道場」，可是「佛法不現前」的時節。為什麼不現前呢？因為空有「大圓鏡智」卻沒有「成所作智」，這是古往今來多少大師們所不懂的道理。

為什麼祂已經坐道場十劫——也就是證悟十劫了，竟然還「不得成佛道」？古佛再來的本師釋迦世尊也如此示現；明明開悟了，「坐道場」就是開悟呀！爲什麼竟然「佛法不現前」而「不得成佛道」？因爲還沒有眼見佛性。所以接著祂的「觀世音菩薩摩訶薩」又繼續爲祂說法，於是到了天將亮之前有一點微微的晨曦——在幾乎看不見的晨曦出現時，往東方一看過去，剛好看到那一顆明星出來了，這時看見佛性了，這又是誰爲祂說法的呢？依舊是「觀世音菩薩摩訶薩」爲祂說法。所以這時候眼見佛性使成所作智現前了，佛法也就全部現前，因此便能成就佛道。

釋迦世尊是這樣爲我們示現的，那我們把祂爲我們示現的現成例子，用在這一段開示上面來解釋，大家也就懂得其中的意思了。這就是說，假使你是應該以佛身得度的人，將來你的「觀世音菩薩摩訶薩」就會爲你示現這一世的佛身；示現出這一個佛身以後，沒日沒夜爲你說法，說到你成佛爲止。成佛以後就不必再爲你說法了，接著是你爲大眾說法。這樣子，這一句話就沒有矛盾與衝突。假使不懂就說：「觀世音菩薩只是個菩薩，憑什麼度人家成佛？應該是佛才能度人成佛吧？」一般都是這麼想的。然而這一品講的「觀世音菩薩摩訶薩」，其實有事也有理。假使一切佛——包括諸位未來佛，沒有你們自己的第八識「**觀世音菩薩摩訶薩**」，來為你示現這一個寶塔之身，然後不斷地為你說法，你根本不可能成佛的。好！我講到這裡就好，懂的就懂，不懂就繼續不懂；但是懵懵懂懂聽了，總是會看見有那麼一點點的晨曦，這是聽完這一句開示的功德。

接著「**應以辟支佛身得度者，即現辟支佛身而為說法；**」假使有的人，他往世聞熏某一尊佛陀解說因緣法的時候心中有慢，他不想在佛世成為辟支佛，因為他覺得聞佛說法而證得辟支佛果，只能叫作「緣覺」，同時是阿羅漢卻被人家稱作緣覺，那不是獨覺，他不想要。他希望轉到未來世去，到了無佛住世的時候，他自己去體究因緣法，無師自悟而證得因緣法，不會被叫緣覺，而叫作獨覺。他覺得這樣子才是他的所好，所以他就拖遲道業；即使知道因緣法了也還不想取證，繼續輪迴；一直輪迴到沒有世尊住世的年代，也許是在像法時期或者末法時期，甚至可能拖延到法滅了以後，他自己參究因緣法而成為獨覺辟支佛。

可是他如果沒有他自己的「觀世音菩薩摩訶薩」幫助，他也悟不了因緣法。所以這時他的意業示現是應該以辟支佛身而得度的，那他的「觀世音菩薩摩訶薩」就爲他在那一世示現爲辟支佛身。於是有了意業也有身業了，接著「菩薩」就用那個辟支佛身，不斷地爲他說法，讓他知道因緣法觀行完成通達、滅除五蘊入無餘涅槃時不是斷滅空，於是他願意把自我消滅，沒有我執了，這就是「觀世音菩薩摩訶薩」的口業，以這樣說法的口業來讓他成爲獨覺辟支佛。假使他不信受有自己的「觀世音菩薩摩訶薩」常住不滅，就算是爲他示現辟支佛身而不斷地說法，他也無法證得辟支佛果，所以他成爲辟支佛以後，仍然得要歸命於「觀世音菩薩摩訶薩」。

下一句是「應以聲聞身得度者，即現聲聞身而爲說法；」假使有的人是應該以阿羅漢之身而得度，他的「觀世音菩薩摩訶薩」就爲他示現爲阿羅漢身。那什麼是阿羅漢身？像你們這樣是不是阿羅漢身？像你們這樣是不是？不是？爲什麼不是？我先講一句閩南話給諸位聽，你們就知道第一個部分不像。我們小時候只顧著玩，功課都到要睡覺前才會開始寫，那時都是什麼時候才洗腳的？是要上床睡覺的時候才洗腳，那時沒有瓦斯爐、熱水器，都是用木柴燒熱水，大多數人是沒有每天都洗澡的，所以老人家就罵：「你這個羅漢腳！到現在還不去洗腳！」有沒有聽過？你們都穿鞋子，所以你們的腳又不是「羅漢腳」，自然就不像是羅漢。

佛世的阿羅漢們，一開始都不穿鞋子，全都是打赤腳的；後來是因為有人的腳被石頭割傷，或是被木頭刺傷，然後佛陀說：「你們可以製作鞋子穿。」可是那時的鞋子都是沒有包覆的，都只有一個鞋底，用繩子綁著穿；也就有人編草繩去做，很容易就壞了。後來有比丘看見已死掉的牛，只剩下皮遺棄在野外，但也不敢使用，就回來問佛。佛說：「如果那是自然死亡的牛皮，那你可以用來做鞋。」因為那已是遺棄之物，是無主之物，也不牽涉到殺生。因為都已經死了一、兩年，屍肉都不見了，只剩下皮在那邊，就可以撿來用，所以僧眾才開始有鞋子穿。

由於剛開始的僧團，所有的弟子們都是打赤腳，跟佛陀一樣都打赤腳，所以閩南話說的「羅漢腳」，表示說他是沒有鞋子穿的。後來延伸出來說的「羅漢腳」又是什麼意思？有兩個意思：第一是他身無長物，什麼東西都沒有，完全沒有財產；第二表示他是個單身漢，所以我不說你們是阿羅漢。但是將來還是要取證阿羅漢果，然後迴小向大，起惑潤生，永遠行菩薩道，這是題外話。

那麼這就是說，他若是應該要以阿羅漢聲聞法而得度的人，他這一世是應該示現爲阿羅漢身的人，他的「觀世音菩薩」就爲他示現爲聲聞阿羅漢之身。或者由於他還不該成爲阿羅漢，因爲他或者我所執很重，或者我執還無法全部斷盡，應該成爲三果、二果或者初果人，但他不是菩薩種性，所以就爲他示現爲聲聞身。既是聲聞身，就是出家、剃髮、著染衣，然後受了比丘、比丘尼戒，這叫作聲聞身。那他應該以聲聞身而得度，就爲他示現聲聞身，這樣也是有意業、也有身業；接著「而爲說法」，這就是「觀世音菩薩」的口業，以「口」造作淨業出來，不斷地爲他演說聲聞法。所以證得聲聞法而成爲聲聞人，也得要靠「觀世音菩薩摩訶薩」幫忙；假使不是「觀世音菩薩摩訶薩」幫忙，他也無法得到這個聲聞身；也無法證得聲聞果，因爲必然「因外有恐怖，因內有恐怖」，《阿含經》中早就說過了啊！

《阿含經》中有告訴我們說：什麼是佛弟子們因內有恐懼、因外有恐懼？是說，佛弟子們因爲內法這個第八識的存在，聽聞 佛陀說過了，可是自己想：「我沒有辦法證得這個內識，所以我心中有恐懼。」不能自己證實這個內識是眞實存在的，就不敢斷我見，這就是「因內有恐怖」。從另一方面來說，他沒有辦法確定：「我是不是眞的有一位偉大的『觀世音菩薩摩訶薩』作爲我的依靠？」由於這一點就產生了「因外有恐怖」的現象，就無法斷我見、斷我執。外法是指什麼？是五蘊、十二處、十八界，這都是在外就看得見的，就恐怕說：「我如果沒有這個內法『觀世音菩薩摩訶薩』，那我把外法五蘊、十八界壞滅之後，豈不成爲斷滅空？那我沒有把握啊！現在想要把自己給滅掉入無餘涅槃，心裡面就會覺得恐懼。想要把五陰自己否定，卻恐怕否定外法五陰以後會成爲斷滅空。」

所以對於外法五蘊、十八界的壞滅或全部否定，心中有恐懼，那就無法證得聲聞果。所以證得聲聞果圓滿了聲聞身，還是得要依靠這個「觀世音菩薩摩訶薩」，來作爲他的依靠；雖然他不必實證，好在 佛說了許多道理給他聽了以後，他信受了，所以他能夠去證得初果乃至四果。但是爲他示現聲聞身，其實也是不斷地在爲他說法，由於這個緣故，所以他證得聲聞果了。

下一句說：「應以梵王身得度者，即現梵王身而爲說法；」這是說，假使有的人是應該以初禪天王的身分而證得佛法的人，就爲他示現梵天王之身而爲他說法。他的意業不樂於在人間修證佛法，樂於在初禪天中當初禪天王來實證佛法；所以他學了很久以後，發願要在初禪天中當天王然後證得佛菩提，可以度化初禪天的梵輔天、梵眾天們；他發了這個願，有這個意業在，那麼他的「觀世音菩薩摩訶薩」，就在他圓滿證得初禪及慈無量心以後，為他示現梵王身，使他在初禪天中有了大梵天王的莊嚴身；自從他有那個莊嚴身以後，他的「觀世音菩薩摩訶薩」就不斷地為他說法，讓他可以證悟第一義諦。

初禪天的大梵天王跟人間還是很近的，因為緊鄰於欲界，所以一個小世界——從地獄上來、須彌山以及周邊的七金山等等，一直到初禪天為止，就是一個小世界；像這樣的小世界，總共要有一千個才能成為小千世界。所以初禪天王如果證悟，有時也會來人間為大眾說法，他就會告訴大眾說：「久遠以前世間有如來出現。」可是正法已經滅了，連末法時期都過去了，正法不存在了，他卻是有時會來人間講一講佛法，成為人間「如來思想」的傳說。正因為他悟了，有時也會去到欲界天中說一說佛法。所以，人間很多修行人之中漸漸開始耳語流傳說：「有如來在很久以前出世，已經滅度了；人們修行是可以成佛的。」又會傳說：「有如來就會有菩薩，有菩薩就會有阿羅漢。」

如來、菩薩、阿羅漢、辟支佛的傳說，就這樣流傳下來，這叫作世諦流布。所以有人發願要成爲大梵天王來開悟，他的願就成爲他的意業；由於這個意業，而他也努力去修行，所以他的「觀世音菩薩摩訶薩」在緣熟時，就爲他示現了大梵天王的莊嚴色身，然後時時刻刻爲他說法，從不間斷。

但大梵天王有時其實也是啞巴吃黃蓮，如果他不是菩薩乘願去當天王而開悟了，可眞是啞巴吃黃蓮。《阿含經》裡面 佛陀開示：有一個愚比丘，他有事時不去問 佛陀，他覺得：「佛陀跟我一樣只是一個人啊，我問祂作什麼？不如去天上問。」他覺得天上的天人比較行，人間的 佛陀不如天王，所以他跑到四王天，問了天王：「人會死，死了這個地水火風四大是怎麼壞散的？」他想要知道人是怎麼死的，然後就會知道怎麼生；然後知道生從何來，死往何處，他就可以弄懂了。所以他去四王天問，但問不出來；去忉利天問，也問不出來；然後漸次往上去夜摩天、兜率天、化樂天、他化自在天，全都問不出來。

雖然他有四禪也有五通，可是去到那邊都問不出來；後來他又想到初禪天，就去初禪天上見大梵天王，同樣把這個問題提出來問。大梵天王回答說：

「我生而自在，沒有人能生我；我能生萬物，我是世界主。」因爲一個小千世界中以他最大，所以說：「我是世界主啊！」結果只是這樣子回答，沒有正面答覆他的問題——答非所問。這愚比丘又再問一遍，大梵天王還是這樣回答：「我能生萬物，我能生衆生；我是世界主，威德自在。」依舊答非所問，不敢正面回答說自己就是創世主，卻想要愚比丘誤以爲大梵天王就是創世主。

但這比丘不接受，又再第三次提問，大梵天王還是一樣回答。三次答非所問之後，這個愚比丘沒有問到明確的答案，他不死心，盯著問題想要繼續問到底；這大梵天王眼看逃避不了問題，又不能明著承認自己不是創世主，就把愚比丘拉著說：「我們借一步講話。」拉到沒有旁人的地方告訴他說：「你眞是個愚癡人，佛陀現在人間，你跟隨著佛陀竟然不問，跑來天上問我這個問題。」（大衆笑…）意思是什麼呢？是說：「我其實沒有創造萬物與有情，可是衆生都要這麼講，我有什麼辦法？人家要給我戴高帽子，這個高帽子拿不掉，我就只好繼續戴。」意思就是這樣啦！

所以這個愚比丘才回來人間問佛陀，佛陀就說他叫作愚比丘；因爲他只看表相：「佛陀跟我一樣，是兩個眼睛、一個鼻子、一個嘴巴、兩個耳朵，一樣是兩手兩腳，又沒有三頭六臂。」所以說他這個人眞是愚癡啊！那大梵天王是不是造物主？其實天王自己很清楚知道不是，因爲從來沒有造過哪個有情，也沒有造過山河大地啊！他自己很清楚知道；不過人家說「伸手不打笑臉人」！人家讚歎你，你怎麼好意思打人家呢？所以大梵天王也就由著大家去說了。當他遇到這樣的愚比丘，也眞的有口難言；心中苦得不得了，卻是講不出來，因爲他不能承認說他不是造物主。

而這個愚比丘上了欲界六天及初禪天這樣子問完了以後，回來人間請問佛陀才得到了解答。後來有一天大梵天王下來禮拜佛陀，佛陀逮住機會，當眾問他了：「大家都傳說是你創造了山河大地，說你創造了眾生，你也就這麼想，但你有沒有創造呢？」問了三遍以後，他只好老實回答，因爲在佛陀面前什麼都遮蓋不了，只好說：「我其實沒有創造宇宙跟眾生，只是因爲大家都那樣子說，我無法拒絕，只能當眾承認。」

這是《阿含經》中明文記載的事實，所以大梵天王並不是造物主，何況境界還及不上四王天的任何一位天王的基督教上帝，哪有資格宣稱是創世主或造物主？眞正的創世主、造物主，其實就是每一個有情各自的「觀世音菩薩摩訶薩」，十方三世一切世界，是由無數的造物主「觀世音菩薩摩訶薩」，依憑有情的共業而創造出來的；人間一切有情的身心，則是由一切有情各自的「觀世音菩薩摩訶薩」，藉著有情的父母作助緣而創造出來的，上帝連他自己的「觀世音菩薩摩訶薩」都不知道，何況能夠創造他自己的五陰，就別提山河大地了。

所以造物主是不是唯一的神？就看你從哪個角度來講。你如果從類比來說，或者從種類來說，造物主是唯一的眞神。基督教徒聽了最高興：「原來佛教也認同造物主是唯一的眞神。」但他們高興得太早了，因爲八個識之中只有第八個識可以創造山河大地，也可以造作有情的五陰世間，當然是唯一的眞神。可是接著我要說的他們就更不愛聽了：「因爲這唯一的眞神其實是每一個有情各自唯一的眞神，所以無量的有情就有無量的造物主，才能共同創造出山河大地的生活世間。可惜的是你家耶和華自己都還不懂這個道理，因爲他連自己的五陰是怎麼生出來的都還不懂呢！」那麼這樣是告訴我們說，只要他應該以大梵天王身而得度，「觀世音菩薩摩訶薩」就爲他示現了大梵天王之身，然後不斷地爲他說法，他便可以得度。

接著說：「**應以帝釋身得度者，即現帝釋身而爲說法；**」如果他是願意以忉利天天主—就是道教講的玉皇上帝—之身來悟得佛菩提的話，「**觀世音菩薩摩訶薩**」就爲他在那一世示現爲天帝釋，成爲釋提桓因——當上了玉皇上帝，然後悟得佛菩提，他就可以在忉利天的善法堂中爲天眾們演說佛法。這個道理是一樣的，我就不必再解釋。

「**應以自在天身得度者，即現自在天身而爲說法；**」如果他發願想要生爲他化自在天天主，也就是生爲他化自在天的天主來證悟佛菩提，然後爲大眾說法；而他也努力這樣去修，所以十善業道修了非常多，因此他把所修一切十善業道福德迴向未來世成爲他化自在天的天主，然後要證悟佛菩提；當他這個意業存在而努力修行身業、口業完成時，於是他的「**觀世音菩薩**」就爲他在那一世示現出自在天身，就以那一世的自在天身而不斷地爲他說法，於是他得度了，證悟佛菩提了。

「**應以大自在天身得度者，即現大自在天身而爲說法；**」如果他的願以及他的修行，在下一世是應該成爲色界淨居天的天主，而在下一世證悟佛菩提，那麼「觀世音菩薩摩訶薩」就在下一世為他出生了大自在天身；當他示現了這個大自在天身以後，就以大自在天身不斷地為他說法，讓他從此可以悟入。

「應以天大將軍身得度者，即現天大將軍身而為說法；」當他在人間努力修十善業道，可是他心性有點粗獷，他覺得大將軍很威風，可以統領許多小將軍和許多兵眾；可是他又不喜歡人間的大將軍，他覺得不夠威風，希望當天界的大將軍；可是在天界而想要當大將軍，就只有一個地方，也就是四王天，在須彌山的山腰。須彌山有四方——東西南北，每一方各有一位天王掌管，天王之下有大將軍，這就是他想要的天大將軍。他為了達成這個目標，很努力去修行而迴向發願，於是他在因緣成熟時，「觀世音菩薩摩訶薩」為他示現出那一世的天大將軍身，然後以「天大將軍身」不斷地為他說法，讓他證悟佛菩提而得度。

「應以毘沙門身得度者，即現毘沙門身而為說法；」有的人想：「當了天大將軍身，其實仍然不夠顯赫，我寧可去當天王；可是我如果當其他三大天王的話，會失掉法上的利益呀，所以我要去當多聞天王。」也就是毘沙門天王，因此他就在這上面去用功、去迴向，到他的緣成熟了，他生到四王天去，他的「**觀世音菩薩摩訶薩**」就爲他化現出天王身，使他果然當上了毘沙門天王。多聞天王有個好處，只要有佛、有菩薩說法，他就可以聽聞；如今他果然當上了，由於多聞的緣故，他的「**觀世音菩薩**」就以爲他示現的毘沙門天身，不斷地爲他說法，所以他就證悟佛法而得度了。

如果不想生在天界，就會有不同的想法，所以接著說：「**應以小王身得度者，即現小王身而爲說法；**」「**小王身**」是指什麼？在人間當一般的國王，叫作小王。因爲在人間的國度當國王時，當大國的國王，機會是很少的，大多數是小王。那麼當大國的國王，有時候會是鐵輪王；但是他不想要當鐵輪王，他的野心不大，他想：「**我如果當個小國王，至少一國之內的人民，當我證悟以後，就能用正法治化。**」所以他發出這個願，心中有這個意業在，那他就努力這樣去修行，迴向要當人間的小國王。當他的緣熟了，「**觀世音菩薩摩訶薩**」就爲他示現爲小王身；自從他出生成爲小王之身，也就是當太子的時候，就開始不斷地爲他說法了，那他就因此而得度了。

不曉得你們有沒有人發這個願：未來世要當小王？沒有啦！應該也不會

有。可是如果你捨報以後，佛陀來了，告訴你說：「這個國家需要你去治理，你在那裡悟了來度眾生，然後以法治化。」那你去不去？（大眾回答：去！）去！聰明！不但你要去，即使是原來有六通的阿羅漢，聽了佛陀這麼吩咐，他也應該去。去了會有什麼後果？有什麼後果？他的六通只剩下一通——只剩下漏盡通，五神通全部失去了！這是無可奈何的，但是你能推辭嗎？不能！但佛陀也不會虧待你，時間到了還是會恢復五神通的，反而使福德大幅度增長，所以也不必牽掛這個事情。

接著說：「應以長者身得度者，即現長者身而為說法；」假使有人認為他出家以後弘法不方便，應該要示現為長者，讓大家恭敬讚歎他，這也行。中國有一句話說「年高德劭」，這是長者的標準模樣，這樣的身分來度眾生時，大家就容易接受。所以年輕小夥子出來說法時，往往人家不容易信受；假使頭髮斑白、鬍子一大把，也都白了，那麼他出來說法時，人家往往說：「這個人修行很久了。」心裡就容易信受。所以二十一年前我出來說法時，應該把頭髮染白、鬍子留著也染白；但我就是笨，不會使心機、搞花樣。而我現在雖然沒有留鬍子也沒有留頭髮，人家也看得出來都已經在白了，因為頭白了，一般大眾自然有一點信受。

佛教界現在對正法開始有一點信受了，不是因爲我的頭髮白了，而是對正法開始理解了。以前是有人誤會而信我，以前常常有人讀了我的《楞伽經詳解》以後，打電話去出版社問說：「請問蕭老師今年是幾歲了？是不是很老了？」因爲他們讀完的感覺是：這位作者大概七十多、快八十了。沒想到又經過許多年以後的我，今年還沒到七十（編案：這是二〇一三年七月十六日所說）；那是將近二十年前打電話來問的，有兩、三位。後來出版社人員告訴他說：「沒有那麼老，只有五十幾歲。」「喔？那麼年輕喔！」五十幾歲還叫作年輕呢！所以長者身自然有長者身的好處。因爲他如果示現爲長者身來開悟，然後爲眾生說法，就容易度眾生。因此他希望以長者身來得度，由於這個意業在，所以他努力去修行迴向，那他的「觀世音菩薩摩訶薩」就在來世爲他示現了長者身，然後以那個「長者身」每天爲他說法，因此他就得度了。

「應以居士身得度者，即現居士身而爲說法；」如果有人不想出家，希望當居士；當居士也沒什麼不好，例如維摩詰居士，那麼富有資財，而且眷屬圓滿，就這樣子在人間遊行，一切大阿羅漢、小阿羅漢們沒有一個聖人不怕他，就這樣子來弘化也不錯。雖然說居士有很多種，猶如臺灣話說的「三不等」；但是一般說來，居士通常是很有身分、很有地位的人；古時要自稱居士也不容易欸！然而現在都被濫用了，所以普遍稱呼為某某居士、某某居士，大家全都是居士。現在連「大師」之名也是被濫用了，不論見了誰，一律都稱呼為某某大師、某某大師；但在古時候只有 佛可以被稱為大師，只有 維摩詰大士可以被稱為居士。這樣子，大家都知道居士的意思了，意思是說他不一定年高，但一定德劭，而且富有資財，眾人愛敬，這才真是居士。當他發願要這樣得度，所以「觀世音菩薩摩訶薩」就在來世為他示現了居士身，然後不斷地以那個「居士身」為他演說佛法，因此他以居士身就得度了。

「應以宰官身得度者，即現宰官身而為說法；」「宰官」是說他的職事是專門處理行政事務，而且可以對他所管轄的有情作出有罪、無罪的判定與刑罰；就類似於近代的縣長而兼任法官，就是「宰官」，就像古時候的縣老爺或者知府一樣。那麼他往世因為有這樣的意願，所以修行以後就這樣迴向，因此他的「觀世音菩薩摩訶薩」，在這一世就讓他成為縣老爺、成為知府大人，於是他成為「宰官」，他的「觀世音菩薩摩訶薩」就以這個「宰官身」不斷地爲他說法，讓他得度。

「應以婆羅門身得度者，即現婆羅門身而爲說法；」婆羅門就是在家的修行者。在家的修行者，不一定都是佛弟子；他這一世示現爲外道的修行者的模樣，是因爲他往世發了願：「我如果示現爲外道身，證悟以後要接引外道進入佛門就容易了。」所以他的「觀世音菩薩摩訶薩」就這樣爲他示現婆羅門身。譬如 佛陀降生的年代，那些聖弟子們以前不都是婆羅門嗎？悟後的在家菩薩們不也是婆羅門身嗎？當然那時也有出家的外道修行人，修的也是外道法，然後 世尊就去度他們，後來全都成爲聖弟子了。

既然有人往世發了這個願，他的「觀世音菩薩」就爲他在此世示現出「婆羅門身」。這在《雜阿含經》中有明文記載著。有一個外道薩遮尼犍子，而且他是大外道，有一大群徒弟，佛陀度了他。度他的時候當然也不容易，因爲他是什麼人都不服的，後來 佛陀質問他的時候，他不能答，卻也不願承認錯誤；後來 佛陀示意金剛神威嚇他，他才答覆 佛陀所問，最後承認錯誤，然後進入佛法中，這就是以婆羅門身而得度；那麼有人在此世示現爲婆羅門身，依舊是他的「觀世音菩薩摩訶薩」爲他示現出來，然後以「婆羅門身」

不斷地爲他說法；只是他聽不懂，後來由 佛陀指點才悟入，成爲赫赫有名的薩遮尼犍子。那麼當眾生有這個願，「觀世音菩薩摩訶薩」就爲他「現婆羅門身」，不斷地爲他說法，因此而可以得度。

「應以比丘、比丘尼、優婆塞、優婆夷身得度者，即現比丘、比丘尼、優婆塞、優婆夷身而爲說法；」這是指佛門四眾。有的人希望以佛弟子的身分悟得佛菩提，所以一切的修行過程中都這樣子迴向：「願我生生世世爲優婆塞、優婆夷。」或一直是迴向：「願我世世成爲比丘、比丘尼，有福德在身，有功德在身。」當他們往世如此發願迴向，在這一世應該悟入的時候，「觀世音菩薩摩訶薩」就爲他們示現了比丘身或者比丘尼身，或者優婆塞、優婆夷身，然後不斷地爲他們說法。

這也是在中國佛教中常常可以看見的事實，也許諸位聽到這裡覺得有一點悶，因爲同樣的道理不斷地舉例來講；那我不妨舉一個例子來講，這是一個故事；「故事」是說陳舊的、已故的事情，但不是編造的事情。這一件公案是雪峰禪師的故事，雪峰義存禪師求悟時歷盡艱辛，九度上洞山，三次去禮拜參訪投子禪師（請檢查一下銀幕，我怎麼看不見二、三、四講堂的同修們？）

好！從他這個公案中，你們可以看得出他爲什麼求悟那麼困難；而他也因爲這件公案，被禪師授記說：「你的法緣不在我這裡。」

雪峰義存禪師那時住在洞山當飯頭，也就是專管煮飯的職事；因爲洞山道場大，所以要分成很多部分，伙房裡炒菜的炒菜，煮飯的煮飯，全都分開。那麼有一天，他準備要炊飯時，先要洗米；以前炊飯時一定要先淘米，現在的米沒什麼小石頭可淘了；可是以前的米夾雜很多細小石頭，所以淘米時要淘很久，要在水裡把米慢慢翻動，只要看到小石頭就得拿掉。那天他正在淘米，這時洞山禪師剛好走過來，就問他兩句話：「淘沙去米？淘米去沙？」故意問他說：「你現在淘米時是把米淘了，去掉裡面的沙子呢？或者是淘沙子而把米去掉？」不懷好意故意問他這話。

可是雪峰當時不知道禪師講這話的弦外之音，他心中有慢，就回答說：「沙米一時去。」那時他還沒有悟，不曉得洞山問這話之目的何在，根本就不曉得洞山是在指點他。他當時認爲說：「應該心中無物，一切全都丟掉才對啊！」所以他就回說：「沙米一時去。」就是說，沙子跟米全部都去掉。顯然他誤會了，所以洞山接著就問他一句話說：「大眾吃個什麼？」既然你把沙跟米全部都去掉了，那麼大眾要吃個什麼？可是雪峰義存聽了，依舊落在言語上，不懂洞山的言外之意，就依著自己所理解的禪門作略，當下把米盆捧起來再翻轉過來，把整盆米往地上蓋掉了。但這時他也還是悟不了，你看他笨不笨啊？

「**觀世音菩薩摩訶薩**」為他說法已經這麼清楚明白了，他也還是悟不了，枉當比丘啦！可是洞山禪師看到他這樣子，就跟他下一個註腳：「**據子因緣，合在德山。**」因為洞山是個溫良恭儉讓的禪師，雪峰這個性比較適合德山宣鑑（大眾笑⋯）；所以就說：「**我觀察你的佛法因緣，你證悟的因緣適合在德山。**」意思就是不留他了，因為他落到狂禪裡面去了。如果要弄狂禪去，德山弄得最好，師徒倆剛好一對（大眾笑⋯），所以授記說他的法緣在德山。

可是他去到德山以後悟了沒？也是拖了很久、很久；後來是下雪的月分被德山派出去公幹，他眞的發愁，因為明知會被大雪困在半途中，不想去。巖頭全豁禪師好心陪著他上路，果然半路裡在旅店中被大雪困住了，當時巖頭一天到晚睡覺，他卻是一天到晚打坐。後來眞的受不了時，就搖醒巖頭說：

「師兄！師兄！請起來啊！」「幹嘛？」「我心頭不寧啊！你只管睡覺，我可沒辦法睡覺。」然後巖頭在那個時候，才把他指點了出來，所以他眞是悟得很辛苦。

可是你們從這個公案來看，「觀世音菩薩摩訶薩」這樣苦口婆心爲他說法，他竟然還是不會，眞是笨啊！可是等到後來在旅店裡，他講出了那句「鰲山成道」的話，可眞是驚天動地，不也是他的「觀世音菩薩摩訶薩」爲他說法而悟入的嗎？這就是「即現比丘身而爲說法」。同樣的道理，爲現比丘尼、優婆塞、優婆夷身，也都是一樣的。所以你們都不要怪說：「唉呀！蕭老師！你都不給我一點青眼照顧一下。」我就回說：「我爲什麼要給你青眼，你家『觀世音菩薩摩訶薩』每天親自爲你說法，說的遠比我多，說的都比我勝妙，又每天照顧你，還需要我這個青眼嗎？」眞是「青目睹人少，問路白雲頭。」青目就是關愛的眼神啦！這一樣是可以得度的，因爲「觀世音菩薩摩訶薩」時時刻刻都伴隨著你；而祂伴隨著你時，可不是沒事，祂不斷地在爲你說深妙法呢！

接著說：「應以長者、居士、宰官、婆羅門婦女身得度者，即現婦女身而爲說法；」前面長者、居士、宰官、婆羅門都講過了，總不能重男輕女吧？佛法很公平，大家平等平等，而且是究竟平等，從來沒有重男輕女的事，大家都一樣可以實證。所以有的人希望以長者身、以居士身、以宰官身、以婆羅門身得度，但有人希望以長者婦、居士婦、宰官婦、婆羅門婦等女人之身而得度，那麼「觀世音菩薩摩訶薩」神通廣大，當然同樣可以爲一切人變現出一切婦女之身而爲說法。

所以「觀世音菩薩」是時時刻刻陪伴著你，假使起心動念要幹惡事的時候，心裡面想：「我家『觀世音菩薩』都在看著我，一定會記錄我所幹的一切惡事。」所以從現在開始，你如果姓蕭，就取個別名：蕭五知。你如果姓陳，就叫作陳五知，因爲古時的「楊四知」只知道四位：天知、地知、你知、我知。如今你們知道的多了一位「觀世音菩薩摩訶薩」，當然就是五知。假使人家來賄賂你，對方說：「只有你知我知，沒關係啦！」你就說：「不！還有天知、地知，再加上『觀世音菩薩』也知，總共就有五人知道了。」他說：「啊？觀世音菩薩在哪裡？」你就說：「在你身中。」

這時他如果懂了，就告訴你說：「不！不叫五知，要叫作六知，因爲你有『觀世音菩薩摩訶薩』，我也有『觀世音菩薩』啊！」喔！所以這件事情要是眞的幹了，以後可就六知了。所以這件事情眞不能唬弄人。假使哪天你成佛了，弟子們出現了因往世某一件事引生的事情，他硬是不承認，那你就用別人如來藏含藏的種子映現出來讓他看，他也會看見說：「你看，不是只有你一個人幹的。」諸佛就是有這個十力之一——宿住隨念智力。祂不必像阿羅漢要入定才看得見，只要想看就隨時都能看得見，而且不受八萬大劫時空的限制，這是諸佛的十力之一，但還是要歸功於諸佛身中的「觀世音菩薩」，所以「觀世音菩薩」就這樣「普門」示現，隨眾生之所應而爲作利益。

接著說：「應以童男、童女身得度者，即現童男、童女身而爲說法；」這道理也是一樣的。有人希望以童貞之身而得度，他不想有家累，想要修清淨梵行；但他也不想當聲聞僧，所以他示現爲童子身，或者示現爲童女身，希望這樣得度。那麼他們的因緣熟了，於是「觀世音菩薩摩訶薩」在此世爲他們示現出童男身或者童女身，而爲他們說法，讓他們得度。

接著說：「應以天、龍、夜叉、乾闥婆、阿修羅、迦樓羅、緊那羅、摩睺羅伽、人非人等身得度者，即皆現之而爲說法；」有的人希望以忉利天身得度，有的人希望成爲天龍而得度，有的人希望成爲四王天中的夜叉而得度，都有。例如《楞伽經》是 世尊爲誰說法而結集出來的？是楞伽王。楞伽王就是夜叉王。那麼有的人希望成爲音樂神而得度，有的人希望成爲阿修羅而得度，有的人想成爲金翅鳥、成爲歌神而得度，有的人想成爲蟒神而得度；也有人希望以人類之身或者以鬼神之身而得度；至於非人，是屬於鬼神道的有情，同樣住在人間，也在人間生活。那麼不管是成爲哪一種有情，「觀世音菩薩摩訶薩」都爲他們示現，爲他們所希望而變現出各種色身而爲他們說法、讓他們得度。

可是天龍八部加上人與非人之後，只剩下一種了，所以說：「**應以執金剛身得度者，即現執金剛身而爲說法。**」在佛法中有執金剛神，也就是說，法身佛 毘盧遮那不必有任何外護，報身佛 盧舍那也不需要任何外護，因爲沒有誰能夠加以傷害。但應身如來是爲了人類而來受生應現的肉身，爲了人類的需要而必須有這個肉身，因此應身佛必須有人隨侍來保護，否則眾生就有大損失了。因此一切應身佛在人間示現時，都會有執金剛神暗中保護，一切鬼神之類，諸天天王天神都不能來對 釋迦如來的應身作任何傷害，特別是天魔波旬。

可是平常一定看不見執金剛神，因爲他是隱密不見的，有需要的時候他才會示現，所以在《阿含經》中稱爲「密跡金剛」，這就是「執金剛神」。我剛剛也舉出例子說：那個大外道、婆羅門修行者薩遮尼犍子，他賴皮而不回答佛的問話時，佛說：「我已經三問而你不答，結果你將會被金剛神所壞，你的腦袋將會碎爲七分。」佛的話才講完，執金剛神就立刻顯現出來，拿著金剛杵準備要打下去。這就是「執金剛身」。

有的人發這個願：「只要有應身佛來人間示現成佛，我要當密跡金剛，隨時隨地保護應身佛。」因爲他很聰明，他知道這樣就可以聽到具足的佛法：從佛陀成佛以後開始說法，一直到入涅槃爲止，他全部都可以聽得到。他可眞聰明啊！只是累而已，不能睡覺。對啊！你是執金剛神，怎麼可以睡覺？但是那一世的道業可就不得了，這就是執金剛神。可是他雖然是個密跡金剛，平時不現前，大眾都看不見，但他仍然有身。而他這個身從哪裡來？一樣是「觀世音菩薩摩訶薩」爲他變現出來，他才能有那個「執金剛身」來護衛應身佛。

那麼說到這裡，大家來回想一下，《楞嚴經》中說 觀世音菩薩有三十二應身；這三十二應身確實是很多，但爲什麼他能夠有三十二應身？這道理要探討一下；不然我講了這一大段經文，解說了這一些法，對諸位似乎沒有什麼大利益，所以請看《楞嚴經》卷六：

【爾時，觀世音菩薩即從座起，頂禮佛足而白佛言：「世尊！憶念我昔無數恒河沙劫，於時有佛出現於世，名觀世音，我於彼佛發菩提心。彼佛教我從聞思修入三摩地；初於聞中，入流亡所；所入既寂，動靜二相了然不生。……世尊！由我供養觀音如來，蒙彼如來授我如幻聞熏聞修金剛三昧，與佛如來同慈力故，令我身成三十二應，入諸國土。」】

現在我們從理上來解說這「三十二應，入諸國土」，是以什麼爲根本而能在最後作到這樣子？在《楞嚴經》中，從事相上來說明，也從修行的道理上來說明；可是來到《法華經》的時候，這個「三十二應」就得從理上來說明了。換句話說，我們所供奉的 觀世音菩薩摩訶薩——佛世示現在娑婆世界時的 觀世音菩薩，他自己說是在無數恆河沙劫之前，有一尊佛出現於世間，名號爲 觀世音佛，他就是在那時發菩提心的。那時是「從聞思修入三摩地」，不是打坐聽聲音然後把聲音流掉，而是「從聞思修」才進「入三摩地」。證得什麼三摩地呢？是金剛三摩地；也就是證得一個性如金剛的不壞法，那個法猶如金剛永不可壞；證得這個法而且心得決定，能轉依成功、毫不猶豫，心得決定時就成爲三昧，在《楞嚴經》中名爲「金剛三昧」。

那麼這是「從聞思修」入手，而不是那些表相大師們說的從聽聲音入手。從青海來的那個女人總是叫人家聽聲音，說是什麼觀音法門，她其實是聲論外道，只是外道錫克教的東西，根本與《楞嚴經》中的觀音法門全然無關。也就是說，這個「聞思修」，剛開始要從聽聞種種佛法之中去觀行，例如聞知五蘊的內容如何？聽了以後知道五蘊虛妄，就把五蘊我眞實不壞這個錯誤觀念、錯誤理解流失掉，在見地上面就沒有「我」的「所」在了，這就是初步的「入流亡所」。

五蘊如是，六入、十二處、十八界悉皆如是；外我所更是如此，都在聽聞進來以後，自己處於靜處思惟整理觀察之後，知道這些全都是虛假的，就把它們流出去；流出而失去以後，就不再有自我的所在，全然無我了，這才是眞正的「入流亡所」。入流亡所以後，一切法全都不存在了，不管你所見到的色、聲、香、味、觸、法，所看到的一切的我，全部都不存在了，這叫「所入既寂」。「所入既寂」時只剩下什麼？大聲一點！對了！就是剩下自性觀世音菩薩如來藏了。這時候「所入既寂」——當一切全都流失掉了以後只剩下如來藏，當然「所入既寂」，因爲如來藏離見聞覺知。這時還有動相、還有靜相嗎？都沒有了。不依五陰的境界來看，改依如來藏的境界來看時，既沒有動相也沒有靜相了，所以「動靜二相了然不生」，這就是證悟後轉依成功了，就住在《楞嚴經》說的「金剛三昧」智慧中了。

那麼我在這段經文中加上「……」，是什麼意思呢？是說接著還有悟後修行的過程，我們就不舉例來詳談，因爲我們這裡並不是要講《楞嚴經》，這只是個舉例。而且《楞嚴經》中被我省略掉的「……」中的法義，都已在《楞嚴經講記》中詳解過了，這裡就不再重複舉說。那麼回到《法華經》的法義上來，這就告訴我們說：是因爲 觀世音菩薩往昔無數恆河沙劫之前先有信，有恭敬心，供養了 觀音如來，所以承蒙 觀音如來爲他教授了「如幻聞熏聞修」的「金剛三昧」；然後他歷劫修行到這個時候，由於所證的「觀世音菩薩摩訶薩」如來藏，與古昔的 觀音如來是同一種慈悲力的緣故，所以他能夠「**身成三十二應，入諸國土。**」

這就是說，觀世音菩薩示現在兩千五百多年前　釋迦如來座下，目的是特地要告訴我們：由於供養、恭敬　觀音如來而證悟，而他以　觀音如來那種慈悲力作爲所依止的對象和精神，所以他也同樣要當　觀世音菩薩，因此他的名號就稱爲　觀世音菩薩。然後他也把自己之所以成爲　觀世音菩薩的緣由告訴我們說：「**觀音如來告訴我的金剛三昧**，所證的是這個『觀世音菩薩摩訶薩』**如來藏金剛心**；**而我轉依於金剛心自性**『觀世音菩薩摩訶薩』，**我就成爲人們所尊敬歸仰的觀世音菩薩了**。**因此我的名號永遠稱爲觀世音菩薩**。」

那麼講解《法華經》的過程中，我就像　觀世音菩薩一樣，不斷地告訴大眾這個道理，想要讓大眾同樣來體悟各自都有的「觀世音菩薩摩訶薩」，這是效法　觀世音菩薩的大行。《楞嚴經》中告訴我們說：由於這樣的緣故，所以　觀世音菩薩可以成就三十二種應身，入於一切國土之中。那麼這樣子大家來看一看，《楞嚴經》與《法華經》的法義是不是互相呼應、如楔入孔毫無縫隙呀？所以我說，那些愚癡人竟然敢說：「**這兩部經典全都是後人創造的，只是爲了對釋迦如來的永恆懷念**。」眞是愚癡呀！在沒有實證金剛心如來藏的前提下，是哪個後人有這個智慧能創造這兩部經典？假使佛與諸大菩薩沒有辦法講出這兩部深妙經，後世否定如來藏的聲聞部派佛教中的聲聞凡夫僧，竟然能夠創造出這兩部他們所不懂的深妙經典，才眞是怪呢！所以他們的邏輯是絲毫都講不通的，假使後人有能力，那我可要請他們這些「後人」繼續創造新經典，看他們能否繼續把佛法再演變成更深妙的法義來，而不被菩薩們破斥？

所以由這裡，我們要瞭解佛菩提的本質是什麼。佛菩提的本質依舊是五陰、十八界等緣生法背後這個「觀世音菩薩摩訶薩」，都是以這個第八識心作爲一切法的主體，然後次第出生世出世間一切法。那麼我們再回來看觀世音菩薩「以三十二應身，示現於一切國土中」，諸位有沒有發覺到一個奇怪的地方？在《法華經》所說的，只有從初禪天往下，來到哪裡呢？來到人間就停止了，沒有去到畜生道、餓鬼道、地獄道中示現而爲他們說法喔！觀世音菩薩不是大慈大悲廣大靈感嗎？爲什麼二禪天以上就不爲他們利樂？爲什麼三惡道裡也不爲他們利樂、不爲他們說法？原由何在啊？諸位有沒有想到？

對呀！你看「以佛身、辟支佛身、聲聞身、梵王身」顯現，接下來都是在人間的有情身示現說法；就這樣，從初禪天的大梵王身開始，然後是欲界天色身，再下來就到人間。但人間不但有人類，還有住在人間的鬼神，可是沒有餓鬼道、畜生道，也沒有地獄道有情身的示現。如果說：因爲他們惡業纏身，所以沒辦法聽到各自的「觀世音菩薩摩訶薩」爲他們說法，至少二禪天以上總行吧？他們都沒有惡業吧？因爲到色界天去的有情都是無罪者，只有欲界內的有情才是有罪者呀！二禪天以上的那些無罪者，爲什麼「觀世音菩薩」不爲他們說法、不爲他們示現？因爲他們多數時間都住在等至位中，只在離開等至位時才會爲他們示現，諸位要思惟這個道理。

也就是說，縱使生在三惡道中，他們一樣有各自的「觀世音菩薩摩訶薩」，但是沒辦法爲他們說法，是因爲時時刻刻爲他們說法而他們聽不到，也就不說「菩薩」有爲他們說法。譬如地獄眾生，他們在地獄裡面熱死了，想要尋找一個比較清涼的地方躲避，看見遠處有一棵樹：「那邊應該比較清涼。」趕快跑過去，因爲熱到幾乎要燙死了；但他們不像在人間燙了會死，他們燙不死而領受苦果；所以一直跑，跑到遠處的樹下去。你想，他們跑的過程裡面會不會想到「觀世音菩薩」正在跟他們演說什麼法？不可能啊！他們只想逃避火熱的逼迫。逃到那邊樹下去，終於可以喘一口氣，「菩薩」有機會為他們說法了吧？也沒有！他們才剛停下來，樹上的葉子全都變成利刃，掉下來時全都插進他們身體裡，痛死了！於是趕快又跑，邊跑邊拔掉，根本沒有心思聽「觀世音菩薩」說法，說得再大聲，他們也不會聽見啦！

火熱地獄、寒冰地獄都如此，那麼無間地獄、阿鼻地獄更苦，就更別提了。那麼也許你想：「那餓鬼道不會這麼苦，應該可以聞法吧？」可是你想想看，肚大如鼓，裡面全都是火，真是餓火中燒，又飢又渴，那是很痛苦的。假使只是很餓，都會覺得痛苦，都還沒有餓火在燒欸！但他們肚子裡面全都是火在燒著，那時菩薩再怎麼為他們說法也都沒用，所以「觀世音菩薩」為他們示現、為他們說法全都無用，他們根本聽不見，也就不必說明。

如果是畜生呢？畜生們有心思聽聞嗎？當「觀世音菩薩」為牠們說法時，牠們也不知道那是「菩薩」；「菩薩」為牠們說法時，牠們也無心思去聽，老實講：牠們根本不知道「菩薩」正在為牠們說法，那你又何必說「菩薩」有為牠們說法？牠們都沒辦法聞法呀！至於二禪天人，他們一天到晚以禪悅爲食，喜歡等至位中的禪悅，總是一念不生、其心不動，「觀世音菩薩」要怎麼爲他們說法？每天坐在天宮裡像個枯木樁一樣，都沒辦法爲他們說法啦！雖然爲他們示現了二禪天身，沒有罪業帶累，結果也是沒辦法爲他們說法。因爲他們全都坐著不動，心裡一念不生，都是離念靈知的境界。你如果硬要爲他們說法，他們被吵到出定時就說：「你亂講什麼話？你怎麼老是動來動去、不斷說話？不行！好好坐著去！」你也沒辦法說法。

所以說，結果是二禪天以上的等至位，「觀世音菩薩」不爲他們說法；而在三惡道裡面，「菩薩」也不爲他們說法，因爲他們聽不見。人間倒是好，人類是苦樂參半，有時苦，有時樂，但有時無苦無樂，正好聞法，就可以聽得見，也願意學啊！而且跟著人類的冤親債主等鬼神，也因爲苦而願意跟著學。誰不想學？只要學習而親證了就成爲賢聖，永離三惡道，這有什麼不好？這樣諸位就瞭解了。

所以說，二禪天以上著於定境，「觀世音菩薩摩訶薩」就不爲他們說法，只是有時示現說法，多數時間依舊等於沒說。如果是去到無色界天呢？連示現都免了，因爲根本找不到人，要如何爲他們示現及說法？那麼三惡道的有情則是沒有福德，所以「觀世音菩薩摩訶薩」雖然大慈大悲，由於有情的業力，也是無可奈何。所以這一段經文裡面 世尊告訴我們的，就是從初禪天開始往下（二禪天以上比較少）來到人間而及於鬼神道，「菩薩」總是慈悲而爲其說法，有緣者便能聽得見。其餘的眾生，「菩薩」縱然大慈大悲，也是無能爲力，所以大家就得繼續輪迴而沒有出離生死的機會。

《妙法蓮華經》〈觀世音菩薩普門品〉上週講到一百九十二頁第一段講完了，今天要從第二段開始講解：

經文：【「無盡意！是觀世音菩薩成就如是功德，以種種形，遊諸國土，度脫眾生。是故汝等，應當一心供養觀世音菩薩。是觀世音菩薩摩訶薩，於怖畏急難之中能施無畏，是故此娑婆世界，皆號之爲施無畏者。」無盡意菩薩白佛言：「世尊！我今當供養觀世音菩薩。」即解頸眾寶珠瓔珞，價直百千兩金而以與之，作是言：「仁者！受此法施珍寶瓔珞。」時，觀世音菩薩不肯受之。無盡意復白觀世音菩薩言：「仁者！愍我等故，受此瓔珞。」爾時佛告觀世音菩薩：「當愍此無盡意菩薩及四眾，天、龍、夜叉、乾闥婆、阿修羅、迦樓羅、緊那羅、摩睺羅伽、人非人等故，受是瓔珞。」即時觀世音菩薩愍諸四衆，及於天、龍、人非人等，受其瓔珞；分作二分，一分奉釋迦牟尼佛，一分奉多寶佛塔。「無盡意！觀世音菩薩有如是自在神力，遊於娑婆世界。」】

語譯：上一段經文中 世尊告訴我們說，「觀世音菩薩摩訶薩」有各種化現而接引有情，我也引述《楞嚴經》而說事上的 觀世音菩薩有三十二應身等等，利樂一切有情。自性「觀世音菩薩」度化這些有情的事情說完之後，世尊又吩咐說：

【「無盡意啊！觀世音菩薩成就了這樣的功德，以種種不同的身形，遊行於一切不同的國土之中，度化、解脫了眾生。由於這個緣故，你們所有人都應當要一心供養觀世音菩薩。這位觀世音菩薩摩訶薩在恐怖畏懼等等急難之中，能夠施與一切眾生無畏；由於這個緣故，這個堪忍世界的佛弟子們都稱號他爲施無畏的菩薩。」無盡意菩薩聽完了就向世尊稟白說：「世尊！我現在應當要供養觀世音菩薩。」就解下了頸項所掛的、由許多寶珠做成的寶珠瓔珞，價值百千兩黃金那樣的高貴，用來贈送給觀世音菩薩，就這麼說：

「施與無畏而仁慈眾生的人啊！接受我這個法施珍寶瓔珞。」這時觀世音菩薩不肯接受這個供養，無盡意菩薩又向觀世音菩薩稟白說：「布施無畏給眾生的仁慈者！悲愍我們這些人的緣故，請您接受我這個瓔珞的供養。」這時佛陀告訴觀世音菩薩說：「你應當要慈愍於這位無盡意菩薩以及佛弟子四眾，包括天人、天龍、夜叉、樂神、阿修羅、金翅鳥、歌神和蟒神等，以及人間的這些人和鬼神等，所以你應該接受這一串寶珠瓔珞。」這時觀世音菩薩慈愍於一切佛門四眾，以及天龍八部、人和鬼神等，便接受了所供養的瓔珞；然後分作兩分，一分奉上給釋迦牟尼佛，一分奉上了多寶佛塔。這樣子供養完了，世尊又開示說：「無盡意啊！觀世音菩薩有像這樣自在的威神之力，而遊行於這一種堪忍世界之中。」】

講義：我想現在一定有的人說：「奇怪！你蕭老師今天上座戴了這一串寶珠瓔珞，為什麼到現在都還沒有動靜？」（編案：今天上座時，從來不戴念珠的平實導師，破例在項上戴著一串瑪瑙製成的念珠。）「無盡意菩薩」，到底「無盡意」是什麼意思？許多菩薩各有不同的名號，這一些名號往往用過很多世、很多劫以後，他才又改變了名號。那麼「無盡意菩薩」有兩層意思，先來談第一層意思：也就是說，對「觀世音菩薩摩訶薩」的崇仰之意永無窮盡。我們現在先從事上來說（因爲剛才的語譯只是依文解義，我們就先從事上來說），正因爲對眞如之法—自性「觀世音菩薩」—崇仰無盡，所以他就叫作無盡意菩薩，他也多生多劫以這個名號來教化眾生瞭解眞如無盡的道理。

可是在事上就沒有 觀世音菩薩的存在嗎？不！他是在佛世確實示現於娑婆世界的佛教人物，這還會有證據來證明，但要留到這一品講完時我們再來公布。無盡意菩薩既然是這樣子示現，那麼 世尊當然要事理雙關一次說明，所以說：「觀世音菩薩成就了這樣的功德。」是什麼樣的功德呢？當眾生在合適的境界中，也就是從初禪天以下來到人間爲止的境界中，是適合實證佛菩提的；在這種境界中適合於實證第一義諦，所以 觀世音菩薩這樣示現的時候，就同時爲大眾說法了，不論示現爲什麼樣的有情時就已經爲他們說法了。

在二禪天以上以及三惡道之中，「觀世音菩薩」也同樣示現，但是不爲他們說法，因爲他們聽不見。所以說，二禪以上的眾生住在等至位中，無法爲他們說法；而三惡道中的眾生則是沒有因緣聽得到，所以縱使演說了，他們也聽不到，因此就方便說是沒有爲他們說法。所以 觀世音菩薩說法是從初禪天開始而往下來到人間的有情。這一些眾生既然都獲得 觀世音菩薩爲他們說法，也往往在事相上面有困苦時祈求於 觀世音菩薩，而 觀世音菩薩也往往化現出來，在事相上讓眾生可以遇見，而爲眾生解除了悲痛與困苦，所以 觀世音菩薩的事蹟在人間就示現得非常多。因此大家看見有白衣觀音、楊柳觀音、竹林觀音、如意觀音、馬郎婦觀音，還有什麼？例如送子觀音、千手千眼觀音、水月觀音等，有非常多種 觀世音菩薩的示現。既然如此，他的功德那麼大，大家當然是應該要供養他，因爲他是布施無畏的仁慈菩薩；所以 世尊說：「大家應當要一心來供養觀世音菩薩。觀世音菩薩摩訶薩在各種怖畏的境界中，在各種急難的境界中，能夠布施給有緣的眾生無所畏懼，所以這個娑婆世界的眾生，當然要稱呼他爲施無畏者。」所以無盡意菩薩這時是應該向他作最高的供養，表示崇仰之意。

這也是告訴大家說應該要供奉 觀世音菩薩，隨著自己的能力，每天多少隨分供養。所以他在這時是應當要供養 觀世音菩薩，可是他要供養之前得先向 佛陀稟白；因爲 佛陀是法主，那你在法會上沒有向 佛陀稟白，突然就把瓔珞做成的一串寶珠瓔珞，直接送給 觀世音菩薩，觀世音菩薩該怎麼回應你？不好回應欸！而且眾弟子看了也會說：「這無盡意菩薩眞是不懂事，在佛前要供養觀世音菩薩，至少得先向佛陀打個招呼吧！」所以他當然要先向 佛陀稟告。因此他就先稟告說：「世尊！我今當供養觀世音菩薩。」也就是完全聽信 世尊開示而如實履行的意思。

於是他解下頸上由很多顆做成寶珠模樣的瓔珞項鍊（「眾」就是很多顆寶珠，也就是說，用許多瓔珞做成寶珠的模樣而串成的一串瓔珞項鍊），要來供養 觀世音菩薩。他在法華會上作這種供養時，那供養物一定是很珍貴的，所以說這串「眾寶珠瓔珞」是「價直百千兩金」。一百個千兩，就是十萬兩。現在黃金是什麼價錢？我上週查過一錢是四千四百五十塊錢臺幣，那麼十錢是一兩，十萬兩金，我把它算了一下，相當於四十四億五千萬臺幣。所以他那一串做成寶珠模樣的瓔珞項鍊，顯然是頂級再頂級的品質，因此價值那麼高，這正好可以供養 觀世音菩薩呀！

所以他從頸上解了下來（平實導師就從項上解下瑪瑙念珠），就向 觀世音菩薩說：「請您接受我這個法布施珍寶瓔珞。」觀世音菩薩在 佛陀面前好不好就說「好啊！好啊！趕快給我啊」？換了你也不會這樣，你一定會說：「這這不能接受，因爲這太珍貴了。」當時「觀世音菩薩不肯受之」，但無盡意有他的用意，他不只是說「您是慈愍於我」，而是把大眾都拉進來說：「仁者！愍我等故，受此瓔珞。」也就是說：「您不是只有慈愍我一個人，我供養您也不是爲了我一個人，而是爲了所有的大眾。」這講得冠冕堂皇，這時觀世音菩薩想要推辭也眞是不好推辭了。可是那麼珍貴的寶珠瓔珞終究不好接受，這時 佛陀當然要開口指示，所以佛陀告訴 觀世音菩薩說：「你應當憐憫、慈愍於無盡意菩薩，以及法華會上所有佛門四眾弟子，加上天龍八部與所有人、非人等，因爲這個緣故，你就接受這一串珍貴的寶珠瓔珞吧！」

這時 觀世音菩薩當然得要接受了，對不？可是接受了以後，他如果自己直接戴上頸子，人家會這麼說：「你還是貪呢！」這時他接過手來分成兩分，一分供養 釋迦牟尼佛，一分供養多寶佛塔。因爲不管怎麼說，有兩尊佛在這裡，自己不過是菩薩，應當如其本分。但這樣的解說只是事說。既然這個法供養作完了，世尊就說：「無盡意啊！觀世音菩薩有這樣的自在神力，遊於娑婆世界。」這是不是很奇怪？有沒有奇怪？嗄？不知道奇怪在哪裡？

觀世音菩薩只是推辭了一下，然後又接過來，隨即分成兩分，供養了兩尊佛而已，但 世尊爲什麼就讚歎說「觀世音菩薩有這樣自在的神力，遊行於娑婆世界」？難道這不奇怪嗎？你們一定把這一句話聯結到上一段經文去了。可是 世尊這一句話，卻是在 觀世音菩薩供養兩尊佛的事情之後講的，（大眾發出驚歎聲…）喔！終於恍然大悟了！

好！諸位懂了，咱們就從理上再來說一說。世尊說：「無盡意！這位觀世音菩薩摩訶薩，成就了這樣偉大的功德。」可以說，正是普及於一切。不管能不能得度的有情，祂一向全部都爲其示現，差別只是開不開口說法而已。那麼如果在二禪等至位以上，「觀世音菩薩」如來藏其實也有說法，只是太微細，而且當事人在其中無法聞法，所以說了沒有用，乾脆陪他就好了，也就不爲他說法。那麼三惡道中的有情，他們沒有智慧可以聞法，說了他們也不懂，所以就不說是「爲他們說法」。除此以外，從初禪天以下到人間的一切眾生，「菩薩」都是一向爲大家說法，而且日說、夜說、不間斷說、熾然常說，無一剎那中止。

因此當你們證悟後，大家都可以看得見，「觀世音菩薩」說法的對象有

「種種形」的初禪天身：大梵天王身、梵輔天身，也有梵眾天身，「觀世音菩薩摩訶薩」都為他們一一說法。每一個天人都有一尊「觀世音菩薩」在為他們說法。接下來在初禪天之下，他化自在天之上，《阿含經》說有一個魔天；一般都說他化自在天就是魔天，但是《阿含經》有這麼說：在他化自在天之上、初禪天之下另有一個魔天，是天魔波旬所住的地方，魔子魔女魔民都住在那裡，專門下來人間破壞佛法。其實這一些天人也承蒙「觀世音菩薩摩訶薩」為他們說法，可是他們都聽不懂；因為被天魔波旬作了邪教導，作了拘束。

接下來再往下，他化自在天的天主天人莫不如是，一直下到四王天而來到人間也都是如此。那麼人間有人類，可是人間這個空間還有鬼神居住，所以人間也有許多的鬼神，叫作「非人」。鬼神一類，從京畿城隍、府城隍、道城隍、縣城隍、鄉鎮城隍，層級很多，也屬於「非人」一類。那還有土地公也是「非人」，他們也屬於鬼神；雖然他們有玉皇上帝的誥封，因此被稱為正神，但本質還是鬼神。還有許多有福鬼或者有力鬼，例如有一些石頭公、樹王公、王爺公等等，這一類也都屬於鬼神，這都叫作「非人」，這些有情都有被「菩薩」說法攝受。還有無福鬼，就不屬於「非人」這一類，那叫作餓鬼，已經屬於三惡道有情，他們沒有心思聽聞「觀世音菩薩摩訶薩」說法，所以「非人」就只到這個階段為止。

這一些有情，你把他們算算看到底有幾種？就有很多種了，所以《楞嚴經》裡面說 觀世音菩薩有三十二應身，前一段《法華經》的經文中也說有這麼多有情之身的示現，所以「菩薩」眞是「以種種形，遊諸國土」。那你想想看：在這個娑婆世界，「觀世音菩薩摩訶薩」在各個有情身中，一一化現成各個有情的模樣，各不相同。有人說：「秦始皇墓挖了出來以後，你看那些兵馬俑，它們的臉好像是一個一個都不相同，唉呀！眞的好奇妙。」其實不奇妙，那頂多是幾萬種臉譜；但你看看臺灣就好了，島上這麼多人，有幾個臉是長得一樣的？變化更多了！

所以「觀世音菩薩摩訶薩」眞的很厲害，如其所應而一一變化出來，才會有一句話說：「人之不同，各如其面。」這就是自性「觀世音菩薩」「以種種形，遊諸國土」，從初禪天一直到人間，包括有福有力的鬼神，都這樣為他們說法，度脫眾生；只要是住在這個範圍之內的眾生，遲早都會由於「觀世音菩薩」的說法而得度。因爲每一世、每一時、每一剎那，「菩薩」都不斷地爲大家說法呀！所以談到一神教的天主時，你也不必氣憤塡膺說：「他們的《聖經》等等全都亂說。」都不必氣憤塡膺，因爲他們也是各有「觀世音菩薩摩訶薩」在爲他們說法，也都在度他們，包括上帝耶和華在內；只是他們得度的因緣還沒有到，在未來無窮無盡的時空，他們有一世終將走入佛門，那時再讓他去當天主時，他也不想當了，最後終將得度。各人的自性「觀世音菩薩」可以用無窮無盡的耐心與時間來度眾生，因爲祂永遠都陪著眾生。所以說「度脫眾生」的事，遲早都必得度。

那麼由於這個原因，世尊就說：「是故汝等，應當一心供養觀世音菩薩。」那我現在講到這一句經文，當然要告訴諸位說：「由於這個緣故，所以你們應當要一心供養觀世音菩薩，不許心有二意。」因爲你如果不供養祂，不利的是你自己，「觀世音菩薩」卻是從來沒有損失。好！那麼應當要如何供養？這得要探究一下；假使你身爲禪師，那你就得供養「觀世音菩薩摩訶薩」，所以人家來問你：「如何是佛？」你就答：「南無觀世音菩薩摩訶薩！」因爲你是禪師，你就這樣子對「菩薩」作了法供養。又有人來問：「如何是法？」

你就說：「南無觀世音菩薩摩訶薩！」也是法供養，你已經供養了「觀世音菩薩」。又有人來問：「如何是僧？」那你還是說：「南無觀世音菩薩摩訶薩！」一樣是法供養。

欸！也許有人這時起了個念頭：「不對呀！人家來問佛、問法、問僧，禪師怎麼都是回答同一句？」那不然，我們講一講古時一位證悟的禪師——禾山禪師。人家來問佛法，不管問什麼，他永遠都回答說：「禾山解打鼓。」意思是說：「我禾山禪師懂得打鼓。」他是個禪師，每到了晚間該上堂說法時，身上就掛著一面鼓，拿著鼓槌，敲著鼓聲上堂。上堂後，看著大眾，看了一會兒又敲著鼓下堂去。禪和子如果來問：「如何是佛？」就打鼓給對方聽；誰來問佛、問法、問僧都如是，都打鼓給對方聽。假使身上剛好沒帶著鼓，就答說：「禾山解打鼓。」

在沒有上堂的時候，有時人家來參訪，遇見了就問：「和尚宗風嗣阿誰？」是說：「您這宗門的流風是承事於誰呢？」但他沒有告訴你說：「我是承事於某某大師。」只答說：「我禾山懂得打鼓。」所以就流傳出很有名的「禾山解打鼓」公案。你看！不管怎麼問，永遠都是答這一句。所以你如果眞的當禪師，聽完了〈觀世音菩薩普門品〉，每當人家來問佛、問法、問僧，或者問「如何是眞如」、「如何是第一義」時，你都可以答說：「南無觀世音菩薩摩訶薩！」絕對正確。因爲有事有理，單單答他這麼一句聖號就事理具足了。你若是能夠這樣子應答禪和子，就是供養了「觀世音菩薩摩訶薩」。

這是當禪師啊！那如果是當法師，就要像我搭衣上座這模樣，鉅細靡遺把經典中的表義和眞實義都詳細講解出來；所以我坐在這裡不斷地說法，我就是對「觀世音菩薩摩訶薩」作了法供養，這是身爲法師者應該要有的本分事。如果行有餘力，還有智慧可用，就去當論師；那麼你當論師的時候，就是要把經上所說的眞實義，在眾生迷茫無知不解的時候一一演繹出來；就像我寫《阿含正義》、寫《識蘊眞義》、寫《燈影》一般，就是當論師。所以當論師的人若是想要供養「觀世音菩薩」，方法就是寫論。古時寫論時怎麼寫呢？在印度，是手上拿著刻刀像這樣子推著，就在貝葉上面這樣子推著寫；假使另有僕使，就自己寫了由那僕使去刻。

那些刻貝葉經文的人，在貝葉上面是怎麼寫的？你們看過沒有？沒有看過？（平實導師表演在貝葉上刻經文的模樣說：）就是這樣子寫啊！因爲那一種文字就是要弄一個金屬的、直棍一類的東西，這樣搓著（平實導師表演用木棍把貝葉搓軟的模樣說），把貝葉不斷地搓軟；搓軟以後還得磨平，在上面刻了經文以後，再用墨汁抹上去，然後再用布把表面的墨汁擦掉，留下刀刻的地方就有經文顯現出來，這樣製作出來的就叫作貝葉經。論師們就這樣子寫論，寫完了論就是已經法供養了「觀世音菩薩」。那麼傳到中國以後是怎麼供養的？論師們拿起毛筆來，不斷地在紙上寫著（平實導師作出寫字的模樣說），這就供養了「觀世音菩薩」。每一部論寫完了，都是一個大供養啊！這就是論師們的本分。那我這一世當論師，我是怎麼樣供養「觀世音菩薩」？我是坐在電腦桌前（平實導師作出敲鍵盤的模樣說），用手指頭這樣子不斷地敲打；我一分鐘可以打幾十個中國字，所以《狂密與眞密》五十六萬字，三個半月便寫好了，那也是論；雖然當時手指關節都腫起來，但我已經供養了「觀世音菩薩摩訶薩」，這是論師的本分。

接著，如果你當戒師，也得要供養「觀世音菩薩」；可惜現代那些戒師們都不懂得供養，因爲他們都用聲聞律的精神在解釋和傳授菩薩戒，更惡劣的則是告訴戒子們說：「聲聞戒是正解脫戒，菩薩戒是別解脫戒。」而且還堅持六識論而成為佛門中的常見外道，直接否定「觀世音菩薩摩訶薩」，所以他們都是背棄了「觀世音菩薩摩訶薩」；因此我們傳戒時一定告訴戒子們，我們這個菩薩戒的意涵是什麼，並且還特地交代大眾：「不許背棄大乘經律，不許單獨崇尚二乘經律。」這樣子講清楚了，然後把菩薩戒的道理傳下去，大家便知道說：「原來他們以往把聲聞戒作為正解脫戒，把千佛大戒的菩薩戒當作別解脫戒，這是背棄佛陀、背棄『觀世音菩薩摩訶薩』。」所以我們就這樣特地交代。不但菩薩戒的傳戒時如此，乃至於三歸法會，在三歸戒傳授的時候亦復如是，都告訴大家說：「我們不歸依聲聞僧寶，我們歸依的是菩薩僧寶，我們歸依的是十方三世的大乘三寶。」把第一義的道理也舉出來，雖然時間不夠而沒有細說，但至少有簡單告訴大家，那麼這是戒師供養「觀世音菩薩摩訶薩」的一種作法，所以戒師也應該要供養「菩薩」。

那如果你不是出來當法師、收徒弟，也沒有出來當禪師、論師、法師，你說：「我只是個居士。」但居士就不能供養「菩薩」嗎？也可以啊！一樣可以向「觀世音菩薩摩訶薩」作「法供養」；你就隨緣把大乘法教介紹給眾生，告訴眾生說：「你身中有一個自性如來，這個自性如來又名『觀世音菩薩摩訶薩』，你應當要這樣歸依而求實證，這就是你的究竟歸依。在你還沒有眞的究竟歸依之前，可以先歸依事相上的三寶，但是你要歸依大乘三寶。」就爲他解說聲聞三寶與大乘三寶的差異；這樣作完了，你就是以居士身分對「觀世音菩薩摩訶薩」作了法供養。但有時口才不便給，又該怎麼辦？送書也可以呀！隨你的因緣去作。有時想要讓學佛人瞭解二乘法爲什麼不究竟，大乘法爲什麼是究竟，可是自己口才不便給，該怎麼辦？就去蒐尋資料來用。我們正覺同修會有好多的口袋書也行呀！送整本的書也行呀！看誰因緣適合，你就以法供養他；供養了他，你就是供養了自己的「觀世音菩薩摩訶薩」，這就是「法供養」。

那你如果出家了當師父，座下總有弟子吧！不論是一個、五個或者千人、萬人都行，要把這個道理講出來，讓他們知道說：「每一個人的五蘊都是虛妄的，可是每一個人各自身中都有『觀世音菩薩』來爲自己說法。那你們要怎麼樣去聽聞自己的『觀世音菩薩摩訶薩』爲你說法？」你這麼一說，他們心中非常非常地好奇，一定會追著你問：「師父！師父！您說這個道理很奇妙，聞所未聞，這是什麼道理？您告訴我好不好？」他們個個一定都會很急，那你好整以暇，今天告訴他們一點，就閉口不講了。講太多了就不稀奇、不珍貴，等他們明天上來，你再講一點點，千萬別講多。這要學著點，我以前弘法時就是要五毛給五塊，所以早期的學人都不懂得珍惜，使他們得法太容易，就不珍惜以致退轉了。

那麼現在你只要五毛，我卻要跟你磨上很久才給你五毛，大家可就不會再退轉了。所以早期有些同修總是私底下說：「**老師很好拐，你跟他問一項，他跟你解說三項。**」（閩南話。「拐」有套話的意思。）其實我不是好拐，只要可以明講的，我都會盡量為你講解；若是不能講的，我就控制著不講。若是可以讓你快速提升，我就多講一點，因為你已經悟了。可是對一般眾生而言，不能這樣，因為他們會因此而看輕你。所以師父如果越苛刻、越吝嗇，徒弟們就越恭敬，出家當師父的人要這樣當，千萬別學我。但對悟後起修的同修們，這原則就不適用了；就像我在增上班講《成唯識論》、講《瑜伽師地論》，我一直想開快車卻快不起來，因為我想要說出來的法義實在太多。本來上個週末想：「**這一回大概可以講上二十頁。**」結果講完一看也才只有十二頁。（編案：這是依本會向高雄和裕出版社購入的線裝古書影印精裝版的《瑜伽師地論》說的十二頁，每頁最多有二百字，往往三小時只能講三頁。至於《成唯識論》，三小時只能講一小段。）

不過這樣已經算是很快了，因為大多時候三個鐘頭才只能講完三頁、五頁；為什麼會這樣呢？因為我不是要當那種師父：證悟進門了，人家說：「師父引進門，修行在個人。」但我沒時間等你們慢慢修行，你們進了門以後我得要趕快為你們進補，能夠補的我就盡量補，才能有更多的人可用啊！因為可以預見的將來，我需要很多人，大陸太廣大了，我需要的人遠超過你們的想像，我需要很多人一起來復興中國佛教。所以諸位既然進了門，已經出生了，我可得要好好餵、好好養；把大家養得白白胖胖、健健康康的，頭好壯壯；將來一旦長成，馬上可以派出去，各個都能獨當一面。至少要能在背後支應我們這一些大將軍、小將軍等老師們，在外的一切糧草。至少大家在後面都要能夠支應，我得要這樣作才行，不只是需要培養老師們。那我這樣作，也是供養「觀世音菩薩摩訶薩」。

可是你們如果出家當了師父，徒弟們還沒有進來正覺同修會，大概因緣不是很夠，你就每天為他們講一點。所未聞法，不容易理解，你可別一次講太多，怕你法雨降太多，會把他們的法身慧命淹死了，而他們也會覺得不稀奇。當他們覺得不稀奇也就不想聽了，或者聽了心中害怕起來，法身慧命不就被你淹死了嗎？所以你每天講一點點就踩刹車，讓他們斗大的問號永遠丟不掉，那他們對師父你就很有興趣了：「**師父智慧深不可測，我要跟定他，生生世世都要跟著師父。**」那你就眞正度了他。這就是你應該要作的事，身爲師父就該如此，才是對「**觀世音菩薩**」的眞供養。

那你如果身爲人家的徒弟呢？當你的師父老是在那邊混日子、老是在那邊「鑽故紙」時（「故紙」知道嗎？在古時候是什麼紙保存得最久、最舊？是經典。因爲有些書總是過一段時間就丟棄了，可是經典都被人家保存一代又一代，繼續保存好幾代下來而不會丟棄，那當然是最陳舊的紙啊！）那麼你的師父一天到晚不想參究求悟，一天到晚都在「故紙」裡面不斷地鑽——拿眼神在那上面「鑽故紙」；那你身爲徒弟，該怎麼樣？就要學古靈神贊禪師呀！如果看到師父又在讀經，永遠依文解義，你就說了：「**欸！我們師父又在揞黑豆了。**」那經典中的文字不是像一顆一顆的黑豆嗎？他就在那邊數著黑豆。不然有時就撂一句話說：「**前面那麼光明，不肯出，又在鑽故紙。**」講了就走，不要等他拿棍子。

但是每天傍晚，師父年紀大了，手腳不利索，洗澡時你總得要幫他搓搓背，好啊！這時得要學神贊禪師，幫他搓背時就說：「這一所佛殿很不錯，可惜的是，裡面住的佛不神聖！」他聽完了，也許心裡面想：「這徒弟今天怪怪的。」可是他不會一開始就問你，因爲那個老臉皮還是得照顧著，就不理會你啦！明天你爲他搓背又講同樣的話，也許他就說了：「搓背就搓背，嘰哩咕嚕講個什麼！」那你就別答話，別惹老人家生氣。第三天你又講：「好一所佛殿，而佛不聖。」欸！你講久了，他終究會問你呀！那你就告訴他：「師父您這一所佛殿眞棒！」「洗澡就洗澡，講什麼佛殿？」你就推著他的背說：「這就是您的佛殿啊！可是，您這一所佛殿裡的佛，也該請出來爲眾生照明、照明了！」

欸！這時他才會起心動念說：「我這個徒弟講話跟以前不一樣，一定有來由。」他就會找時間問你呀！你就好整以暇慢慢告訴他，每天一點一滴幫他建立起知見，又教他把參禪功夫建立起來，時間久了他也就破參了。這樣就是你身爲弟子的人，對「觀世音菩薩摩訶薩」所作的法供養。我破參以來一直有這個心，但始終沒機會，因爲他的臉皮太重要了。而我現在看到的是，一直到未來四千年中，對他都還沒有機會，想要效法神贊禪師都沒機會的。所以身爲弟子的人，你如果上面還有老和尚在，他筋骨僵硬搓不到背，你每天就來幫他搓搓，自告奮勇說：「師父！從今兒開始，您洗澡的時候，我這徒弟來幫您搓背，好好奉侍您。」然後呢，偶爾就來這麼一下，時間久了他也可以得度啊！那你就是對「觀世音菩薩摩訶薩」作了法供養。

如果將來你身爲法主，你該怎樣供養「觀世音菩薩摩訶薩」？你可別說：「我哪有機會當法主？那是您蕭老師的事呀！」在未來無量劫之中，都有機會讓你們一一當法主，每一個人都有機會；因爲你連成佛都敢了，對不？發四宏誓願時都說「佛道無上誓願成」啊！連成佛都敢了，只叫你當法主，你就不敢，這是發的什麼宏願？所以你們每一個人未來世中都有機會當法主，也是遲早都要當上法主的，才能成佛。但是當法主的時候要像我，得要像我這樣度人，否則就叫作不肖。不肖這個肖有兩個字，一個是小字下面加個月，也就是不像我；若是度人時不像我，就叫作不孝順，因爲我的風格是這樣，你在我門下學出來度人時，就得要有這個風格。

正覺的門風是該把握住的關頭要把握住，但你要設法開闢很多種良福田，不能只有一方福田；要一方又一方不斷地開闢很多種類的好福田，來讓他們累積證道前應該有的福德；因為每一個人可以種的福田各不相同，你開了這一方福田，有的人種不了，就得要開闢出另一方。有很多不同的弟子，你就得開闢很多不同類的福田，讓每一個人都可以種得到。當大家福田都種了，證道的福德就足夠了。這個福田不必是在你身上種，你可以開出很多的眾生福田，讓大家都種得上；然後就促使他們精進去種，使他們的福德足夠承當開悟般若這件事。所以你身為法主時不能只開闢一方福田，要一方又一方不斷地開闢下去，使不同心性與狀況的弟子們，每人都有機會種福田，這就是你身為法主對「觀世音菩薩」應作的法供養。

那麼這裡面，這叫作諸事萬端，也就是該作的事情很多，那就不必一一解釋。諸位看我出來弘法到現在，不停地作，作了多少事！而這一些都是將來身為法主的你們，在未來世都應該要這樣作的；千萬別像船子德誠那樣，否則他成佛一定要聽雞鳴聽很久，因為他只度一個人就不想再度了。他在華亭縣擺渡，人家在對岸那頭揮手，招呼他要渡河，他就把船槳拿高高地問：

「你要渡河嗎？」廢話！你既然擺渡，人家在對岸揮手，不就是要請你幫他渡河嗎？何必還要問？但他每一次都把槳舉高高地問：「你要渡河嗎？」但人家在這一岸準備要上船，告訴他說要過河去，他還是舉高說：「你要渡河嗎？」眞的像是精神病。

因爲他這個舉動很怪，有一天道吾禪師聽到了就說：「這個人有蹊蹺！」去找他談，相談甚歡，道吾就責備他：「你空有一身本事，不度眾生。」他就說：「我也想度人啊！可是都沒因緣。我在這裡不就在度眾生嗎？那不然，如果有個伶俐的座主，你就指示一個來吧。」他還挑條件，要伶俐的座主；也就是講經說法講得很好的大法師，他才願意度。於是道吾禪師就去找夾山善會，唉呀！他講經時眞是座無虛席；可是講到一半，道吾禪師就笑了起來；這夾山善會眼睛很亮，知道高人來了。於是匆匆講完了，趕快請侍者把那位當場笑出來的法師留下來，請到方丈室奉茶。

道吾禪師就告訴他：「你這樣講，都是依文解義，那你想不想要實證？」「想啊！」「想！那你就去華亭縣找船子德誠去。」「請問他住哪裡？」「他上無片瓦遮頭，下無卓錐之地。」就告訴他這樣子。他就換了俗人的服裝、戴了帽子去，到了華亭縣，想一想：「上無片瓦遮頭，那是沒有一個道場可住；那麼隨便有個土屋或什麼地方，例如有個茅棚也行；可是竟然連個錐子安插的小小地面都沒有；一根錐子這麼卓，那才要丁點地，連這樣一丁點地都沒有，那到底住哪裡？」想不通住在哪裡，於是問來問去，人家都說是那位擺渡的，最後想一想：「對呀！原來是擺渡那個人，才叫作船子德誠。」這才去求見。然後他不就被捅下水證悟了嗎？可是那船子德誠，看夾山善會這傢伙悟了，用竹篙把他拉上船以後，他連船也不要就走人了！後來到哪裡去了？也沒人知道，或許就是一個人去修自己的了。雖然說，度一個人證悟般若遠勝過度十萬、百萬人證阿羅漢果，可是像他這樣度人，要何時才能成佛呢？所以你們未來世當法主時可要像我這樣，否則就是不肖。我說的是哪一個「肖」呢？（肖與孝同音）你們自己用著吧。

這就是說，你不管是什麼身分，都應當要一心供養「觀世音菩薩摩訶薩」，因爲你的一切莫不由祂而來，而祂從不間斷地爲你說法；於是有一天你終於跟祂相見了；當你見到「觀世音菩薩摩訶薩」的時候，你去觀察，知道一切法都離不開祂，而你所有的一切都是祂供給的。那麼你想，除非死了才能離開祂，那麼你活著的時候是不是應該一心來供養祂？絕對心無二志啊！因爲每一個人身中這位「觀世音菩薩摩訶薩」是無可置疑的，當你實證了以後——當你有一天跟祂相見了以後，最後你發覺沒有一法不從祂來；你的五蘊、十二處、十八界、六入所有諸法，包括你的依報，包括你這一世所有的福德，也都從祂而來。這是因爲你往世的一切福業，都由祂幫你記存。這時你觀察到這麼清楚了，你當然要一心供養祂，所以 世尊吩咐說：「應當一心供養觀世音菩薩。」

接著世尊又說：「是觀世音菩薩摩訶薩，於怖畏急難之中能施無畏，是故此娑婆世界，皆號之爲施無畏者。」以前大家讀《法華經》時都是依文解義，現在聽我講解到這裡，瞭解原來經中的意思是這麼回事，所以確定說，觀世音菩薩摩訶薩在我們有恐怖畏懼的時候，在你急難之中，祂永遠都能夠施給你無所畏懼，讓你擺脫恐怖畏懼或者急難的境界。這部分我們在上一品〈妙音菩薩來往品〉中有說過了，但這裡要從另一個層面來講怎麼樣擺脫怖畏急難；譬如在地獄裡面，特別是無間地獄或阿鼻地獄中，他們最希望的是什麼？最希望的是馬上死亡而離開地獄。

可是業報未盡，只好繼續受生而待在地獄中。可是在無間地獄的時候受苦無間，從時間上來說是受苦無間，廣大的地獄身上也是全身受苦無間，那該怎麼辦？眞的受不了的時候，你想他們該怎麼樣解脫這個怖畏？他們是不懂得解脫的，而你現在證得自己的「觀世音菩薩摩訶薩」了，你應該知道怎麼解脫這個怖畏吧？對不？也就是死掉就算了嘛！但如果死不掉呢？譬如在人間眞的太痛苦了，沒辦法時悶絕過去就好了，你就不必太痛苦了不是？你既然有「觀世音菩薩摩訶薩」依靠，無論如何就該求祂幫這個忙；如果悶絕過去死掉了，正好擺脫這種惡劣困難的境界，可以轉到下一世去；至少來世重新開始，小時候不會有這個困厄。等到長大以後那個還沒有報盡的果報又來了，沒關係，就再度悶絕；能死掉就死掉，又暫時離開痛苦了。這樣分期付款是不是輕鬆一點？欸！你家的「觀世音菩薩摩訶薩」每一世也都願意這樣幫忙你。因爲你沒有能力一次償還，那也沒關係，分期付款都不跟你計算利息，就讓你這樣分期償還也行啊！這也是離開急難的一個方法。

那如果你有因緣，智慧也夠，懂得避開，當那個恐怖畏懼的急難境界來臨時，你應該怎麼樣？心裡大喊：「歸命觀世音菩薩摩訶薩！」就趕快跑啊！

也就離開了、脫離了，這當然也要「觀世音菩薩摩訶薩」幫忙，否則你脫離不了的。那你已經逃避開了，趕快想方設法把那一件因果了掉，不該是永遠去逃避。逃避，只是把可以了掉因果的機會掌握住，因爲你逃掉了以後，可以用剩餘的這一世很多時間來作很多的補救工作。那你作完這一些補救的工作，再來面對這件因果時就可以一次償還。

也許有人想不通，我們打個比方說：假使你遇見了一個怨家債主，直覺知道這是過去世的大怨家、大債主來了，那你怎麼辦？「聽說正覺同修會可以幫人開悟，我先去求開悟，回頭我再來度他；把他死拉硬撐著、硬推著，都要把他送入正覺同修會，等他未來開悟以後就想：『當初都是這一個很討厭的人，死拖活拉硬把我送進同修會才開悟的，沒想到我也有今天，可以處在賢聖菩薩僧中。好啦！以往的債務就一筆勾銷了。』」那你與他之間的債務不就全數報完了嗎？雖然未來世可能你還得要還他一些錢財，然而雙方之間再也無怨，而你還債時也還得心甘情願，他接收你還款時也收得心安理得，然後互相幫忙，道業互相增上。

我說你得要先逃避，這就是說你要怎樣以最好的方式去面對；可是當你逃避的時候，千千萬萬記得心中要大喊：「歸命觀世音菩薩摩訶薩！」要大喊！一面大喊一面跑，那你就可以離開了。這樣看來，從理上來看這位「觀世音菩薩摩訶薩」，確實於怖畏急難之中能夠布施給你無畏，所以在這個娑婆世界中，大家都稱呼祂爲「施無畏者」。這是在娑婆世界而言，如果是在極樂世界，不需要「觀世音菩薩摩訶薩」來施給你無畏，因爲在那裡由阿彌陀佛來負責；但一樣是由「觀世音菩薩摩訶薩」爲你說法。所以菩薩一天到晚在娑婆世界示現，因此就示現在你們每一座、每一座的五蘊山中，你們可得要好好「一心禮拜供養」。

接著無盡意向　佛稟白說：「世尊！我今當供養觀世音菩薩。」無盡意第二個層次的意思是說：「已經遇見了『觀世音菩薩摩訶薩』，禮拜供養了『觀世音菩薩摩訶薩』，當然心中歸命之意永無窮盡。」所以不論你問到增上班哪一位同修說：「你對『觀世音菩薩摩訶薩』的歸依，是不是永遠無窮盡的？」他一定會告訴你：「永無窮盡！乃至我成佛以後繼續歸命『觀世音菩薩摩訶薩』。」如果還沒有遇見自性「觀世音菩薩摩訶薩」之前，心裡面可能想：「哪有可能？你成佛以後，你的位階比觀世音菩薩摩訶薩更高，爲什麼還要繼續歸命祂？」可是每一尊佛，其實祂的自性如來就是這一品講的自性「觀世音菩薩摩訶薩」，就是第八無垢識——因地名爲阿賴耶識；不管哪一尊佛——十方三世一切佛，都要依自己的「觀世音菩薩摩訶薩」第八識才能成佛，也才能繼續當佛陀，否則想要當佛陀都當不了。那你說要不要繼續歸命？當然要了！所以「歸命之意無盡」，因此就稱爲無盡意菩薩。

這時無盡意菩薩向 佛陀稟告說：「世尊！我今當供養觀世音菩薩。」（平實導師此時把項上的瑪瑙念珠解下來說：）所以就把頸上非常高價的瓔珞寶珠項鍊像我這樣解下來；這串瓔珞眞的很珍貴，價值十萬兩黃金，相當於新臺幣四十四億五千萬元；「這一串」，我告訴諸位，眞的值得這價錢，就奉給觀世音菩薩（平實導師此時把瑪瑙念珠雙手向前高舉），同時又說：「仁者！請您接受我這個法布施。」他說的是法布施，不是只供養瓔珞製成的寶珠項鍊而已，是請 觀世音菩薩接受「法施珍寶瓔珞」。

這時「觀世音菩薩不肯受之」，不但當時 觀世音大士不肯接受供養，即使我現在想要供養我自己的「觀世音菩薩」，祂也不會接受。有個典故說，有一位比丘尼去見禪師，請問：「如何是佛？」禪師說：「寸絲不掛。」這話好像有一點輕佻，是不是？可是實際理地的佛，眞實佛第八識確實一絲不掛，連一根絲都掛不上去，那你說，這個實際理地的佛——「觀世音菩薩摩訶薩」，祂如何能接受這麼有價值的寶珠瓔珞呢？當然無法領受，所以觀世音菩薩當時依於此理而「不肯受之」。

這時場面有一點僵了，無盡意菩薩再一遍請求：「我這一串法布施的寶珠瓔珞，不單單是爲我一個人，請仁者您慈愍我和所有大眾，接受這一串很有價值的寶珠瓔珞。」這時 佛陀告訴 觀世音菩薩，請問「佛陀」是誰？自性「佛陀」能不能了別眾生？自性「佛陀」能不能善說法？能啊！大家可以看看你「家」是誰在了別眾生、了別善惡、善於說法？你的意識最清楚了。但是成佛的時候是誰當佛？（有人答話，聽不清楚。）嗄？如來藏當佛？不是啦！所以這時候意識說了：「欸！如來藏！你應當憐愍這一些人——四眾弟子天龍八部、人及非人，你應當要憐愍這一些人，所以應當接受這個法布施。」

接受以後，你的「觀世音菩薩摩訶薩」就能夠掛上這一串寶珠瓔珞嗎？（平實導師高舉念珠說：）掛不掛得了？當然掛不了！因爲你自家的「觀世音菩薩摩訶薩」一絲不掛，連一根很細很細的蜘蛛絲，想要掛都掛不上去。所以應該怎麼樣呢？要分成兩分，對不對？（導師此時把念珠移在左手，然後又移在右手中說：）雖然是分成兩分，（平實導師此時改以雙手舉著瑪瑙念珠說：）就以左右手雙手呈上去，也還是合在一起的一串寶珠瓔珞；應該供養給誰共有？當然是供養給「能仁寂靜」以及「多寶佛塔」，才能成功受供呀！

我們在前面有說過，「多寶佛塔」是什麼？對嘛！就是你這個五蘊身。可是你這個五蘊色身存在的時候，是誰能夠行於「釋迦牟尼」？「釋迦」就是能行於仁義——能仁，「牟尼」就是住於寂靜境界之中；心地能仁愛於有情，而且自己心地是寂滅的，這究竟是誰？每天從早到晚都對你很仁愛、很仁慈地照顧著你，那位「釋迦牟尼」是誰？（大眾回答：如來藏。）當你睡著了以後，包括你正當醒著時，祂都是永遠寂靜，一點點吵鬧都沒有，因為祂的境界中永遠寂靜。所以一方面要第八識如來藏，但另一方面還要有「多寶佛塔」五蘊之身，你才能接受這串無價寶珠瓔珞的供養。所以無盡意菩薩這一串寶珠瓔珞，觀世音菩薩依理就轉而供養了 釋迦牟尼佛與多寶佛塔，這樣子就說是「分作二分，一分奉釋迦牟尼佛，一分奉多寶佛塔。」這樣子供養完了，佛陀就說：「無盡意！你看觀世音菩薩就有像這樣的自在以及威神力，就這樣遊於娑婆世界。」每一個人都同樣有「觀世音菩薩」這樣的自在和威神力，無始以來就這樣遊於五濁堪忍的世界中。

講到這裡，事上說、理上說，諸位來看看前面經文說的「這部《妙法蓮華經》甚深極甚深，微妙極微妙」，有沒有誇大？（大眾回答：沒有。）末法之世有誰能夠讀得懂？但就是要這樣去理解或勝解，否則讀了以後不信就毀謗說：「我呼求觀世音菩薩救我困厄，我今天資金還欠一億元，觀世音菩薩都不幫忙，靈感何在？」那就是他誤解經典中的意思了。因爲 佛說的能施無畏並不是他所想的文字表義，佛說的能夠救濟眾生的事情也不是他想的道理，而是我們今晚所說的這個道理啊！所以 世尊講這一句話，用意良深，也眞的用心良苦！然而自古以來有幾人能知？你去找找看，古今有很多人註解《妙法蓮華經》，什麼《法華玄義》、《法華科判》、法華什麼贊，眞的有很多，然而誰能夠把這個眞實義講出來？難啊！所以這一部經眞的甚深難解；縱使我如實講解出來了，恐怕世間學人也還眞的難信呢！但是眞有勝解的人，當無盡意解下寶珠瓔珞上呈 觀世音菩薩時就懂了。

我曾經想過，也許我們可以把〈普門品〉所講的內涵，單獨出一本書，成為單本書，也許可以度得很多人進入了義究竟的佛門中。可是我又馬上推翻了，因為下一念想：「我這一印出單行本來，初機學人讀後不造口業才怪。」你想想，他們如果不是從前面一直聽聞、一直閱讀下來，突然間讀到我對〈普門品〉真實義的講解以後，心中一定不信，難免毀謗。而且世尊在一開始就說：這一部經典深妙難解，眾生很難信受。如果我把這一品的解說印成單行本出去，眾生只讀到這一品解說的內容，他們心中無法接受，一定罵翻了：「豈有此理！真會牽強胡扯、胡說八道！」那他造了口業，豈不是由我而導致嗎？正好應了一句話說：「我不殺伯仁，伯仁因我而死。」其心何忍？所以最後還是打消了這個念頭，我還是順著次序一本一本印出去，依舊每兩個月出一本，讓他們從頭慢慢讀起；當他們讀到〈妙音菩薩來往品〉時，已經知道〈妙音菩薩來往品〉講的是這個道理，然後接著讀〈普門品〉時就可以接受，自然不會造口業了。

你想，〈普門品〉中這麼深妙難解的真實義，一開始就直接給他們聽聞時，就好像什麼呢？譬如嬰兒剛剛出生才一天，連母乳都還不能喝的時候，就直接給他吃醍醐，他不死掉才怪。他只能先喝一點點葡萄糖水，過個半天一天，才能給他喝母乳；結果有人一開始就給他吃醍醐，都還不是母乳，那不毒死他才怪，所以我那個念頭馬上就打消了。因爲恐怕會害死初機學人，所以我還是順著次序每兩個月印出一本，讓大家依著次序慢慢讀；讀到後來，若是有人還沒有讀到前面的解說，剛好一開始就讀到這一品的解說，他可能就會開始評論；那他的同學或者同修們，其中有人已經讀過各輯的解說，就會告訴他說：「欸！你不能這樣講。」隨即告訴他爲什麼不能這樣講，於是他的口業就不會再造作，可以懺悔而滅掉謗法、謗賢聖的口業。所以最後我還是決定：就一冊又一冊慢慢來印行，眞的急不來。所以《法華經講義》將來若有機會去大陸出版時，我也不會同意一次出齊，一定要每兩個月出一本，或是分成幾個批次陸續出版，否則恐怕會害很多人造口業。

那麼回到這一句經文來，世尊說：「**無盡意！觀世音菩薩有如是自在神力，遊於娑婆世界。**」只是把這一串寶珠瓔珞從項上拿下來供養 觀世音菩薩，然後 觀世音菩薩不受供養時，有沒有人想過祂爲什麼不受供養？不是只有事上的原因，理上也有原因——因爲祂從來不受供養啊！可是不受供養了以後卻又受了供養，受了供養時卻又沒有受供養。怪不怪？不怪？有的人說怪，有的人說不怪。眞的！你每天三餐供養了「觀世音菩薩摩訶薩」，然而祂從來不受供；可是祂雖不受供，你已經吃了，而祂卻受供了——祂受了法供養，這才是你家的「觀世音菩薩摩訶薩」。

那麼無盡意菩薩以這一串寶珠瓔珞供養 觀世音菩薩，說是值得百千兩金，也就是值得十萬兩黃金，有的人說：「這會不會太誇大，這一串寶珠瓔珞這麼有價值？那如果弄上一、兩百串來，豈不把整個地球都買走了？」我說：「不但值，而且還不止這個價錢，百千兩金還說得客氣呢。」假使你成爲無盡意菩薩的時候，你也同樣願意這樣供養「觀世音菩薩摩訶薩」；因爲你很清楚知道，價值新臺幣四十四億五千萬的這一串寶珠瓔珞，根本不算什麼；如果沒有「觀世音菩薩摩訶薩」，莫說這麼有價值的一串寶珠瓔珞，連一碗米飯都沒得要；因爲一命不存了，何況能持有這一串寶珠瓔珞？所以他想要供養「觀世音菩薩摩訶薩」，絕對不是矯情或者表演，眞是出乎於一心。

可是他想要供養卻供不上呀！因爲「觀世音菩薩摩訶薩」絕對不受供；那你就得回到 佛陀身上來請求，所以回到 佛陀身上來的時候，佛陀當然說應該受供啊！因爲不論是從事相上爲眾生來說，從事相上爲無盡意菩薩來說

——也就是為實證的菩薩們來說；或者說從理上來說，都應該是由 釋迦牟尼佛——也就是自性「觀世音菩薩摩訶薩」與你這個色蘊寶塔「多寶如來」共同來受供。所以這時分作兩分，卻沒有拆成兩串，還是同一串寶珠瓔珞，由釋迦牟尼——也就是你這前七識在當「佛陀」時背後的「能仁寂靜」第八識，加上這一個「多寶佛塔」——五蘊之身，共同來受供養，於是 觀世音菩薩就這樣子供上 釋迦牟尼佛與多寶佛塔了。

那麼結果自性「觀世音菩薩」受供了沒有？依舊沒受供，而受供的是你當 佛陀這前七識以及你這色身——一座多寶佛塔。所以「觀世音菩薩」最後仍然沒受供，但是沒受供之中卻已經成就了「法供養」，所以無盡意菩薩的法供養成功了。這樣才是究竟的法供養，否則講得一堆都沒有用。那麼這樣子，就像無盡意菩薩一樣「即解頸眾寶珠瓔珞」（平實導師此時取下身上戴的瑪瑙念珠，雙手捧著念珠說：）「一分奉釋迦牟尼佛，一分奉多寶佛塔」，諸位看看，我現在解下頸上戴的這串四十四億五千萬臺幣的寶珠瓔珞，而我有個能仁寂靜的「釋迦牟尼佛」，因為不是到達佛地的時候才是能仁又寂靜，而是因地就已經能仁而寂靜了；但因為你這時候，七識已經與你的第八識合而爲一看待了，絕對是能仁寂靜了，（平實導師此時指著自己的身子說：）就跟這個多寶佛塔，（平實導師此時把念珠戴在項上說：）共同戴著這一分寶珠瓔珞，就是接受「法供養」了。這個道理這樣子解說，諸位便聽懂了。

可是如果不是從前面這樣依著順序聽到這裡，如果不是你們已經熏習了如來藏妙義，而是今天第一次來聽我講這個法，心裡一定罵翻了。但這是正常的，所以如果有人今天第一次來就聽到這樣的深法，等一下迴向完離開的時候，嘴裡喃喃講個不停、口中在罵著，諸位要接受，不要用異樣的眼光去看他。因爲對眾生或初機學人而言，這樣的反應或表現都是正常的；也是因爲這一部經太勝妙、太深奧、太難理解，一定是太難信受之法；而我現在把它講了出來，對於少聞寡慧的人來講，他不能信也不能受，所以他會毀謗也是正常的，而我們得要包容他們。

那你所能作的就是以後慢慢去引導他，讓他回歸到正知正見來；等他聞熏久了以後就會接受，然後他在捨報前可以懺悔甚至可能實證，他就滅了罪。所以不要用異樣的眼光來看某某人說：「今晚聽了這麼勝妙的經典，竟然在毀謗。」我們要有站在眾生凡夫位智慧所能理解的心態與眼光來看待他們，然後我們事後來作什麼樣的補救方法救護他們，這樣你今晚聽這勝妙的法義就沒有白聽。

那麼這樣子一分奉 釋迦牟尼佛，一分奉多寶佛塔以後，世尊就作了結論說：「無盡意啊！你看觀世音菩薩有像這樣的自在，像這樣的神力，就這樣遊於娑婆世界。」那你從 世尊這個開示來看人間時，所有的人都有「觀世音菩薩摩訶薩」，不都同樣有這樣的自在神力嗎？不都是這樣遊於娑婆世界的嗎？這樣子大家就瞭解《妙法蓮華經》果然是妙法，果然是蓮花出淤泥而不染，果然能生萬法而又本性清淨，這就是《妙法蓮華經》 世尊之所以演述的道理。接下來經中又怎麼說？

經文：【爾時無盡意菩薩以偈問曰：

世尊妙相具，我今重問彼：佛子何因緣，名爲觀世音？

具足妙相尊，偈答無盡意：

汝聽觀音行，善應諸方所；弘誓深如海，歷劫不思議，

侍多千億佛，發大清淨願。我爲汝略說，聞名及見身，

心念不空過，能滅諸有苦。
假使興害意，推落大火坑，念彼觀音力，火坑變成池。
或漂流巨海，龍魚諸鬼難，念彼觀音力，波浪不能沒。
或在須彌峰，爲人所推墮，念彼觀音力，如日虛空住。
或被惡人逐，墮落金剛山，念彼觀音力，不能損一毛。
或值怨賊繞，各執刀加害，念彼觀音力，咸即起慈心。
或遭王難苦，臨刑欲壽終，念彼觀音力，刀尋段段壞。
或囚禁枷鎖，手足被杻械，念彼觀音力，釋然得解脫。
咒詛諸毒藥，所欲害身者，念彼觀音力，還著於本人。
或遇惡羅剎，毒龍諸鬼等，念彼觀音力，時悉不敢害。
若惡獸圍遶，利牙爪可怖，念彼觀音力，疾走無邊方。
蚖蛇及蝮蠍，氣毒煙火燃，念彼觀音力，尋聲自迴去。
雲雷鼓掣電，降雹澍大雨，念彼觀音力，應時得消散。
眾生被困厄，無量苦逼身，觀音妙智力，能救世間苦。
具足神通力，廣修智方便，十方諸國土，無剎不現身。

種種諸惡趣，地獄鬼畜生，生老病死苦，以漸悉令滅。
眞觀清淨觀，廣大智慧觀，悲觀及慈觀，常願常瞻仰。
無垢清淨光，慧日破諸闇，能伏災風火，普明照世間。
悲體戒雷震，慈意妙大雲，澍甘露法雨，滅除煩惱焰。
諍訟經官處，怖畏軍陣中，念彼觀音力，眾怨悉退散。
妙音觀世音，梵音海潮音，勝彼世間音，是故須常念；
念念勿生疑，觀世音淨聖，於苦惱死厄，能爲作依怙；
具一切功德，慈眼視眾生，福聚海無量，是故應頂禮。】

語譯：【這時無盡意菩薩以偈重新向世尊請問說：

世尊！您微妙的三十二大人相都具足圓滿，我如今重新問那一件事情：

佛弟子是以什麼樣的因緣，可以名之爲觀世音呢？

具足微妙三十二大人相的世尊，也同樣用偈來回答無盡意菩薩說：

你聽我說明觀世音的所行，他是很良善地感應於十方一切的所在；他廣大的誓願深厚猶如大海，經歷過了無數的大劫，那一些大劫之長遠無法思議，而且已經奉侍過千億以上的諸佛，而發下了廣大的清淨的大願了。】

接下來時間又到了，只能等候下一週再來演述。

《妙法蓮華經》〈觀世音菩薩普門品〉，上週語譯到一百九十三頁倒數第七行，今天繼續語譯，要從「我爲汝略說，聞名及見身，心念不空過，能滅諸有苦」開始語譯：

【我爲你大略地說明，凡是聽聞到觀世音菩薩的名號以及看見觀世音菩薩現身的人，以後心心念念都不會空白度過，而且能滅除三界有中的種種苦惱。

假使有惡人興起殘害之意，把他推落大火坑中，他只要憶念那位觀世音菩薩的威神之力，那個火坑就會變成清涼池。

或者有人入海求寶而漂流於巨海之中，遇到惡龍大魚諸鬼等生起大風大浪等惡難，只要憶念那位觀世音菩薩的威神力，所有波浪就不能淹沒他。

或者站在須彌山的頂峰時，被惡人所推而下墮時，憶念那位觀世音菩薩的威神力，就會猶如太陽自在地住於虛空中。

或者被惡人所追逐時，不愼墮落於金剛山中，只要憶念那位觀世音菩薩的威神力，金剛山中的任何刀鋒都不能損害他的一根毛髮。

假使值遇怨賊圍繞著他，這些怨賊各個都手執利刃想要加害於他，這時憶念著那位觀世音菩薩的威神之力，怨賊就可以生起了慈心而不會傷害他。

假使遭遇到王難之苦，面臨行刑時即將要壽命終了，這時憶念那觀世音菩薩的威神力，那些刀子也就一段又一段地毀壞了。

假使由於被囚禁以及被加上了枷鎖，所以手和腳都被銬住了，這時只要憶念觀世音菩薩的威神之力，於是就會鬆開而得到解脫。

如果遇到有人誦咒來詛咒他，或者是用各種毒藥想要傷害他，這時佛子只要憶念觀世音菩薩的威神之力，那一些詛咒和毒藥的弊害就會回歸而去到那個誦咒和施毒的人身上去。

假使遇到了惡羅刹，或者遇到了毒龍與種種惡鬼等，只要憶念著觀世音菩薩的威神力，他們當時就全都不敢來加害。

如果有惡獸圍繞著，而牠們的利牙、利爪是很恐怖的，這時只要憶念觀世音菩薩的威神力，這一些惡獸們就會快速地離開而不知跑到哪裡去。

假使遇到了在地面爬行的無毒蛇類，以及有毒的蛇類，或者毒蠍等等，牠們吐氣時也是有毒的，有時甚至於張嘴而有怨火燃燒起來，這時憶念著觀世音菩薩威神之力，那一些毒蟲等就會循著牠們自己所發出的音聲而迴轉離開了。

有時天空布滿了烏雲而有雷聲鼓動著種種的電光，隨即又降下了冰雹猶如大雨一般，即將要被傷害而死的時候，憶念著觀世音菩薩的威神之力，突然間也就全部都消散了。

當眾生被困住而有災厄的時候，無量痛苦逼迫於他的色身，觀世音菩薩由微妙智慧發出的力量，能夠救護世間的種種苦難。

「觀世音菩薩摩訶薩」具足了種種神通之力，而且廣修各種智慧方便，在十方國土世界之中，沒有一個世界是祂不示現的地方。

在種種的惡趣之中，譬如地獄、鬼道、畜生道之中，有生、老、病、死之苦，也由於「觀世音菩薩摩訶薩」威神力加持的緣故，就可以漸漸地全部都消滅了。

眞實的觀行、清淨的觀行，廣大智慧的觀行以及悲心和慈心的觀行，在觀世音菩薩身上是不間斷的，所以佛子們應當常常發願，希望永遠都可以瞻仰於他。

「觀世音菩薩」沒有汙垢的清淨光，智慧猶如明亮的太陽一樣破壞種種闇冥，而能夠降伏各種的災難，譬如風災與火災，祂普遍照耀的智慧光明可以使一切世間除去黑暗。

由於祂悲心的眞實體而使清淨戒的大雷廣震於十方，由祂的慈心所發出來的意念之中產生了微妙的大雲，降下了無量無邊的甘露法雨，可以滅除眾生的煩惱火焰。

遇到了諍訟而經由官府來處置的時候，或者正在恐怖而令人畏懼的軍陣廝殺之中，憶念那觀世音菩薩的威神之力，這時一切的怨家就會全部都退散。

以微妙的音聲來觀察世間一切音聲，以清淨音和海潮音來爲眾生說法，遠遠地勝過那世間的一切音聲，由於這個緣故而應當永遠不斷地憶念觀世音菩薩。

在每一次憶念觀世音菩薩的時候，都不應該出生一點點的疑惑；觀世音菩薩是清淨的聖者，在苦惱以及不能免除死亡的災厄之中，能夠作爲眾生的依怙；

具足了一切的功德，而以慈愛之眼來顧視眾生，福德聚集猶如大海一樣

廣大，而且是像無量無數的福德海而不可計數，由於這個緣故應該要頂禮「觀世音菩薩摩訶薩。」】

講義：先從文字所說的事相上來解釋。這時無盡意菩薩以偈來請問世尊說：「世尊的微妙法相是具足的，」這是先讚歎，求 佛開示之前應當先作讚歎；不但求 佛開示，即使去見大菩薩而求菩薩開示時，也應該先作讚歎。當然這樣解說並不是要求你們要先讚歎我，我說的是「譬如」，因為這是佛門的規矩。譬如善財大士五十三參以後成為等覺菩薩了，你們看他從一開始直到最後，在面對五十三參中的每一個善知識時，他全都讚歎、禮拜、右繞三匝等；不久以後他都已經入地了，甚至已經到達八地、九地了，見了善知識時一樣是先讚歎再說；讚歎之後接著就是禮拜，然後右繞三匝等，表示恭敬。

這就是說，讚歎三寶時都不嫌多，永遠也別嫌煩。如果你要把善財菩薩每一次遇見善知識時所作的讚歎全部摘錄下來，幾乎就可以成為一本專書了；他的讚歎之語非常多，而且都很恰當，眞是恰如其分。讚歎善知識時也不可以超越，假使有一個人是十住菩薩，你卻讚他說：「哇！你眞不得了，你已經成佛了！」那他當時要如何自處？他會覺得難過的，所以讚歎時要恰如其分。

無盡意菩薩要請問　佛陀之前，當然要先讚歎，這是一種規矩。因此他以偈來請問說：「世尊妙相具，」「妙相具」的意思是說，世尊微妙的三十二大人相全都具足，八十種隨形好也都具足，所以讚歎說「妙相具」。然後才說：「我如今想要重新請問那一位大士的事情，」也就是「我今重問彼」，「彼」就是指那一位大士。「這位佛弟子是什麼樣的因緣？名稱叫作觀世音呢？」他想要請問　觀世音菩薩這個名號的由來。每一位菩薩的名號，在不同的階段就會有不同的名號，也許這一劫是某某名號，下一劫又換成另一個名號，也許到下一尊佛來的時候又換成另一個名號，名號是會換來換去的。可是　觀世音菩薩持續不斷地使用這個名號，很久以來就是這個名號。那為什麼會稱為這個名號呢？是什麼樣的因緣而如此？

具足了妙相的世尊，就同樣以偈來答覆無盡意菩薩：「汝聽觀音行，善應諸方所；弘誓深如海，歷劫不思議，侍多千億佛，發大清淨願。」這是說：「你好好聽著我說明觀世音菩薩觀聽世間音聲的清淨行，他很良善地感應於一切地方和所在；」那麼 觀世音菩薩的感應在很多地方都有，世間人的感應最平常的就是家裡供著 觀世音菩薩，有事情心中懷疑而不能決定時，就來到菩薩面前點上一炷香，禮拜以後就取出筊杯請示一下，這是很常見的事，於是他心中疑惑的事情就決定了。也有人當事情不能決定時，求神問卜以後還是有疑，最後去龍山寺請問 觀世音菩薩，於是抽了籤，然後得到決定。

雖然這些都是題外話，我還是要跟大家講一講：現在許多寺廟爲了莊嚴，製作了大籤桶——像桶子一樣大放在地上，那其實是不如法的，事實上是增加了菩薩的工作，也浪費了信眾們的時間，因爲得要再五、再八擲筊請示籤號是否正確。正確的抽籤方法應該是用一個竹筒，可以拿在信徒的手上，信徒稟明了想要問的事情以後，把籤筒拿成大約四十五度角開始上下搖晃，最後會有一支籤慢慢地浮出來，再把那支籤去擲筊杯確定是否正確。這樣大約兩次到三次就可以確定菩薩給的籤了。這是因爲竹筒製成的籤筒小，裡面的籤支也小，上下搖動時，菩薩就可以在此時運作神力來把想要指示的籤詩號碼拉上來，拉錯的機會就少很多。

可是有些廟裡用直徑一尺半的大籤桶放在地上，由信眾伸手去撥動大竹籤，那就純粹是求籤信眾的機遇率了；菩薩或者天神不方便去作用它，因爲那是由信眾的手去撥動的，所以有時抽了十幾支籤全都不對；每次擲筊杯時都說不是這一支，又得再拿另外一支籤來。像那種大籤桶的竹籤，信徒其實根本不必用手去撥動，順著手勢一次又一次拿就是了，每一次拿了籤就去擲筊杯請問，不正確的就放在一邊，再從籤桶中拿另一支；因爲這種大籤桶，菩薩或天神無從施加神力來選擇，而是由信眾的手直接去拿的，若是一、二次就拿到正確的籤，純粹是或然率罷了。所以說，那只是使寺廟莊嚴好看，才放置那麼大的籤桶，其實不好作事；最好的還是古時那種重量輕的一尺多長的竹籤，放在竹筒中，由信徒拿在手中以四十五度角搖晃，菩薩或天神可以在此時施加神力，正確的竹籤也就容易搖出來。

但是，我曾經看過密宗的錄影帶，他們對這種事情造假。他們用黑色的頭髮去綁著預定好的竹籤放在竹筒中，信徒拿在手上搖，有人站在鏡頭外慢慢地把預定的籤拉出來，就這樣錄給你看，想要讓你信受他們預定要給你知道的答案。而黑色頭髮在光線不很亮的環境下是錄不出來的，就這樣用來騙人，這是題外話；在密宗人士裡，有這種事情也是正常的。我講一個例子好了，我們不是有個禪三道場嗎？在我們同修會買那塊地之前，其實在買定之前兩年我就去看過了，我才一看就當場出了價；可是雙方的價差太大，那時就沒有成交。但我為什麼一看就出價了？因為我看那個地勢時就說這塊地可以買，只是地主開價太高，所以我依照行情價格出了價，就讓仲介去談，當然談不成。

那時地上還有一個鐵皮屋，芒草長到超過一個人高，所以也沒有辦法全部踏勘。但是我從山勢來看就確定可以買，可是一直都談不成，我也沒告訴同修們，同修們就到處去找地。當然我有教他們怎麼樣看地，什麼樣的地適合蓋陰廟，什麼樣的地適合建佛寺，什麼樣的地適合道教建廟，我都跟他們講了其中的差別。包括什麼樣的地是不能買的，不管它的地理有多好，都不能買，我全都把要領講了。那同修們找來找去、看來看去，後來還是回到這一塊地來。那時都已經過了兩年，我才一聽他們說明在什麼地方，我就說：「我知道，這地我曾經去看過。」後來去看時果然就是我以前看的地。

談了很久，都已經要簽約了，可是有些同修們說那地不好；我同修就說：

「不然就這樣子，你們既然都說不好，不如一起去請問觀世音菩薩好了，因為你們很信受觀世音菩薩。」於是他們一行人去龍山寺抽籤，但卻老是抽不到籤；其實是因為籤桶那麼大，每一支籤都是那麼長、那麼粗，真的太重了。他們抽不到籤就打電話來說：「師母！抽不到籤，怎麼辦？」我同修說：「不可能抽不到籤，你們繼續抽，最後一定有籤。」結果最後抽了出來，菩薩終於給了三個聖杯，而那一支籤是籤王；那麼諸位說，那支籤到底是不是很準確？我們祖師堂那塊地只有一個缺點，就是後面靠山不夠高廣，因為那是蓮花地；蓮花地的格局沒什麼靠山可說，可是我們有一個最大的靠山，就是法，法就是正覺最大的靠山，所以一切依法而行就對了！但他們不是抽到籤了嗎？而我們使用起來也還眞是好用呢！

這就是一件菩薩感應的例子，而這種事情其實不少，其他的例子我們就不談了，免得大家都落在佛菩薩的感應上面。這是說，其實 觀世音菩薩的威神之力是很準的，可是有時候會有變化；譬如你去求問時，沒有問到後來將會發生的其他意外狀況，而菩薩依照現在的情況是應該如此的，也就如此指示你。你若是沒有問到其他的變數，菩薩總不能現身來面前跟你說：「你還有其他變數還沒有問到。」而事件中的對方也許請問了鬼神以後，又產生了變化而使他無法如意時，就抱怨說菩薩指示的事情不準確。

這就像 佛陀授記一個優婆夷，說她一定會生出一個男孩子，而且很有福報，也很莊嚴。他的丈夫聽說他太太一定會生男丁，很是歡喜，他沒有問其他可能發生的意外事，直接就走了；結果他的太太突然間遇到災禍死了，竟然還沒有生產就死了，他們一群人可就不信 佛，於是毀謗說：「唉呀！你們看，佛講的話不準確。」可是死後正要火化的時候，有人來問 佛，佛依舊說一定會生下孩子來；多數人都不信，於是開始火化，然後那女人的屍身突然爆開，那個有福德的孩子就這樣出生了，怪的是火也燒不到他，所以 佛陀去的時候還剛好接引了那個孩子。

那個丈夫就問了：「世尊！您怎麼沒有告訴我太太會死？」世尊說：「你沒有問哪！你只問孩子會不會生下來，然後就離去了。」然而世尊說：「一定會生兒子。」跟外道講的一定會中夭的說法不一樣。外道一直說：「那個胎兒不可能出生，一定會成爲死胎。」佛陀說：「不！他一定會出生。」所以有時候往世的因緣眞的很難說，而且有時會有一些變數；如果沒有問清楚這些變數，就不能夠毀謗說：「觀世音菩薩給的籤詩不準。」但有時是他根本就不懂如何抽籤，有時則是解籤的人解錯了，因此這一些事情還是要讓大家瞭解。

接著再回來說「善應諸方所」。觀世音菩薩單是在中國地區就有很多種化現，我們也舉過楊柳觀音、馬郎婦觀音（魚籃觀音）、竹林觀音……等；如今在臺灣很流行的是白衣大士神咒，也就是大家所崇敬的白衣觀音的咒語。但是 觀世音菩薩對眾生的感應並不限在娑婆世界，他是十方界感應的，不是只限定在娑婆世界裡；而他比較常常感應的是五濁惡世的眾生，因為大慈大悲而不捨困苦眾生的緣故。若是天界就不太感應，因為天人過得很好，也不會一天到晚想念著 觀世音菩薩；而我們地球上的人們，凡是憶念 觀世音菩薩的人，都知道他是「救苦救難大慈大悲」。所以 觀世音菩薩的感應事跡很多，只是有的人沒有因緣去感應到，因此 世尊說他「善應諸方所」，是善應而非隨便都能感應到；而有緣的人，他的感應卻沒有方界、沒有所在的限制。

而且 觀世音菩薩的誓願非常廣大，有一部經中說 觀世音菩薩是 正法明如來倒駕慈航來示現爲菩薩；這是因爲　釋迦如來是很早已經成佛的古佛再來，成佛在觀世音菩薩之前很久（正法明如來成佛已來是一大無量數劫，釋迦如來則是在無量無邊百千萬億那由他劫之前成佛，爲滿往昔一千位兄弟次第成佛的大願，特地在此時重新再來示現成佛）；而　正法明如來由於大悲心，因此來　釋迦古佛座下示現爲菩薩，這裡可以瞭解他到底是有什麼樣的威神力，以及大悲心。都已經是　如來了，但是卻倒駕慈航來救護眾生，所以說「弘誓深如海」，他成佛以來所經歷的劫數一般人都已經沒有辦法計算了，而且已經奉侍過很多的千億諸佛了。一千億到底是什麼樣的數目？一千億到底該怎麼講？要算是幾兆？我的算術很差，且不談它。不但是一千億，而且是「多千億」，是已經奉侍過很多的千億諸佛，並且在諸佛所都發過了很偉大的清淨願。

「我爲汝略說，聞名及見身，心念不空過，能滅諸有苦。」世尊接著說：「我爲你大略說明，聽聞到他的名號以及見過他示現色身的人，心心念念都不會空過，一定可以滅除諸有之苦。」能夠感應到　觀世音菩薩現身，眞的很不容易，因爲天神想要見他都不一定能見；所以你如果有機會夢到　觀世音菩薩，應該要高興好幾年。在道教裡面有很多人家裡有事時，會請了神像到家裡面來奉侍懇求，快的話一下午或一整日，慢的話往往要四天。我記得小時候，那時我大約是讀國一，那時還沒有國民中學，叫作初級中學；家裡因爲祖先的事情，請了玄天上帝到家裡來，那一次是四整日，也就是到第五天晚上才降乩，拖了這麼久。通常都是中午去請回家，當天晚上便降乩了，然而爲什麼會拖這麼久？因爲他也弄不清楚我們家祖先到底是怎麼回事，因爲以前互相結怨的雙方都重新往生去人間，已經查問不到了，現在的祖先卻繼承著以往的恩怨，無法解開怨結。

這類事情是招贅的家庭裡常常有的事，凡是家裡奉侍的祖先是兩姓，就會有兩個神主牌，往往家裡都不太平靜；但因爲互相有怨的那一些祖先們各個都已經往生而轉到下一世當人去了，天神也找不到了，那該怎麼辦？就要去問 觀世音菩薩呀！所以天神也不好當，他得要幫人們去請問菩薩。可是菩薩很忙，沒有辦法隨時讓他可以見到，正是由他幫人們去當面請問菩薩。他去求了整整三天才見到菩薩，才終於請菩薩當面開示而弄清楚：原來是過去幾代的祖先有某些事情結了怨，算到這一世的子孫頭上來，知道了以後才能來排解。

那天神降乩很有趣的，那天剛好寒流來了，但他附在乩童身上根本不冷，那乩童起身前往佛廳時只有穿著一件內褲，赤身露體，從床上起身以後就踩著七星步邁向佛堂。其實他是在離開床鋪之前還躺在床上時，就開始打起手印來，然後就開始唱詩歌，都是四字一句的歌。你如果夠聰明，而且你的古文也夠好，那時你就在那邊靜靜地聽他唱，就知道去到佛堂時會告訴你什麼事情。我那時已經在讀《古文觀止》了，雖然年紀還小，卻懂一些古文，所以就站在那邊聽；然後乩童起身，等候侍者為他圍上神明使用的圍裙，上半身依舊沒有著衣，內裡只是一件內褲，踩著七星步緩慢走向佛廳；但那時我已經聽出一些來龍去脈了，不必等他走到廳堂辦事時我就知道了：原來是什麼樣的祖先之間的恩怨。

果然後來上了廳堂，開始辦事時，大家冷得打哆嗦，他光著上身卻是熱得渾身冒汗；然後才終於說出為何遲了這麼久才來處理這一件事情：因為去求見　觀世音菩薩，整整三天才見到。那你想，如果夢見　觀世音菩薩來為你指示，你應當很高興才對；因為連天神都不容易見到，結果菩薩卻特地來找你而作指示。這就是說，你只要有機會遇到菩薩的示現，就表示你和菩薩有很深厚的因緣；像這樣經歷過一次以後，你就知道未來一世的人生經歷，都會很平順地過去，不會有大災難。

且不說感應到菩薩來示現，單說聽到 觀世音菩薩這個名號，就應該很慶幸了；因爲你聽到 觀世音菩薩這個名號時，心中歡喜就跟菩薩種下因緣，你也願意依止於他。當你種下這個因緣以後，表示你未來生生世世都還會有因緣接受他的冥佑；既然有因緣接受他的冥佑，表示你盡未來際都會跟《法華經》〈普門品〉接觸；只要世世跟〈普門品〉接觸，不論還要再經過幾世，遲早你得要開悟——證得「法華經」或「金剛經」如來藏。

因爲：即使是現代那一些老阿公、老阿嬤，其實我現在的年紀也差不多了（編案：時年六十八歲），即使是那一些老阿公、老阿嬤不識得字，靠著一個字又一個字注音在經本上才能課誦的人，他們對 觀世音菩薩有具足的信心，那麼這一世也許還沒有因緣可以悟入，但由於他們對〈普門品〉有這麼大的信心，每天課誦不斷，未來世仍然會跟〈普門品〉的眞實義相應，終究會有一世聽到像我們這樣講解的〈普門品〉眞義，那就是他轉變學佛心態的時候了！於是他終究有一世會走入禪門裡來，就像諸位今天在正覺中悟道一樣。所以世尊說：「不論是聞名或者看見他示現，都會心心念念而不空過，最後一定可以滅掉三有之苦。」就像諸位現在理上已經滅了三有之苦一樣，有實相般若了。假使此世沒機會開悟，那也無所謂，只要拉著菩薩衣角，至少去極樂世界沒問題，也能離開三有之苦。在極樂世界不必像在三界二十五有中去輪迴，一樣是離三有之苦，因爲在那裡長住，最後終必證悟而離生死，所以說「能滅諸有苦」。

接著說：「假使興害意，推落大火坑，念彼觀音力，火坑變成池。」假使有的人因爲別人對他產生了想要加害的意念，所以設局讓他掉下去；可是因爲他心心念念依止於 觀世音菩薩，所以別人的某一件事情表面是好的，背地裡卻是想要危害他的，他覺得心中有疑惑，於是請示 觀世音菩薩；因爲他心中想著：「觀世音菩薩什麼都知道呀！我請問觀世音菩薩就對了。」請問了以後菩薩說：「這個事情不能作。」再怎麼問，都說不能作，於是他就終止或推掉這一件事情；本來有一個火坑等著他要掉進去，也就沒掉進去；當這件事情過去以後反而一切順遂，這也是常常可以看見的事情。

「或漂流巨海，龍魚諸鬼難，念彼觀音力，波浪不能沒。」「漂流巨海」，如果看來已經沒得救了，那時就是該誦唸　觀世音菩薩聖號的時候，這是唯一的辦法。假使在巨海中，船平平安安地漂流，很久以後終究會遇到岸邊；可是如果有惡龍、惡魚或者種種惡鬼來了，那就死定了，這時候就是求救於觀世音菩薩最好了，如果想起來了就趕快唸〈大悲咒〉求菩薩救濟，就能擺脫這一些災難。

以前一位師姊有一件很有趣的事，她住在公寓的五樓，屋頂上面是平臺，她建了一個小佛堂自己用；隔壁家屋頂是平臺，常常請了神在那一邊降乩問事，總是人聲鼎沸覺得很吵，她說：「我都沒辦法自修了。」後來她想到　觀世音菩薩，有一天靈機一動說：「我就來唸大悲觀世音菩薩的威神咒。」就是〈大悲咒〉。那個鬼神被信徒請來了，他們燃香開始進行法事，她就在自己家裡開始面對那個方向唸起〈大悲咒〉來，結果連著三、四次都沒有辦法降乩成功，他們只好鎩羽而歸說：「奇怪！怎麼現在都沒辦法降乩？」但他們不曉得這師姊對著他們誦〈大悲咒〉。所以說，遇到惡龍或者大海中的惡魚、惡鬼來搗蛋時，誦〈大悲咒〉就對了。但是你記得要先開口呼求觀世音菩薩，然後才誦咒。這時惡龍等眾生們興起大海浪想要來淹沒這條船，也就不能成功。

「或在須彌峰，爲人所推墮，念彼觀音力，如日虛空住。」假使在須彌山頂，須彌山頂是什麼人能到？忉利天人。假使在須彌山頂而被人家推墮，那他只要憶念　觀世音菩薩就好了，立刻就像太陽處於虛空一樣自然運行，就不會下墮。

「或被惡人逐，墮落金剛山，念彼觀音力，不能損一毛。」假使被惡人所追逐，墮落於金剛山；金剛山在須彌山的周圍，總共有七座金山，我們說它叫作金剛山。金剛山外圍才是十八大地獄，七金山擋住地獄惡風吹襲人間。如果你在須彌山腰被人家推墮金剛山，這表示是四王天的那一些有情——那些有情大部分屬於夜叉一類，這時他只要憶念起　觀世音菩薩的威神力，求助於　觀世音菩薩，那麼怨家們推他下墮金剛山，並不會使他被傷害。

「或值怨賊繞，各執刀加害，念彼觀音力，咸即起慈心。」這種怨賊圍繞的事情，且不說別的，就說玄奘菩薩好了；他西行求法曾經遇到了盜賊，行李都被搶光了，似乎是高昌國的國王送給他的那一些盤纏等都被搶光；好在沒死，因爲他是個出家人，又有很大的感應，盜賊沒敢殺他；那他到了下一個國度，大家看他一無所有，這時想要再啓程去西天，已經沒有盤纏，那些僧眾就到城裡去說給大眾聽：「你們大家知道應該要幹什麼了。」風聲傳了出去，結果那些盜賊沒想到是搶了一位高僧。因爲玄奘去西天之前就已精通了《俱舍論》，這表示他去西天前，就已經回復前世所證的慧解脫阿羅漢果，也證悟大乘了；他只是因爲隔陰之迷，對大乘法成佛之道的次第與內涵忘記了，以致仍然有所不知，又沒有具體的經教可以指導或作依據來進修，因此不能通達全部成佛之道，因此他要去西天取經，原因就在這裡。

但他其實是求　觀世音菩薩的，他往西天去的整個路程之中也都憶念著觀世音菩薩，觀世音菩薩也在冥冥中作了安排，使那一些盜賊聞風而來，把所搶去的財物都送來歸還，又加上一些財物送給玄奘菩薩；接著玄奘菩薩爲他們授三歸依，他們以後就不再當賊了。這表示什麼？表示這一些盜賊對玄奘菩薩生起了慈愛之心，否則不可能這樣。可是諸位想想，單憑一個人可以使他們這樣改變嗎？不可能！這就是背後　觀世音菩薩的加持所導致的結果。後來皆大歡喜，那些盜賊也不必下墮地獄，這眞的叫作兩全其美。所以怨賊圍繞的時候，最好的辦法就是念 觀世音菩薩；如果有機會得了個空，請「觀世音菩薩」幫忙你，就趕快跑走，這樣就脫離苦難了。

接著說：「或遭王難苦，臨刑欲壽終，念彼觀音力，刀尋段段壞。」我記得有一部《高王觀世音經》，有記錄了這麼一個過程，說有人因爲持誦這一部經，終其一生不曾終止；有一天他遇到了冤屈、已經要行刑了，命都快沒了，但是他心中不斷地呼求 觀世音菩薩，最後那劊子手的大刀砍下來時竟然斷成兩截，換一把來再砍，還是斷成兩截，那縣官就知道了，這一定有冤情；也就判他無罪，事情便了了，這也是一個事例。那我們不能夠說：「我又沒親眼看見。」但人家親自遇到的人，親自看見的人寫了下來，也是可信的。若所有事情都得自己親見才算數，那麼太空人登月的事，以及人間許多事情也就都不可信、不必信了。

接著說：「或囚禁枷鎖，手足被杻械，念彼觀音力，釋然得解脫。」這在中國的歷史記載中，也曾有這樣的事情，我們前面已經略爲說過了，也就不必再解釋。「咒詛諸毒藥，所欲害身者，念彼觀音力，還著於本人。」這也是 觀世音菩薩的威神力所致。接下來說：「或遇惡羅刹、毒龍諸鬼等，念彼觀音力，時悉不敢害。」這個從剛剛舉例誦唸〈大悲咒〉的事情諸位就可以瞭解這一定可以達成；因爲〈大悲咒〉一唸，那些神祇都不能降乩了，何況能加害他？所以「念彼觀音力，時悉不敢害」。那麼如果有「惡獸圍遶，利牙爪可怖，念彼觀音力，疾走無邊方。」當然背後是沒有往世的因果才可能如此。如果背後有往世的因果，是本來就應該還人家一命的，這時菩薩不會干預因果，該被殺、該被吃的，就得被殺、被吃；如果往世沒有因果，純屬惡緣遇到了，菩薩就會伸手相救。

「蚖蛇及蝮蠍，氣毒煙火燃，念彼觀音力，尋聲自迴去。雲雷鼓掣電，降雹澍大雨，念彼觀音力，應時得消散。」這就是說，凡是遇到外來的災患，而你一向與 觀世音菩薩有深厚的因緣，這時只要憶念 觀世音菩薩的威神之力，稱唸 觀世音菩薩聖號，苦難自然就可以解除。

「眾生被困厄，無量苦逼身，觀音妙智力，能救世間苦。具足神通力，廣修智方便，十方諸國土，無剎不現身。種種諸惡趣，地獄鬼畜生，生老病死苦，以漸悉令滅。」這是說眾生在三界中，往往都有各種困苦災難爲惡，所以無量苦在事實上是存在的，但是 觀世音菩薩有勝妙的智慧力量，可以救護世間有情脫離種種痛苦，因爲他具足神通力。而且在各種善巧方便上面的智慧都已經具足，他的感應自然也是「無邊方」，所以在十方世界都可以示現；因此能夠使得信仰他的有情，漸漸地離開了三惡道，並且可以趣向於佛法，到最後生老病死等苦，終究可以漸漸地消滅。

「眞觀清淨觀，廣大智慧觀，悲觀及慈觀，常願常瞻仰。無垢清淨光，慧日破諸闇，能伏災風火，普明照世間。」「眞觀」是說 觀世音菩薩之所觀行並不是緣起性空觀，因爲緣起性空之觀，說的是萬法藉緣生起，而其性無常本空；這都是只對現象界裡的諸法而作觀行，全都是對虛妄法而作觀行，這不能叫作眞觀，要叫作幻觀或者如幻觀，並不是眞觀。眞觀，一定有眞實法而作觀行，清楚了然於這個眞實常住不壞法，才能說是「眞觀」。所以佛法不是聲聞解脫道講的性空緣起之說，而是常住不壞之法，這才叫作「眞觀」。觀世音菩薩度人說法時，絕對不會告訴你說佛法就是「緣起性空」，一定會告訴你「常住法」。

「清淨觀」也是指佛菩提道，二乘法中不說清淨觀。在二乘菩提中，絕對不會有哪一句聖教告訴你說：「五蘊十八界是清淨法。」可是到了大乘法的第二轉法輪般若時期，會告訴你說：「五蘊十八界虛妄無常。」講到最後卻說：「它也是眞實法，因爲依於常住的眞如而有，永續不斷。」這樣才叫「清淨觀」。因爲你五蘊十八界雖然是垢穢不淨的，但其實只是在清淨的如來藏表面顯示出來而已；如來藏本身卻是清淨的，然後你一世又一世這樣示現五蘊，全都附屬於眞實法如來藏心，也就是這一品中講的「觀世音菩薩」，當然一樣屬於清淨法，所以這就叫作清淨觀；二乘法中沒有講這種「清淨觀」的。

觀世音菩薩還有「廣大智慧觀」，廣大的智慧觀是因爲他在十方世界，都是無量無邊無時無刻而不現身，只要眾生有緣就能感應他；但是這種廣大示現的靈通之力，是由於「廣大智慧」的觀行而來的，不是修什麼神通力或者定境而得到的。觀世音菩薩也具足無量悲、無量慈，所以有「悲觀與慈觀」；因此說，有緣的眾生應該要永遠的發願：時時刻刻得以瞻仰。他的「無垢清淨光」，就像智慧的太陽一樣，把所有世間的一切黑暗愚癡都加以照明。而且能夠降伏災變，譬如風災與火災；所以古時往往求神作法無效之後，祈求觀世音菩薩而得成功；歷來的記載也不在少數，那我們就說　觀世音菩薩有普遍照耀的光明；而他的光明是沒有偏袒的，所以照耀著一切世間。

「悲體戒雷震，慈意妙大雲，澍甘露法雨，滅除煩惱焰。諍訟經官處，怖畏軍陣中，念彼觀音力，眾怨悉退散。」「悲體」是說 觀世音菩薩以慈悲為體，既然以慈悲為體，只要眾生需要他，就必然要來救護，也就是「以悲為戒」。假使以慈悲為體，遇到眾生有困厄而竟然不想去救護，這個「悲體戒雷」就會震天價響來提醒，當然一定不會違背「慈意」，因為他以悲為體，不忍眾生受苦，就會轉為慈心。悲者拔除痛苦，不但如此，還要能夠利樂有情；因為 觀世音菩薩不但拔除諸苦，還要給與眾生安樂，給與眾生利益。所以說，這「慈意」之心猶如微妙的大雲一樣，遮護一切眾生不受苦難。並且有時候還為眾生說法，就像下雨一樣不斷地降下來；下什麼樣的雨？甘露法雨呀！我們剛好有一本書也叫《甘露法雨》，不過，若是要嚴格地說，那其實還沒有資格叫甘露法雨，而是因為所說的只是針對密宗講的甘露來破斥、來辨正，想要救一些信密宗的人回歸正道，才把它叫作《甘露法雨》，其實講得很淺，還不能夠談得上佛法中的甘露，只是接引初機學人之用。但 觀世音菩薩真的降下甘露法雨，只要聽他說法，那絕對不是普通的法；那時你不會聽到四聖諦、八正道、十二因緣這些聲聞法的粗淺法義，一定是爲你解說微妙殊勝之大乘法；只要降下了這一些甘露法雨，當然可以滅除世間有情的煩惱火焰。

接下來講到這個諍訟的事情，凡是諍訟，一定要經由官府的單位來處理，對吧？所以「諍訟經官」，譬如現代如果互相有諍訟，就告到法院去處理。咱們也遇到過一件，對不？我被達賴的團體告了。他們那樣的告訴理由，在臺北法院還能成立，顯然達賴在臺北地方法院、高等法院的勢力還眞不小。我說達賴他們勢力還眞不小，影響了臺北法院可以對我們社會教育救護眾生的文字，作出這樣斷章取義、移花接木的事情，來判我們有罪。不但如此，原告達賴團體沒有舉告的罪，法官竟然還幫他找理由來加給我們，這是很荒唐的事情，因爲違背訴訟法則，法官這樣作也是違法的。

不過，既然諍訟經官，法官糊塗而判我有罪了，那時我突發奇想：「被判了一個月徒刑，我就去裡面休息打坐也不錯。」那時是這麼想的。那我這麼想，背後是有個原因的；你不要搖頭，我背後是有個原因的，因爲我如果去裡面坐一個月，那麼大陸的同修們學法會比較順利一點，因爲我已經成爲達賴喇嘛的迫害者了，新聞媒體應該會報導出來。懂這個道理嗎？所以我從小就有一種看法：不論什麼事情，都是一得一失。不管哪一件事情，在這邊得了時，在那邊就失了；在那邊失去時，這邊就可以得；所以我進去裡面打坐三十天出來以後，大陸的同修們會得到比較大的利益，中國佛教的復興應該會比較順利一些。

因爲我們往世在大陸的人數本來就非常多，跟著我生來臺灣的人不是多數。且不說別的，單說杭州，古時應該叫作臨安？是不是？那時不是被宋高宗搞了個鬼，把我弄到南方去？對吧？當時送行的人有兩萬。光是那個地方就有兩萬人，那麼其他的地方呢？所以我們還有很多親人留在大陸，我們要去再把他們找回來正法之中，一起來復興佛教。那我如果進去坐一個月，將來他們得到的利益會比較快、比較大，我是盤算過的，所以我心裡面沒有覺得沮喪或難過；從來都沒有，因爲我是準備要進去監獄裡打坐的，我主動要去報到。

後來我們有一位當法官的同修說：「法院不收您啦！誰收了您，誰倒楣。沒有人願意收您的，老師！您不要打妄想了啦！」（大眾笑…）他們就勸止我說：「眞要這樣作，那您就是沒想到臺灣這邊的同修。那您這一個月在那裡面坐，有很多人會掉眼淚。」我聽了，心中一酸，也就沒辦法堅持要進去坐牢了，因此我說：「算了！算了！」然而，達賴集團他們這麼誣告成功了，背後對我們卻是好的；所以我們近來在那邊印書時，申請書號開始變得比較順利了。你看我們一百本書，十幾年來在大陸只能印個三、五本出來，眞是寥寥無幾，而且被宗教局改得很嚴重。可是達賴集團這麼一告，而且告成功而判我的罪了，那我們在大陸反而順利了，預計以後印出來的書籍將會多一點，這不就是一得一失嗎？

所以說，被誣告的官司輸了就輸了，沒什麼可以難過的；所謂失之東隅，收之桑榆！桑榆的收穫竟遠比倒掉東邊的那一面牆更大；因爲倒掉了以後，圍牆外面一大片桑榆可就由著我們收割啊！沒有壞處的。不過，當時我都沒有想到要「念彼觀音力」（大眾笑…），因爲我心中所念的就是眞如——能仁寂靜。說實話，我什麼都沒有念，我就只是繼續專心工作，把去監獄報到日之前應該要作的工作趕快作完；接下來一個月之中我不必理會任何事情，大眾都可以自己順利去進行；因此我把一些印書的相關事情全部都趕完了。那時我就是作這樣的預備工作，所以我是已經準備好要自動進去打坐的；可惜監獄已經人滿爲患，法院不會收我，只好把易科罰金的錢繳了，也就罷了。這就是說，我沒有那個作意——祈求觀世音菩薩消災免厄。其實我在想什麼，觀世音菩薩全都知道，都瞞不了，這是因爲我有我的看法：我這邊失掉了一塊錢，但是我在另外一邊可以收到十塊錢，中國佛教復興會更順利，我是打這個算盤的。可是達賴集團密宗人士他們都不懂，那他們就繼續告，都沒關係；我被告的案件越多、拖得越長，我們佛教正法的收穫也就跟著越大。這道理，我也不怕他們知道。其實他們眞的沒智慧，我想他們是不知道這個道理的，這就不談它了。

這就是說，諍訟經官，在古時候冤屈的情形，其實都比現代還要多，但是只要感應到觀世音菩薩出面來處理的時候，那縣官看見奇怪的現象，就知道背後一定有什麼冤屈，就可以解決，這種事情是很常見的。有時在兩軍對仗之中，也有人因爲佛菩薩的感應，讓敵軍看見這一邊有佛菩薩廣大妙身示現出來，對方那個主將一看見了，就知道這個仗不能打；不管是誰，都不願意得罪佛菩薩，所以就撤軍了。中國古時也有這樣的紀錄呀！所以這些事情是可信的，我們應該要信受。

接著說：「妙音觀世音，梵音海潮音，勝彼世間音，是故須常念；」確實，觀世音菩薩若是有所開示，一定是微妙音，而且都是觀聽世間人的音聲來作開示；然後以清淨的、恆不間斷的法音來勸導眾生，所以感應到菩薩來為你解除災厄的時候，他通常會簡單幾句話，順便開示一些佛法。雖然這一些音聲沒有很多句，卻都勝過世間音。所以有因緣可以與菩薩結緣時，應當要趕快結緣，要常常憶念 觀世音菩薩。

「念念勿生疑，觀世音淨聖，於苦惱死厄，能為作依怙；具一切功德，慈眼視眾生，福聚海無量，是故應頂禮。」也就是說，既然信受了，就不要再疑。最怕的就是半信半疑，當他的信心不夠時，感應到菩薩的心力就很小，想要 觀世音菩薩來為他示現和救難，將是很難的事；所以說，念念之中都不要生起疑心，因為 觀世音菩薩是清淨的聖者。所以在苦惱乃至於臨死或者死後的中陰境界中，所存在的苦厄境界中，觀世音菩薩可以作為我們的依怙，因為他具足一切功德。

他所具足的功德，在《楞嚴經》中已經說過了，在其他的經中也有講過，在這一品裡面當然更說明了他的很多功德，而他永遠以慈愛之眼來顧視著眾生；只要跟他有緣，他就慈眼顧視。而且他所有的福聚海，並不是只有一個、兩個，他的福聚海是無量無邊的。想想看，他在極樂世界未來將紹繼阿彌陀佛成佛；阿彌陀佛是無量壽，但最後還是會示現入無餘涅槃，然後他會繼承而成為極樂世界的教主。可是他成佛，只是再一次示現成佛；未來他的壽命也是無量無邊，那麼大家想想看，他的福德到底有多大？所以說他的福聚海是無量無邊的，不是只有一個福聚海；由於這麼多的緣故，所以應當要頂禮觀世音菩薩。（〈觀世音菩薩普門品〉未完，詳後第二十四輯續說。）

佛教正覺同修會〈修學佛道次第表〉

第一階段
＊以憶佛及拜佛方式修習動中定力。
＊學第一義佛法及禪法知見。
＊無相拜佛功夫成就。
＊具備一念相續功夫—動靜中皆能看話頭。
＊努力培植福德資糧，勤修三福淨業。

第二階段
＊參話頭，參公案。
＊開悟明心，一片悟境。
＊鍛鍊功夫求見佛性。
＊眼見佛性〈餘五根亦如是〉親見世界如幻，成就如幻觀。
＊學習禪門差別智。
＊深入第一義經典。
＊修除性障及隨分修學禪定。
＊修證十行位陽焰觀。

第三階段
＊學一切種智真實正理—楞伽經、解深密經、成唯識論…。
＊參究末後句。
＊解悟末後句。
＊透牢關—親自體驗所悟末後句境界，親見實相，無得無失。
＊救護一切衆生迴向正道。護持了義正法，修證十迴向位如夢觀。
＊發十無盡願，修習百法明門，親證猶如鏡像現觀。
＊修除五蓋，發起禪定。持一切善法戒。親證猶如光影現觀。
＊進修四禪八定、四無量心、五神通。進修大乘種智，求證猶如谷響現觀。

佛菩提二主要道次第概要表——二道並修，以外無別佛法

佛菩提道——大菩提道

遠波羅蜜多

資糧位

十信位修集信心——一劫乃至一萬劫

初住位修集布施功德（以財施爲主）。

二住位修集持戒功德。

三住位修集忍辱功德。

四住位修集精進功德。

五住位修集禪定功德。

六住位修集般若功德（熏習般若中觀及斷我見，加行位也）。

外門廣修六度萬行

見道位

七住位明心般若正觀現前，親證本來自性清淨涅槃。

八住位起於一切法現觀般若中道。漸除性障。

十住位眼見佛性，世界如幻觀成就。

一至十行位，於廣行六度萬行中，依般若中道慧，現觀陰處界猶如陽焰，至第十行滿心位，陽焰觀成就。

一至十迴向位熏習一切種智；修除性障，唯留最後一分思惑不斷。第十迴向滿心位成就菩薩道如夢觀。

內門廣修六度萬行

初地：第十迴向位滿心時，成就道種智一分（八識心王一一親證後，領受五法、三自性、七種第一義、七種性自性、二種無我法）復由勇發十無盡願，成通達位菩薩。復又永伏性障而不具斷，能證慧解脫而不取證，由大願故留惑潤生。此地主修法施波羅蜜多及百法明門。證「猶如鏡像」現觀，故滿初地心。

二地：初地功德滿足以後，再成就道種智一分而入二地；主修戒波羅蜜多及一切種智。滿心位成就「猶如光影」現觀，戒行自然清淨。

解脫道：二乘菩提

斷三縛結，成初果解脫 ←

薄貪瞋癡，成二果解脫 ←

斷五下分結，成三果解脫 ←

入地前的四加行令煩惱障現行悉斷，成四果解脫，留惑潤生。分段生死已斷，煩惱障習氣種子開始斷除，兼斷無始無明上煩惱。

近波羅蜜多

大波羅蜜多

圓滿波羅蜜多

修道位

三地：二地滿心再證道種智一分，故入三地。此地主修忍波羅蜜多及四禪八定、四無量心、五神通。能成就俱解脫果而不取證，留惑潤生。滿心位成就「猶如谷響」現觀及無漏妙定意生身。

四地：由三地再證道種智一分故入四地。主修精進波羅蜜多，於此土及他方世界廣度有緣，無有疲倦。進修一切種智，滿心位成就「如水中月」現觀。

五地：由四地再證道種智一分故入五地。主修禪定波羅蜜多及一切種智，斷除下乘涅槃貪。滿心位成就「變化所成」現觀。

六地：由五地再證道種智一分故入六地。此地主修般若波羅蜜多——依道種智現觀十二因緣一一有支及意生身化身，皆自心眞如變化所現，「非有似有」，成就細相觀，不由加行而自然證得滅盡定，成俱解脫大乘無學。

七地：由六地「非有似有」現觀，再證道種智一分故入七地。此地主修一切種智及方便波羅蜜多，由重觀十二有支一一支中之流轉門及還滅門一切細相，成就方便善巧，念念隨入滅盡定。滿心位證得「如犍闥婆城」現觀。

七地滿心斷除故意保留之最後一分思惑時，煩惱障所攝色、受、想三陰有漏習氣種子全部斷盡。

八地：由七地極細相觀成就故再證道種智一分而入八地。此地主修一切種智及願波羅蜜多。至滿心位純無相觀任運恆起，故於相土自在，滿心位復證「如實覺知諸法相意生身」故。

九地：由八地再證道種智一分故入九地。主修力波羅蜜多及一切種智，成就四無礙，滿心位證得「種類俱生無行作意生身」。

十地：由九地再證道種智一分故入此地。此地主修一切種智——智波羅蜜多。滿心位起大法智雲，及現起大法智雲所含藏種種功德，成受職菩薩。

等覺：由十地道種智成就故入此地。此地應修一切種智，圓滿等覺地無生法忍；於百劫中修集極廣大福德，以之圓滿三十二大人相及無量隨形好。

煩惱障所攝行、識二陰無漏習氣種子任運漸斷，所知障所攝上煩惱任運漸斷。

究竟位

妙覺：示現受生人間已斷盡煩惱障一切習氣種子，並斷盡所知障一切隨眠，永斷變易生死無明，成就大般涅槃，四智圓明。人間捨壽後，報身常住色究竟天利樂十方地上菩薩；以諸化身利樂有情，永無盡期，成就究竟佛道。

斷盡變易生死成就大般涅槃

圓滿成就究竟佛果

佛子**蕭平實** 謹製

（二〇〇九、〇二 修訂）

（二〇一二、〇二 增補）

佛教正覺同修會 共修現況 及 招生公告　2020/05/03

一、共修現況：（請在共修時間來電，以免無人接聽。）

台北正覺講堂 103 台北市承德路三段 277 號九樓 捷運淡水線圓山站旁

Tel..總機 02-25957295（晚上）（**分機：九樓**辦公室 10、11；知客櫃檯 12、13。 **十樓**知客櫃檯 15、16；書局櫃檯 14。 **五樓**辦公室 18；知客櫃檯 19。**二樓**辦公室 20；知客櫃檯 21。）

Fax..25954493

第一講堂　台北市承德路三段 277 號九樓

禪淨班：週一晚班、週三晚班、週四晚班、週五晚班、週六下午班、週六上午班（共修期間二年半，全程免費。皆須報名建立學籍後始可參加共修，欲報名者詳見本公告末頁。）

增上班：瑜伽師地論詳解：單週六晚班。雙週六晚班（重播班）。17.50～20.50。平實導師講解，2003 年 2 月開講至今，僅限已明心之會員參加。

禪門差別智：每月第一週日全天　平實導師主講（事冗暫停）。

不退轉法輪經詳解　本經所說妙法極爲甚深難解，時至末法，已然無有知者；而其甚深絕妙之法，流傳至今依舊多人可證，顯示佛法眞是義學而非玄談，其中甚深極妙令人拍案稱絕之第一義諦妙義。已於 2019 年元月底開講，由平實導師詳解。每逢週二晚上開講，第一至第六講堂都可同時聽聞，歡迎菩薩種性學人，攜眷共同參與此殊勝法會現場聞法，不限制聽講資格。本會學員憑上課證進入第一至第四講堂聽講，會外學人請以身分證件換證進入聽講（此爲大樓管理處安全管理規定之要求，敬請諒解）；第五及第六講堂（B1、B2）對外開放，不需出示任何證件，請由大樓側門直接進入。

第二講堂　台北市承德路三段 267 號十樓。

不退轉法輪經詳解：平實導師講解。每週二 18.50~20.50 影像音聲即時傳輸

禪淨班：週一晚班。

進階班：週三晚班、週四晚班、週五晚班、週六早班、週六下午班。禪淨班結業後轉入共修。

第三講堂　台北市承德路三段 277 號五樓。

不退轉法輪經詳解：平實導師講解。每週二 18.50~20.50 影像音聲即時傳輸

禪淨班：週六下午班。

進階班：週一晚班、週三晚班、週四晚班、週五晚班。

第四講堂　台北市承德路三段 267 號二樓。

不退轉法輪經詳解：平實導師講解。每週二 18.50~20.50 影像音聲即時傳輸

進階班：週一晚班、週三晚班、週四晚班（禪淨班結業後轉入共修）。

第五、第六講堂

不退轉法輪經詳解：平實導師講解。每週二 18.50~20.50 影像音聲即時傳

輸。第五、第六講堂為**開放式講堂**，不需以身分證件換證即可進入聽講，台北市承德路三段 267 號地下一樓、地下二樓。每逢週二晚上講經時段開放給會外人士自由聽經，請由大樓側面梯階逕行進入聽講。**聽講者請尊重講者的著作權及肖像權，請勿錄音錄影，以免違法；若有錄音錄影被查獲者，將依法處理。**

念佛班　每週日晚上，第六講堂共修（B2），一切求生極樂世界的三寶弟子皆可參加，不限制共修資格。

進階班：週一晚班、週三晚班、週四晚班。

正覺祖師堂　桃園市大溪區美華里信義路 650 巷坑底 5 之 6 號（台 3 號省道 34 公里處 妙法寺對面斜坡道進入）電話 03-3886110　傳真 03-3881692 本堂供奉 克勤圓悟大師，專供會員每年四月、十月各三次精進禪三共修，兼作本會出家菩薩掛單常住之用。開放參訪日期請參見本會公告。教內共修團體或道場，得另申請其餘時間作團體參訪，務請事先與常住確定日期，以便安排常住菩薩接引導覽，亦免妨礙常住菩薩之日常作息及修行。

桃園正覺講堂（第一、第二講堂）：桃園市介壽路 286、288 號 10 樓（陽明運動公園對面）電話：03-3749363（請於共修時聯繫，或與台北聯繫）

禪淨班：週一晚班（1）、週一晚班（2）、週三晚班、週四晚班、週五晚班。

進階班：週四晚班、週五晚班、週六上午班。

增上班：雙週六晚班（增上重播班）。

不退轉法輪經詳解：平實導師講解。每週二晚上，以台北正覺講堂所錄 DVD 放映；歡迎會外學人共同聽講，不需出示身分證件。

新竹正覺講堂　新竹市東光路 55 號二樓之一　電話 03-5724297（晚上）

第一講堂：

禪淨班：週五晚班。

進階班：週三晚班、週四晚班、週六上午班（由禪淨班結業後轉入共修）。

增上班：單週六晚班。雙週六晚班（重播班）。

不退轉法輪經詳解：平實導師講解。每週二晚上，以台北正覺講堂所錄 DVD 放映。歡迎會外學人共同聽講，不需出示身分證件。

第二講堂：

禪淨班：週一晚班、週三晚班、週四晚班、週六上午班。

不退轉法輪經詳解：每週二晚上與第一講堂同步播放講經 DVD。

第三、第四講堂：裝修完畢，即將開放。

台中正覺講堂　04-23816090（晚上）

第一講堂　台中市南屯區五權西路二段 666 號 13 樓之四（國泰世華銀行樓上。鄰近縣市經第一高速公路前來者，由五權西路交流道可以快速到達，大樓旁有停車場，對面有素食館）。

禪淨班：週四晚班、週五晚班。

進階班：週一晚班、週三晚班、週六上午班（由禪淨班結業後轉入共修）。

增上班：單週六晚班。雙週六晚班（重播班）。

不退轉法輪經詳解：平實導師講解。每週二晚上，以台北正覺講堂所錄 DVD 放映。歡迎會外學人共同聽講，不需出示身分證件。

第二講堂　台中市南屯區五權西路二段 666 號 4 樓

禪淨班：週一晚班、週三晚班。

第三講堂台中市南屯區五權西路二段 666 號 4 樓

禪淨班：週一晚班。

第四講堂台中市南屯區五權西路二段 666 號 4 樓。

進階班：週一晚班、週四晚班、週六上午班。由禪淨班結業後轉入共修。

不退轉法輪經詳解：每週二晚上與第一講堂同步播放講經 DVD。

嘉義正覺講堂　嘉義市友愛路 288 號八樓之一　電話：05-2318228

第一講堂：

禪淨班：週四晚班、週五晚班、週六上午班。

進階班：週一晚班、週三晚班（由禪淨班結業後轉入共修）。

增上班：單週六晚班。雙週六晚班（重播班）。

不退轉法輪經詳解：平實導師講解。每週二晚上，以台北正覺講堂所錄 DVD 放映。歡迎會外學人共同聽講，不需出示身分證件。

第二講堂　嘉義市友愛路 288 號八樓之二。

第三講堂　嘉義市友愛路 288 號四樓之七。

禪淨班：週一晚班、週三晚班。

台南正覺講堂

第一講堂　台南市西門路四段 15 號 4 樓。06-2820541（晚上）

禪淨班：週一晚班、週三晚班、週四晚班、週五晚班、週六下午班。

增上班：單週六晚班。雙週六晚班（重播班）。

第二講堂　台南市西門路四段 15 號 3 樓。

不退轉法輪經詳解：每週二晚上與第三講堂同步播放講經 DVD。

第三講堂　台南市西門路四段 15 號 3 樓。

進階班：週一晚班、週三晚班、週四晚班、週五晚班（由禪淨班結業後轉入共修）。

不退轉法輪經詳解：平實導師講解。每週二晚上，以台北正覺講堂所錄 DVD 放映。歡迎會外學人共同聽講，不需出示身分證件。。

高雄正覺講堂　高雄市新興區中正三路 45 號五樓 07-2234248（晚上）

第一講堂（五樓）：

禪淨班：週一晚班、週三晚班、週四晚班、週五晚班、週六上午班。

增上班：單週六晚班。雙週六晚班（重播班）。

不退轉法輪經詳解：平實導師講解。每週二晚上，以台北正覺講堂所錄 DVD 放映。歡迎會外學人共同聽講，不需出示身分證件。

第二講堂（四樓）：

進階班：週三晚班、週四晚班、週六上午班（由禪淨班結業後轉入共修）。

不退轉法輪經詳解：每週二晚上與第一講堂同步播放講經 DVD。

第三講堂（三樓）：

進階班：週四晚班（由禪淨班結業後轉入共修）。

香港正覺講堂

九龍觀塘，成業街 10 號，電訊一代廣場 27 樓 E 室。

（觀塘地鐵站 B1 出口，步行約 4 分鐘）。電話：(852) 23262231

英文地址：Unit E，27th Floor, TG Place, 10 Shing Yip Street, Kwun Tong, Kowloon

禪淨班：雙週六下午班、雙週日下午班、單週六下午班、單週日下午班

進階班：雙週五晚上班、雙週日早上班（由禪淨班結業後轉入共修）。

增上班：每月第一週週日，以台北增上班課程錄成 DVD 放映之。

增上重播班：每月第一週週六，以台北增上班課程錄成 DVD 放映之。

大法鼓經詳解：平實導師講解。每週六、日 19:00～21:00，以台北正覺講堂所錄 DVD 放映；歡迎會外學人共同聽講，不需出示身分證件。

美國洛杉磯正覺講堂　☆已遷移新址☆

825 S. Lemon Ave Diamond Bar, CA 91789 U.S.A.
Tel. (909) 595-5222（請於週六 9:00~18:00 之間聯繫）
Cell. (626) 454-0607

禪淨班：每逢週末 16：00~18：00 上課。

進階班：每逢週末上午 10：00~12：00 上課。

不退轉法輪經詳解：平實導師講解。每週六下午 13：30~15：30 以台北所錄 DVD 放映。歡迎各界人士共享第一義諦無上法益，不需報名。

二、招生公告

本會台北講堂及全省各講堂、香港講堂，每逢四月、十月下旬開新班，每週共修一次（每次二小時。開課日起三個月內仍可插班）；**但美國洛杉磯共修處之禪淨班得隨時插班共修。各班共修期間皆爲二年半，全程免費，欲參加者請向本會函索報名表**（各共修處皆於共修時間方有人執事，非共修時間請勿電詢或前來洽詢、請書），**或直接從本會官方網站**(http://www.enlighten.org.tw/newsflash/class)**或成佛之道網站下載報名表**。共修期滿時，若經報名禪三審核通過者，可參加四天三夜之禪三精進共修，有機會明心、取證如來藏，發起般若實相智慧，成爲實義菩薩，脫離凡夫菩薩位。

三、新春禮佛祈福 農曆**年假**期間停止共修：自農曆新年前七天起停止共修與弘法，正月 8 日起回復共修、弘法事務。新春期間正月初一～初七 9.00～17.00 開放台北講堂、正月初一~初三開放新竹、台中、嘉義、台南、高雄講堂，以及大溪禪三道場（正覺祖師堂），方便會員供佛、祈福及會外人士請書。美國洛杉磯共修處之休假時間，請逕詢該共修處。

密宗四大派修雙身法，是外道性力派的邪法；又以生滅的識陰作為常住法，是常見外道，是假的藏傳佛教。

西藏覺囊巴以他空見弘揚第八識如來藏勝法，才是真藏傳佛教

佛教正覺同修會　弘法行事表

2019/02/18

1、**禪淨班**　以無相念佛及拜佛方式修習動中定力，實證一心不亂功夫。傳授解脫道正理及第一義諦佛法，以及參禪知見。共修期間：二年六個月。每逢四月、十月開新班，詳見招生公告表。

2、**進階班**　禪淨班畢業後得轉入此班，進修更深入的佛法，期能證悟明心。各地講堂各有多班，繼續深入佛法、增長定力，悟後得轉入增上班修學道種智，期能證得無生法忍。

3、**增上班 瑜伽師地論**詳解　詳解論中所言凡夫地至佛地等 17 師之修證境界與理論，從凡夫地、聲聞地……宣演到諸地所證無生法忍、一切種智之眞實正理。由平實導師開講，每逢一、三、五週之週末晚上開示，僅限已明心之會員參加。2003 年二月開講至今，預定 2019 年講畢。

4、**不退轉法輪經**詳解　本經所說妙法極爲甚深難解，時至末法，已然無有知者；而其甚深絕妙之法，流傳至今依舊多人可證，顯示佛法眞是義學而非玄談，其中甚深極妙令人拍案稱絕之第一義諦妙義。已於 2019 年元月底開講，由平實導師詳解。不限制聽講資格。

5、**精進禪三**　主三和尚：平實導師。於四天三夜中，以克勤圓悟大師及大慧宗杲之禪風，施設機鋒與小參、公案密意之開示，幫助會員剋期取證，親證不生不滅之眞實心——人人本有之如來藏。每年四月、十月各舉辦三個梯次；平實導師主持。僅限本會會員參加禪淨班共修期滿，報名審核通過者，方可參加。並選擇會中定力、慧力、福德三條件皆已具足之已明心會員，給以指引，令得眼見自己無形無相之佛性遍佈山河大地，眞實而無障礙，得以肉眼現觀世界身心悉皆如幻，具足成就如幻觀，圓滿十住菩薩之證境。

6、**阿含經**詳解　選擇重要之阿含部經典，依無餘涅槃之實際而加以詳解，令大眾得以現觀諸法緣起性空，亦復不墮斷滅見中，顯示經中所隱說之涅槃實際—如來藏—確實已於四阿含中隱說；令大眾得以聞後觀行，確實斷除我見乃至我執，證得**見到**眞現觀，乃至**身證**……等眞現觀；已得大乘或二乘見道者，亦可由此聞熏及聞後之觀行，除斷我所之貪著，成就慧解脫果。由平實導師詳解。不限制聽講資格。

7、**解深密經**詳解　重講本經之目的，在於令諸已悟之人明解大乘法道之成佛次第，以及悟後進修一切種智之內涵，確實證知三種自性性，並得據此證解七眞如、十眞如等正理。每逢週二 18.50~20.50 開示，由平實導師詳解。將於《**不退轉法輪經**》講畢後開講。不限制聽講資格。

8、**成唯識論**詳解　詳解一切種智眞實正理，詳細剖析一切種智之微細深妙廣大正理；並加以舉例說明，使已悟之會員深入體驗所證如來藏之微密行相；及證驗見分相分與所生一切法，皆由如來藏—阿賴耶識—直接或展轉而生，因此證知一切法無我，證知無餘涅槃之本際。將於增上班《瑜伽師地論》講畢後，由平實導師重講。僅限已明心之會員參加。

9、**精選如來藏系經典**詳解　精選如來藏系經典一部，詳細解說，以此完全印證會員所悟如來藏之眞實，得入不退轉住。另行擇期詳細解說之，由平實導師講解。僅限已明心之會員參加。

10、**禪門差別智**　藉禪宗公案之微細淆訛難知難解之處，加以宣說及剖析，以增進明心、見性之功德，啓發差別智，建立擇法眼。每月第一週日全天，由平實導師開示，僅限破參明心後，復又眼見佛性者參加（事冗暫停）。

11、**枯木禪**　先講智者大師的《小止觀》，後說《釋禪波羅蜜》，詳解四禪八定之修證理論與實修方法，細述一般學人修定之邪見與岔路，及對禪定證境之誤會，消除枉用功夫、浪費生命之現象。已悟般若者，可以藉此而實修初禪，進入大乘通教及聲聞教的三果心解脫境界，配合應有的大福德及後得無分別智、十無盡願，即可進入初地心中。親教師：平實導師。未來緣熟時將於正覺寺開講。不限制聽講資格。

註：本會例行年假，自 2004 年起，改爲每年農曆新年前七天開始停息弘法事務及共修課程，農曆正月 8 日回復所有共修及弘法事務。新春期間（每日 9.00~17.00）開放台北講堂，方便會員禮佛祈福及會外人士請書。大溪區的正覺祖師堂，開放參訪時間，詳見〈正覺電子報〉或成佛之道網站。本表得因時節因緣需要而隨時修改之，不另作通知。

佛教正覺同修會　贈閱書籍 目錄　　2018/10/20

1.**無相念佛**　平實導師著　回郵 36 元
2.**念佛三昧修學次第**　平實導師述著　回郵 52 元
3.**正法眼藏—護法集**　平實導師述著　回郵 76 元
4.**真假開悟簡易辨正法&佛子之省思**　平實導師著　回郵 26 元
5.**生命實相之辨正**　平實導師著　回郵 31 元
6.**如何契入念佛法門**（附：印順法師否定極樂世界）平實導師著　回郵 26 元
7.**平實書箋**—答元覽居士書　平實導師著　回郵 52 元
8.**三乘唯識**—如來藏系經律彙編　平實導師編　回郵 80 元
（精裝本　長 27 ㎝　寬 21 ㎝　高 7.5 ㎝　重 2.8 公斤）
9.**三時繫念全集**—修正本　回郵掛號 52 元（長 26.5 ㎝×寬 19 ㎝）
10.**明心與初地**　平實導師述　回郵 31 元
11.**邪見與佛法**　平實導師述著　回郵 36 元
12.**甘露法雨**　平實導師述　回郵 36 元
13.**我與無我**　平實導師述　回郵 36 元
14.**學佛之心態**—修正錯誤之學佛心態始能與正法相應 孫正德老師著 回郵52元
附錄：平實導師著《**略說八、九識並存…等之過失**》
15.**大乘無我觀**—《悟前與悟後》別說　平實導師述著　回郵 36 元
16.**佛教之危機**—中國台灣地區現代佛教之真相（附錄：公案拈提六則）
平實導師著　回郵 52 元
17.**燈 影**—燈下黑（覆「求教後學」來函等）　平實導師著　回郵 76 元
18.**護法與毀法**—覆上平居士與徐恒志居士網站毀法二文
張正圜老師著　回郵 76 元
19.**淨土聖道**—兼評**選擇本願念佛**　正德老師著　**由正覺同修會購贈** 回郵52元
20.**辨唯識性相**—對「紫蓮心海《辯唯識性相》書中否定阿賴耶識」之回應
正覺同修會 台南共修處法義組 著　回郵52元
21.**假如來藏**—對法蓮法師《如來藏與阿賴耶識》書中否定阿賴耶識之回應
正覺同修會 台南共修處法義組 著　回郵 76 元
22.**入不二門**—公案拈提集錦 第一輯（於平實導師公案拈提諸書中選錄約二十則，
合輯爲一冊流通之）平實導師著　回郵52元
23.**真假邪說**—西藏密宗索達吉喇嘛《破除邪說論》真是邪說
釋正安法師著　上、下冊回郵各 52 元
24.**真假開悟**—真如、如來藏、阿賴耶識間之關係　平實導師述著　回郵 76 元
25.**真假禪和**—辨正釋傳聖之謗法謬說　孫正德老師著　回郵 76 元
26.**眼見佛性**—駁慧廣法師**眼見佛性的含義**文中謬說
游正光老師著　回郵52元

27.**普門自在**—公案拈提集錦 第二輯（於平實導師公案拈提諸書中選錄約二十則，合輯爲一冊流通之）平實導師著　回郵 52 元

28.**印順法師的悲哀**—以現代禪的質疑為線索　恒毓博士著　回郵 52 元

29.**識蘊真義**—現觀識蘊內涵、取證初果、親斷三縛結之具體行門。

—依《成唯識論》及《惟識述記》正義，略顯安慧《大乘廣五蘊論》之邪謬

平實導師著　回郵 76 元

30.**正覺電子報** 各期紙版本　免附回郵　每次最多函索三期或三本。

(已無存書之較早各期，不另增印贈閱)

31.**現代人應有的宗教觀**　蔡正禮老師 著　回郵 31 元

32.**遠惑趣道**—正覺電子報般若信箱問答錄　第一輯　回郵 52 元

33.**遠惑趣道**—正覺電子報般若信箱問答錄　第二輯　回郵 52 元

34.**確保您的權益**—器官捐贈應注意自我保護　游正光老師 著　回郵 31 元

35.**正覺教團電視弘法三乘菩提 DVD 光碟（一）**

由正覺教團多位親教師共同講述錄製 DVD 8 片，MP3 一片，共 9 片。有二大講題：一爲「三乘菩提之意涵」，二爲「學佛的正知見」。內容精闢，深入淺出，精彩絕倫，幫助大眾快速建立三乘法道的正知見，免被外道邪見所誤導。有志修學三乘佛法之學人不可不看。(製作工本費 100 元，回郵 52 元)

36.**正覺教團電視弘法 DVD 專輯（二）**

總有二大講題：一爲「三乘菩提之念佛法門」，一爲「學佛正知見(第二篇)」，由正覺教團多位親教師輪番講述，內容詳細闡述如何修學念佛法門、實證念佛三昧，以及學佛應具有的正確知見，可以幫助發願往生西方極樂淨土之學人，得以把握往生，更可令學人快速建立三乘法道的正知見，免於被外道邪見所誤導。有志修學三乘佛法之學人不可不看。(一套 17 片，工本費 160 元。回郵 76 元)

37.**喇嘛性世界**—揭開假藏傳佛教譚崔瑜伽的面紗　張善思 等人合著

由正覺同修會購贈　回郵 52 元

38.**假藏傳佛教的神話**—性、謊言、喇嘛教　張正玄教授編著

由正覺同修會購贈　回郵 52 元

39.**隨　緣**—理隨緣與事隨緣　平實導師述　回郵 52 元。

40.**學佛的覺醒**　正枝居士 著　回郵 52 元

41.**導師之真實義**　蔡正禮老師 著　回郵 31 元

42.**淺談達賴喇嘛之雙身法**—兼論解讀「密續」之達文西密碼

吳明芷居士 著　回郵 31 元

43.**魔界轉世**　張正玄居士 著　回郵 31 元

44.**一貫道與開悟**　蔡正禮老師 著　回郵 31 元

45.**博愛**—愛盡天下女人　正覺教育基金會 編印　回郵 36 元

46.**意識虛妄經教彙編**—實證解脱道的關鍵經文　正覺同修會編印　回郵 36 元

47.**邪箭囈語**—破斥藏密外道多識仁波切《破魔金剛箭雨論》之邪說
陸正元老師著　上、下冊回郵各 52 元

48.**真假沙門**—依 佛聖教闡釋佛教僧寶之定義
蔡正禮老師著　俟正覺電子報連載後結集出版

49.**真假禪宗**—藉評論釋性廣《印順導師對變質禪法之批判
及對禪宗之肯定》以顯示真假禪宗
附論一：凡夫知見 無助於佛法之信解行證
附論二：世間與出世間一切法皆從如來藏實際而生而顯
余正偉老師著　俟正覺電子報連載後結集出版　回郵未定

★ 上列贈書之郵資，係台灣本島地區郵資，大陸、港、澳地區及外國地區，請另計酌增（大陸、港、澳、國外地區之郵票不許通用）。尚未出版之書，請勿先寄來郵資，以免增加作業煩擾。

★ 本目錄若有變動，唯於後印之書籍及「成佛之道」網站上修正公佈之，不另行個別通知。

函索書籍請寄：佛教正覺同修會　103 台北市承德路 3 段 277 號 9 樓
台灣地區函索書籍者請附寄郵票，無時間購買郵票者可以等值現金抵用，但不接受郵政劃撥、支票、匯票。大陸地區得以人民幣計算，國外地區請以美元計算（請勿寄來當地郵票，在台灣地區不能使用）。欲以掛號寄遞者，請另附掛號郵資。

親自索閱：正覺同修會各共修處。　★請於共修時間前往取書，餘時無人在道場，請勿前往索取；共修時間與地點，詳見書末正覺同修會共修現況表（以近期之共修現況表爲準）。

註：正智出版社發售之局版書，請向各大書局購閱。若書局之書架上已經售出而無陳列者，請向書局櫃台指定洽購；若書局不便代購者，請於正覺同修會共修時間前往各共修處請購，正智出版社已派人於共修時間送書前往各共修處流通。 郵政劃撥購書及 大陸地區 購書，請詳別頁正智出版社發售書籍目錄最後頁之說明。

成佛之道 網站：http://www.a202.idv.tw　正覺同修會已出版之結緣書籍，多已登載於 成佛之道 網站，若住外國、或住處遙遠，不便取得正覺同修會贈閱書籍者，可以從本網站閱讀及下載。　書局版之《宗通與說通》亦已上網，台灣讀者可向書局洽購，售價 300 元。《狂密與眞密》第一輯~第四輯，亦於 2003.5.1.全部於本網站登載完畢；台灣地區讀者請向書局洽購，每輯約 400 頁，售價 300 元（網站下載紙張費用較貴，容易散失，難以保存，亦較不精美）。

＊＊假藏傳佛教修雙身法，非佛教＊＊

正智出版社 籌募弘法基金發售書籍目錄 2020/07/13

1.**宗門正眼**—公案拈提 第一輯 重拈 平實導師著 500 元

因重寫內容大幅度增加故，字體必須改小，並增爲 576 頁 主文 546 頁。比初版更精彩、更有內容。初版《禪門摩尼寶聚》之讀者，可寄回本公司免費調換新版書。免附回郵，亦無截止期限。（2007 年起，每冊附贈本公司精製公案拈提〈超意境〉CD 一片。市售價格 280 元，多購多贈。）

2.**禪淨圓融** 平實導師著 200 元（第一版舊書可換新版書。）

3.**真實如來藏** 平實導師著 400 元

4.**禪—悟前與悟後** 平實導師著 上、下冊，每冊 250 元

5.**宗門法眼**—公案拈提 第二輯 平實導師著 500 元
（2007 年起，每冊附贈本公司精製公案拈提〈超意境〉CD 一片）

6.**楞伽經詳解** 平實導師著 全套共 10 輯 每輯 250 元

7.**宗門道眼**—公案拈提 第三輯 平實導師著 500 元
（2007 年起，每冊附贈本公司精製公案拈提〈超意境〉CD 一片）

8.**宗門血脈**—公案拈提 第四輯 平實導師著 500 元
（2007 年起，每冊附贈本公司精製公案拈提〈超意境〉CD 一片）

9.**宗通與說通**—成佛之道 平實導師著 主文 381 頁 全書 400 頁售價 300 元

10.**宗門正道**—公案拈提 第五輯 平實導師著 500 元
（2007 年起，每冊附贈本公司精製公案拈提〈超意境〉CD 一片）

11.**狂密與真密 一～四輯** 平實導師著 西藏密宗是人間最邪淫的宗教，本質不是佛教，只是披著佛教外衣的印度教性力派流毒的喇嘛教。此書中將西藏密宗密傳之男女雙身合修樂空雙運所有祕密與修法，毫無保留完全公開，並將全部喇嘛們所不知道的部分也一併公開。內容比大辣出版社喧騰一時的《西藏慾經》更詳細。並且函蓋藏密的所有祕密及其錯誤的中觀見、如來藏見……等，藏密的所有法義都在書中詳述、分析、辨正。每輯主文三百餘頁 每輯全書約 400 頁 售價每輯 300 元

12.**宗門正義**—公案拈提 第六輯 平實導師著 500 元
（2007 年起，每冊附贈本公司精製公案拈提〈超意境〉CD 一片）

13.**心經密意**—心經與解脫道、佛菩提道、祖師公案之關係與密意 平實導師述 300 元

14.**宗門密意**—公案拈提 第七輯 平實導師著 500 元
（2007 年起，每冊附贈本公司精製公案拈提〈超意境〉CD 一片）

15.**淨土聖道**—兼評「選擇本願念佛」 正德老師著 200 元

16.**起信論講記** 平實導師述著 共六輯 每輯三百餘頁 售價各 250 元

17.**優婆塞戒經講記** 平實導師述著 共八輯 每輯三百餘頁 售價各 250 元

18.**真假活佛**—略論附佛外道盧勝彥之邪說（對前岳靈犀網站主張「盧勝彥是證悟者」之修正） 正犀居士（岳靈犀）著 流通價 140 元

19.**阿含正義**—唯識學探源 平實導師著 共七輯 每輯 300 元

20.**超意境** CD 以平實導師公案拈提書中超越意境之頌詞，加上曲風優美的旋律，錄成令人嚮往的超意境歌曲，其中包括正覺發願文及平實導師親自譜成的黃梅調歌曲一首。詞曲雋永，殊堪翫味，可供學禪者吟詠，有助於見道。內附設計精美的彩色小冊，解說每一首詞的背景本事。每片 280 元。【每購買公案拈提書籍一冊，即贈送一片。】

21.**菩薩底憂鬱** CD 將菩薩情懷及禪宗公案寫成新詞，並製作成超越意境的優美歌曲。 1.主題曲〈菩薩底憂鬱〉，描述地後菩薩能離三界生死而迴向繼續生在人間，但因尚未斷盡習氣種子而有極深沈之憂鬱，非三賢位菩薩及二乘聖者所知，此憂鬱在七地滿心位方才斷盡；本曲之詞中所說義理極深，昔來所未曾見；此曲係以優美的情歌風格寫詞及作曲，聞者得以激發嚮往諸地菩薩境界之大心，詞、曲都非常優美，難得一見；其中勝妙義理之解說，已印在附贈之彩色小冊中。 2.以各輯公案拈提中直示禪門入處之頌文，作成各種不同曲風之超意境歌曲，值得玩味、參究；聆聽公案拈提之優美歌曲時，請同時閱讀內附之印刷精美說明小冊，可以領會超越三界的證悟境界；未悟者可以因此引發求悟之意向及疑情，眞發菩提心而邁向求悟之途，乃至因此眞實悟入般若，成眞菩薩。 3.正覺總持咒新曲，總持佛法大意；總持咒之義理，已加以解說並印在隨附之小冊中。本 CD 共有十首歌曲，長達 63 分鐘。每盒各附贈二張購書優惠券。每片 280 元。

22.**禪意無限** CD 平實導師以公案拈提書中偈頌寫成不同風格曲子，與他人所寫不同風格曲子共同錄製出版，幫助參禪人進入禪門超越意識之境界。盒中附贈彩色印製的精美解說小冊，以供聆聽時閱讀，令參禪人得以發起參禪之疑情，即有機會證悟本來面目而發起實相智慧，實證大乘菩提般若，能如實證知般若經中的眞實意。本 CD 共有十首歌曲，長達 69 分鐘，每盒各附贈二張購書優惠券。每片 280 元。

23.**我的菩提路**第一輯　釋悟圓、釋善藏等人合著　售價 300 元

24.**我的菩提路**第二輯　郭正益等人合著　售價 300 元（停售，俟改版後另行發售）

25.**我的菩提路**第三輯　王美伶等人合著　售價 300 元

26.**我的菩提路**第四輯　陳晏平等人合著　售價 300 元

27.**我的菩提路**第五輯　林慈慧等人合著　售價 300 元

28.**我的菩提路**第六輯　劉惠莉等人合著　售價 300 元

29.**鈍鳥與靈龜**—考證後代凡夫對大慧宗杲禪師的無根誹謗。

平實導師著 共 458 頁 售價 350 元

30.**維摩詰經講記** 平實導師述 共六輯 每輯三百餘頁 售價各 250 元

31.**真假外道**—破劉東亮、杜大威、釋證嚴常見外道見 正光老師著 200 元

32.**勝鬘經講記**—兼論印順《勝鬘經講記》對於《勝鬘經》之誤解。

平實導師述　共六輯　每輯三百餘頁　售價250 元

33.**楞嚴經講記** 平實導師述 共**15**輯，每輯三百餘頁 售價300元

34.**明心與眼見佛性**—駁慧廣〈蕭氏「眼見佛性」與「明心」之非〉文中謬說

正光老師著 共448頁 售價300元

35.**見性與看話頭** 黃正倖老師 著，本書是禪宗參禪的方法論。

內文375頁，全書416頁，售價300元。

36.**達賴真面目**—玩盡天下女人 白正偉老師 等著 中英對照彩色精裝大本800元

37.**喇嘛性世界**—揭開假藏傳佛教譚崔瑜伽的面紗 張善思 等人著 200元

38.**假藏傳佛教的神話**—性、謊言、喇嘛教 正玄教授編著 200元

39.**金剛經宗通** 平實導師述 共九輯 每輯售價250元。

40.**空行母**—性別、身分定位，以及藏傳佛教。

珍妮·坎貝爾著 呂艾倫 中譯 售價250元

41.**末代達賴**—性交教主的悲歌 張善思、呂艾倫、辛燕編著 售價250元

42.**霧峰無霧**—給哥哥的信 辨正釋印順對佛法的無量誤解

游宗明 老師著 售價250元

43.**霧峰無霧**—第二輯—救護佛子向正道 細說釋印順對佛法的各類誤解

游宗明 老師著 售價250元

44.**第七意識與第八意識？**—穿越時空「超意識」

平實導師述 每冊300元

45.**黯淡的達賴**—失去光彩的諾貝爾和平獎

正覺教育基金會編著 每冊250元

46.**童女迦葉考**—論呂凱文〈佛教輪迴思想的論述分析〉之謬。

平實導師 著 定價180元

47.**人間佛教**—實證者必定不悖三乘菩提

平實導師 述，定價400元

48.**實相經宗通** 平實導師述 共八輯 每輯250元

49.**真心告訴您(一)**—達賴喇嘛在幹什麼？

正覺教育基金會編著 售價250元

50.**中觀金鑑**—詳述應成派中觀的起源與其破法本質

孫正德老師著 分為上、中、下三冊，每冊250元

51.**藏傳佛教要義**—《狂密與真密》之簡體字版 平實導師 著 上、下冊

僅在大陸流通 每冊300元

52.**法華經講義** 平實導師述 共二十五輯 每輯300元

已於2015/05/31起開始出版，每二個月出版一輯

53.**西藏「活佛轉世」制度**—附佛、造神、世俗法

許正豐、張正玄老師合著 定價150元

54.**廣論三部曲** 郭正益老師著 定價150元

55.**真心告訴您(二)**—達賴喇嘛是佛教僧侶嗎？

—補祝達賴喇嘛八十大壽

正覺教育基金會編著 售價300元

56.**次法**—實證佛法前應有的條件

張善思居士著　分為上、下二冊，每冊 250 元

57.**涅槃**—解說四種涅槃之實證及內涵　平實導師著 上、下冊 各 350 元

58.**山法**—西藏關於他空與佛藏之根本論

篤補巴・喜饒堅贊著　　傑弗里・霍普金斯英譯

張火慶教授、張志成、呂艾倫等中譯　精裝大本 1200 元

59.**假鋒虛焰金剛乘**—揭示顯密正理，兼破索達吉師徒《般若鋒兮金剛焰》

釋正安法師著 簡體字版 即將出版 售價未定

60.**廣論之平議**—宗喀巴《菩提道次第廣論》之平議　正雄居士著

約二或三輯　俟正覺電子報連載後結集出版　書價未定

61.**菩薩學處**—菩薩四攝六度之要義　　陸正元老師著　　出版日期未定。

62.**八識規矩頌**詳解　　○○居士 註解　出版日期另訂　書價未定。

63.**印度佛教史**—法義與考證。依法義史實評論印順《印度佛教思想史、佛教史地考論》之謬說　正偉老師著　出版日期未定　書價未定

64.**中國佛教史**—依中國佛教正法史實而論。○○老師 著　書價未定。

65.**中論正義**—釋龍樹菩薩《中論》頌正理。

孫正德老師著　出版日期未定　書價未定

66.**中觀正義**—註解平實導師《中論正義頌》。

○○法師（居士）著　出版日期未定　書價未定

67.**佛藏經講記**　平實導師述　已於 2019 年 7 月 31 日出版　共 21 輯，每二個月出版一輯，每輯 300 元。

68.**阿含經講記**—將選錄四阿含中數部重要經典全經講解之，講後整理出版。

平實導師述　約二輯　每輯 300 元　出版日期未定

69.**寶積經講記**　平實導師述　每輯三百餘頁 優惠價 300 元 出版日期未定

70.**解深密經講記**　平實導師述 約四輯　將於重講後整理出版

71.**成唯識論略解**　平實導師著　五～六輯　每輯300 元　出版日期未定

72.**修習止觀坐禪法要講記**　　平實導師述　每輯三百餘頁

將於正覺寺建成後重講、以講記逐輯出版　出版日期未定

73.**無門關**—《無門關》公案拈提　　平實導師著　出版日期未定

74.**中觀再論**—兼述印順《中觀今論》謬誤之平議。正光老師著 出版日期未定

75.**輪迴與超度**—佛教超度法會之真義。

○○法師（居士）著　出版日期未定　書價未定

76.**《釋摩訶衍論》平議**—對偽稱龍樹所造《釋摩訶衍論》之平議

○○法師（居士）著　出版日期未定　書價未定

77.**正覺發願文**註解—以真實大願為因 得證菩提

正德老師著　　出版日期未定　　書價未定

78.**正覺總持咒**—佛法之總持　　正圜老師著　出版日期未定　書價未定

79.**三自性**—依四食、五蘊、十二因緣、十八界法，說三性三無性。

作者未定　出版日期未定

80.**道品**—從三自性說大小乘三十七道品　作者未定　出版日期未定
81.**大乘緣起觀**—依四聖諦七真如現觀十二緣起 作者未定　出版日期未定
82.**三德**—論解脫德、法身德、般若德。　作者未定　出版日期未定
83.**真假如來藏**—對印順《如來藏之研究》謬說之平議　作者未定 出版日期未定
84.**大乘道次第**　作者未定　出版日期未定　書價未定
85.**四緣**—依如來藏故有四緣。　作者未定　出版日期未定
86.**空之探究**—印順《空之探究》謬誤之平議　作者未定 出版日期未定
87.**十法義**—論阿含經中十法之正義　作者未定　出版日期未定
88.**外道見**—論述外道六十二見　作者未定　出版日期未定

正智出版社有限公司　書籍介紹

禪淨圓融：言淨土諸祖所未曾言，示諸宗祖師所未曾示；禪淨圓融，另闢成佛捷徑，兼顧自力他力，闡釋淨土門之速行易行道，亦同時揭櫫聖教門之速行易行道；令廣大淨土行者得免緩行難證之苦，亦令聖道門行者得以藉著淨土速行道而加快成佛之時劫。乃前無古人之超勝見地，非一般弘揚禪淨法門典籍也，先讀爲快。平實導師著　200元。

宗門正眼—公案拈提第一輯：繼承克勤圜悟大師碧巖錄宗旨之禪門鉅作。先則舉示當代大法師之邪說，消弭當代禪門大師鄉愿之心態，摧破當今禪門「世俗禪」之妄談；次則旁通教法，表顯宗門正理；繼以道之次第，消弭古今狂禪；後藉言語及文字機鋒，直示宗門入處。悲智雙運，禪味十足，數百年來難得一睹之禪門鉅著也。平實導師著　500元（原初版書《禪門摩尼寶聚》，改版後補充爲五百餘頁新書，總計多達二十四萬字，內容更精彩，並改名爲《宗門正眼》，讀者原購初版《禪門摩尼寶聚》皆可寄回本公司免費換新，免附回郵，亦無截止期限）（2007年起，凡購買公案拈提第一輯至第七輯，每購一輯皆贈送本公司精製公案拈提〈超意境〉CD一片，市售價格280元，多購多贈）。

禪—悟前與悟後：本書能建立學人悟道之信心與正確知見，圓滿具足而有次第地詳述禪悟之功夫與禪悟之內容，指陳參禪中細微淆訛之處，能使學人明自眞心、見自本性。若未能悟入，亦能以正確知見辨別古今中外一切大師究係眞悟？或屬錯悟？便有能力揀擇，捨名師而選明師，後時必有悟道之緣。一旦悟道，遲者七次人天往返，便出三界，速者一生取辦。學人欲求開悟者，不可不讀。　平實導師著。上、下冊共500元，單冊250元。

眞實如來藏：如來藏眞實存在，乃宇宙萬有之本體，並非印順法師、達賴喇嘛等人所說之「唯有名相、無此心體」。如來藏是涅槃之本際，是一切有智之人竭盡心智、不斷探索而不能得之生命實相；是古今中外許多大師自以爲悟而當面錯過之生命實相。如來藏即是阿賴耶識，乃是一切有情本自具足、不生不滅之眞實心。當代中外大師於此書出版之前所未能言者，作者於本書中盡情流露、詳細闡釋。眞悟者讀之，必能增益悟境、智慧增上；錯悟者讀之，必能檢討自己之錯誤，免犯大妄語業；未悟者讀之，能知參禪之理路，亦能以之檢查一切名師是否眞悟。此書是一切哲學家、宗教家、學佛者及欲昇華心智之人必讀之鉅著。　平實導師著　售價400元。

宗門法眼—公案拈提第二輯：列舉實例，闡釋土城廣欽老和尚之悟處；並直示這位不識字的老和尚妙智橫生之根由，繼而剖析禪宗歷代大德之開悟公案，解析當代密宗高僧卡盧仁波切之錯悟證據，並例舉當代顯宗高僧、大居士之錯悟證據（凡健在者，爲免影響其名聞利養，皆隱其名）。藉辨正當代名師之邪見，向廣大佛子指陳禪悟之正道，彰顯宗門法眼。悲勇兼出，強捋虎鬚；慈智雙運，巧探驪龍；摩尼寶珠在手，直示宗門入處，禪味十足；若非大悟徹底，不能爲之。禪門精奇人物，允宜人手一冊，供作參究及悟後印證之圭臬。本書於2008年4月改版增寫爲大約500頁篇幅，以利學人研讀參究時更易悟入宗門正法，以前所購初版首刷及初版二刷舊書，皆可免費換取新書。平實導師著　500元（2007年起，凡購買公案拈提第一輯至第七輯，每購一輯皆贈送本公司精製公案拈提〈超意境〉CD一片，市售價格280元，多購多贈）。

宗門道眼—公案拈提第三輯：繼宗門法眼之後，再以金剛之作略、慈悲之胸懷、犀利之筆觸，舉示寒山、拾得、布袋三大士之悟處，消弭當代錯悟者對於寒山大士……等之誤會及誹謗。　亦舉出民初以來與虛雲和尚齊名之蜀郡鹽亭袁煥仙夫子——南懷瑾老師之師，其「悟處」何在？並蒐羅許多眞悟祖師之證悟公案，顯示禪宗歷代祖師之睿智，指陳部分祖師、奧修及當代顯密大師之謬悟，作爲殷鑑，幫助禪子建立及修正參禪之方向及知見。假使讀者閱此書已，一時尚未能悟，亦可一面加功用行，一面以此宗門道眼辨別眞假善知識，避開錯誤之印證及歧路，可免大妄語業之長劫慘痛果報。欲修禪宗之禪者，務請細讀。平實導師著　售價500元（2007年起，凡購買公案拈提第一輯至第七輯，每購一輯皆贈送本公司精製公案拈提〈超意境〉CD一片，市售價格280元，多購多贈）。

楞伽經詳解：本經是禪宗見道者印證所悟眞僞之根本經典，亦是禪宗見道者悟後起修之依據經典；故達摩祖師於印證二祖慧可大師之後，將此經典連同佛缽祖衣一併交付二祖，令其依此經典佛示金言、進入修道位，修學一切種智。由此可知此經對於眞悟之人修學佛道，是非常重要之一部經典。此經能破外道邪說，亦破佛門中錯悟名師之謬說，亦破禪宗部分祖師之狂禪：不讀經典、一向主張「一悟即成究竟佛」之謬執。並開示愚夫所行禪、觀察義禪、攀緣如禪、如來禪等差別，令行者對於三乘禪法差異有所分辨；亦糾正禪宗祖師古來對於如來禪之誤解，嗣後可免以訛傳訛之弊。此經亦是法相唯識宗之根本經典，禪者悟後欲修一切種智而入初地者，必須詳讀。平實導師著，全套共十輯，已全部出版完畢，每輯主文約320頁，每冊約352頁，定價250元。

宗門血脈—公案拈提第四輯：末法怪象—許多修行人自以爲悟，每將無念靈知認作眞實；崇尙二乘法諸師及其徒衆，則將外於如來藏之緣起性空—無因論之無常空、斷滅空、一切法空—錯認爲 佛所說之般若空性。這兩種現象已於當今海峽兩岸及美加地區顯密大師之中普遍存在；人人自以爲悟，心高氣壯，便敢寫書解釋祖師證悟之公案，大多出於意識思惟所得，言不及義，錯誤百出，因此誤導廣大佛子同陷大妄語之地獄業中而不能自知。彼等書中所說之悟處，其實處處違背第一義經典之聖言量。彼等諸人不論是否身披袈裟，都非佛法宗門血脈，或雖有禪宗法脈之傳承，亦只徒具形式；猶如螟蛉，非眞血脈，未悟得根本眞實故。禪子欲知 佛、祖之眞血脈者，請讀此書，便知分曉。平實導師著，主文452頁，全書464頁，定價500元（2007年起，凡購買公案拈提第一輯至第七輯，每購一輯皆贈送本公司精製公案拈提〈超意境〉CD一片，市售價格280元，多購多贈）。

宗通與說通：古今中外，錯誤之人如麻似粟，每以常見外道所說之靈知心，認作眞心；或妄想虛空之勝性能量爲眞如，或錯認物質四大元素藉冥性（靈知心本體）能成就吾人色身及知覺，或認初禪至四禪中之了知心爲不生不滅之涅槃心。此等皆非通宗者之見地。復有錯悟之人一向主張「宗門與教門不相干」，此即尚未通達宗門之人也。其實宗門與教門互通不二，宗門所證者乃是眞如與佛性，教門所說者乃說宗門證悟之眞如佛性，故教門與宗門不二。本書作者以宗教二門互通之見地，細說「宗通與說通」，從初見道至悟後起修之道、細說分明；並將諸宗諸派在整體佛教中之地位與次第，加以明確之教判，學人讀之即可了知佛法之梗概也。欲擇明師學法之前，允宜先讀。平實導師著，主文共381頁，全書392頁，只售成本價300元。

宗門正道—公案拈提第五輯：修學大乘佛法有二果須證—解脫果及大菩提果。二乘人不證大菩提果，唯證解脫果；此果之智慧，名爲聲聞菩提、緣覺菩提。大乘佛子所證二果之菩提果爲佛菩提，故名大菩提果，其慧名爲一切種智—函蓋二乘解脫果。然此大乘二果修證，須經由禪宗之宗門證悟方能相應。而宗門證悟極難，自古已然；其所以難者，咎在古今佛教界普遍存在三種邪見：1.以修定認作佛法，2.以無因論之緣起性空—否定涅槃本際如來藏以後之一切法空作爲佛法，3.以常見外道邪見（離語言妄念之靈知性）作爲佛法。如是邪見，或因自身正見未立所致，或因邪師之邪教導所致，或因無始劫來虛妄熏習所致。若不破除此三種邪見，永劫不悟宗門眞義、不入大乘正道，唯能外門廣修菩薩行。平實導師於此書中，有極爲詳細之說明，有志佛子欲摧邪見、入於內門修菩薩行者，當閱此書。主文共496頁，全書512頁。售價500元（2007年起，凡購買公案拈提第一輯至第七輯，每購一輯皆贈送本公司精製公案拈提〈超意境〉CD一片，市售價格280元，多購多贈）。

狂密與眞密：密教之修學，皆由有相之觀行法門而入，其最終目標仍不離顯教經典所說第一義諦之修證；若離顯教第一義經典、或違背顯教第一義經典，即非佛教。西藏密教之觀行法，如灌頂、觀想、遷識法、寶瓶氣、大聖歡喜雙身修法、喜金剛、無上瑜伽、大樂光明、樂空雙運等，皆是印度教兩性生生不息思想之轉化，自始至終皆以如何能運用交合淫樂之法達到全身受樂爲其中心思想，純屬欲界五欲的貪愛，不能令人超出欲界輪迴，更不能令人斷除我見；何況大乘之明心與見性，更無論矣！故密宗之法絕非佛法也。而其明光大手印、大圓滿法教，又皆同以常見外道所說離語言妄念之無念靈知心錯認爲佛地之眞如，不能直指不生不滅之眞如。西藏密宗所有法王與徒衆，都尚未開頂門眼，不能辨別眞僞，以依人不依法、依密續不依經典故，不肯將其上師喇嘛所說對照第一義經典，純依密續之藏密祖師所說爲準，因此而誇大其證德與證量，動輒謂彼祖師上師爲究竟佛、爲地上菩薩；如今台海兩岸亦有自謂其師證量高於 釋迦文佛者，然觀其師所述，猶未見道，仍在觀行即佛階段，尚未到禪宗相似即佛、分證即佛階位，竟敢標榜爲究竟佛及地上法王，誑惑初機學人。凡此怪象皆是狂密，不同於眞密之修行者。近年狂密盛行，密宗行者被誤導者極衆，動輒自謂已證佛地眞如，自視爲究竟佛，陷於大妄語業中而不知自省，反謗顯宗眞修實證者之證量粗淺；或如義雲高與釋性圓…等人，於報紙上公然誹謗眞實證道者爲「騙子、無道人、人妖、癩蛤蟆…」等，造下誹謗大乘勝義僧之大惡業；或以外道法中有爲有作之甘露、魔術……等法，誑騙初機學人，狂言彼外道法爲眞佛法。如是怪象，在西藏密宗及附藏密之外道中，不一而足，舉之不盡，學人宜應愼思明辨，以免上當後又犯毀破菩薩戒之重罪。密宗學人若欲遠離邪知邪見者，請閱此書，即能了知密宗之邪謬，從此遠離邪見與邪修，轉入眞正之佛道。平實導師著 共四輯 每輯約400頁（主文約340頁）每輯售價300元。

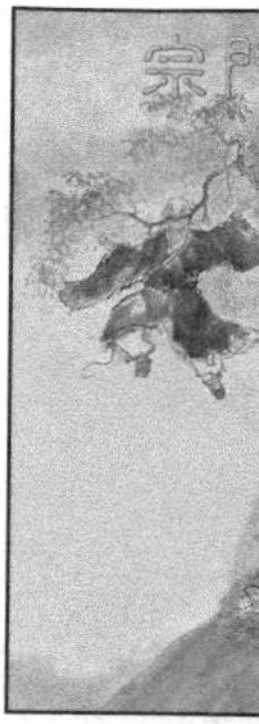

宗門正義—公案拈提第六輯：佛教有六大危機，乃是藏密化、世俗化、膚淺化、學術化、宗門密意失傳、悟後進修諸地之次第混淆；其中尤以宗門密意之失傳，爲當代佛教最大之危機。由宗門密意失傳故，易令 世尊本懷普被錯解，易令 世尊正法被轉易爲外道法，以及加以淺化、世俗化，是故宗門密意之廣泛弘傳與具緣佛弟子，極爲重要。然而欲令宗門密意之廣泛弘傳予具緣之佛弟子者，必須同時配合錯誤知見之解析、普令佛弟子知之，然後輔以公案解析之直示入處，方能令具緣之佛弟子悟入。而此二者，皆須以公案拈提之方式爲之，方易成其功、竟其業，是故平實導師續作宗門正義一書，以利學人。 全書500餘頁，售價500元（2007年起，凡購買公案拈提第一輯至第七輯，每購一輯皆贈送本公司精製公案拈提〈超意境〉CD一片，市售價格280元，多購多贈）。

心經密意—心經與解脫道、佛菩提道、祖師公案之關係與密意。二乘菩提所證之解脫道，實依第八識心之斷除煩惱障現行而立解脫之名；大乘菩提所證之佛菩提道，實依親證第八識如來藏之涅槃性、清淨自性、及其中道性而立般若之名；禪宗祖師公案所證之眞心，即是此第八識如來藏；是故三乘佛法所修所證之三乘菩提，皆依此如來藏心而立名也。此第八識心，即是《心經》所說之心也。證得此如來藏已，即能漸入大乘佛菩提道，亦可因證知此心而了知二乘無學所不能知之無餘涅槃本際，是故《心經》之密意，與三乘佛菩提之關係極爲密切、不可分割，三乘佛法皆依此心而立名故。今者平實導師以其所證解脫道之無生智及佛菩提之般若種智，將《心經》與解脫道、佛菩提道、祖師公案之關係與密意，以演講之方式，用淺顯之語句和盤托出，發前人所未言，呈三乘菩提之眞義，令人藉此《心經密意》一舉而窺三乘菩提之堂奧，迥異諸方言不及義之說；欲求眞實佛智者、不可不讀！主文317頁，連同跋文及序文…等共384頁，售價300元。

宗門密意—公案拈提第七輯：佛教之世俗化，將導致學人以信仰作爲學佛，則將以感應及世間法之庇祐，作爲學佛之主要目標，不能了知學佛之主要目標爲親證三乘菩提。大乘菩提則以般若實相智慧爲主要修習目標，以二乘菩提解脫道爲附帶修習之標的；是故學習大乘法者，應以禪宗之證悟爲要務，能親入大乘菩提之實相般若智慧中故，般若實相智慧非二乘聖人所能知故。此書則以台灣世俗化佛教之三大法師，說法似是而非之實例，配合眞悟祖師之公案解析，提示證悟般若之關節，令學人易得悟入。平實導師著，全書五百餘頁，售價500元（2007年起，凡購買公案拈提第一輯至第七輯，每購一輯皆贈送本公司精製公案拈提〈超意境〉CD一片，市售價格280元，多購多贈）。

淨土聖道—兼評選擇本願念佛：佛法甚深極廣，般若玄微，非諸二乘聖僧所能知之，一切凡夫更無論矣！所謂一切證量皆歸淨土是也！是故大乘法中「聖道之淨土、淨土之聖道」，其義甚深，難可了知；乃至眞悟之人，初心亦難知也。今有正德老師眞實證悟後，復能深探淨土與聖道之緊密關係，憐憫衆生之誤會淨土實義，亦欲利益廣大淨土行人同入聖道，同獲淨土中之聖道門要義，乃振奮心神、書以成文，今得刊行天下。主文279頁，連同序文等共301頁，總有十一萬六千餘字，正德老師著，成本價200元。

起信論講記：詳解大乘起信論心生滅門與心眞如門之眞實意旨，消除以往大師與學人對起信論所說心生滅門之誤解，由是而得了知眞心如來藏之非常非斷中道正理；亦因此一講解，令此論以往隱晦而被誤解之眞實義，得以如實顯示，令大乘佛菩提道之正理得以顯揚光大；初機學者亦可藉此正論所顯示之法義，對大乘法理生起正信，從此得以眞發菩提心，眞入大乘法中修學，世世常修菩薩正行。平實導師演述，共六輯，都已出版，每輯三百餘頁，售價各250元。

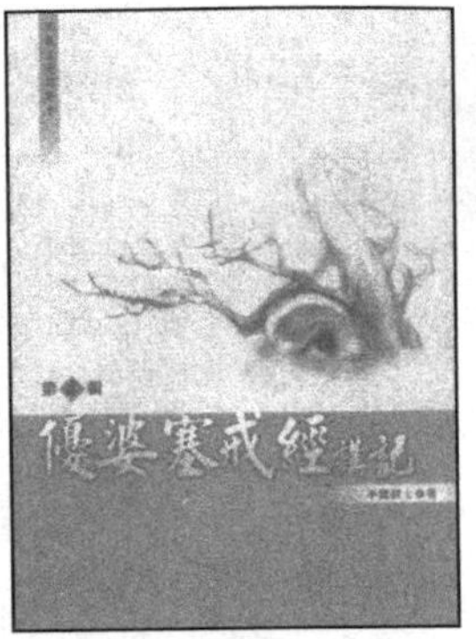

優婆塞戒經講記：本經詳述在家菩薩修學大乘佛法，應如何受持菩薩戒？對人間善行應如何看待？對三寶應如何護持？應如何正確地修集此世後世證法之福德？應如何修集後世「行菩薩道之資糧」？並詳述第一義諦之正義：五蘊非我非異我、自作自受、異作異受、不作不受……等深妙法義，乃是修學大乘佛法、行菩薩行之在家菩薩所應當了知者。出家菩薩今世或未來世登地已，捨報之後多數將如華嚴經中諸大菩薩，以在家菩薩身而修行菩薩行，故亦應以此經所述正理而修之，配合《楞伽經、解深密經、楞嚴經、華嚴經》等道次第正理，方得漸次成就佛道；故此經是一切大乘行者皆應證知之正法。平實導師講述，每輯三百餘頁，售價各250元；共八輯，已全部出版。

真假活佛—略論附佛外道盧勝彥之邪說：人人身中都有眞活佛，永生不滅而有大神用，但衆生都不了知，所以常被身外的西藏密宗假活佛籠罩欺瞞。本來就眞實存在的眞活佛，才是眞正的密宗無上密！諾那活佛因此而說禪宗是大密宗，但藏密的所有活佛都不知道、也不曾實證自身中的眞活佛。本書詳實宣示眞活佛的道理，舉證盧勝彥的「佛法」不是眞佛法，也顯示盧勝彥是假活佛，直接的闡釋第一義佛法見道的眞實正理。眞佛宗的所有上師與學人們，都應該詳細閱讀，包括盧勝彥個人在內。正犀居士著，優惠價140元。

阿含正義—唯識學探源：廣說四大部《阿含經》諸經中隱說之眞正義理，一一舉示佛陀本懷，令阿含時期初轉法輪根本經典之眞義，如實顯現於佛子眼前。並提示末法大師對於阿含眞義誤解之實例，一一比對之，證實唯識增上慧學確於原始佛法之阿含諸經中已隱覆密意而略說之，證實 世尊確於原始佛法中已曾密意而說第八識如來藏之總相；亦證實 世尊在四阿含中已說此藏識是名色十八界之因、之本—證明如來藏是能生萬法之根本心。佛子可據此修正以往受諸大師（譬如西藏密宗應成派中觀師：印順、昭慧、性廣、大願、達賴、宗喀巴、寂天、月稱、……等人）誤導之邪見，建立正見，轉入正道乃至親證初果而無困難；書中並詳說三果所證的心解脫，以及四果慧解脫的親證，都是如實可行的具體知見與行門。全書共七輯，已出版完畢。平實導師著，每輯三百餘頁，售價300元。

超意境CD：以平實導師公案拈提書中超越意境之頌詞，加上曲風優美的旋律，錄成令人嚮往的超意境歌曲，其中包括正覺發願文及平實導師親自譜成的黃梅調歌曲一首。詞曲雋永，殊堪翫味，可供學禪者吟詠，有助於見道。內附設計精美的彩色小冊，解說每一首詞的背景本事。每片280元。【每購買公案拈提書籍一冊，即贈送一片。】

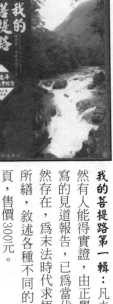

我的菩提路第一輯：凡夫及二乘聖人不能實證的佛菩提證悟，末法時代的今天仍然有人能得實證，由正覺同修會釋悟圓、釋善藏法師等二十餘位實證如來藏者所寫的見道報告，已爲當代學人見證宗門正法之絲縷不絕，證明大乘義學的法脈仍然存在，爲末法時代求悟般若之學人照耀出光明的坦途。由二十餘位大乘見道者所繕，敘述各種不同的學法、見道因緣與過程，參禪求悟者必讀。全書三百餘頁，售價300元。

我的菩提路第二輯：由郭正益老師等人合著，書中詳述彼等諸人歷經各處道場學法，一一修學而加以檢擇之不同過程以後，因閱讀正覺同修會、正智出版社書籍而發起抉擇分，轉入正覺同修會中修學；乃至學法及見道之過程，都一一詳述之。（本書暫停發售，俟改版重新發售流通。）

我的菩提路第三輯：由王美伶老師等人合著。自從正覺同修會成立以來，每年夏初、冬初都舉辦精進禪三共修，藉以助益會中同修們得以證悟明心發起般若實相智慧；凡已實證而被平實導師印證者，皆書具見道報告用以證明佛法之眞實可證而非玄學，證明佛法並非純屬思想、理論而無實質，是故每年都能有人證明正覺同修會的「實證佛教」主張並非虛語。特別是眼見佛性一法，自古以來中國禪宗祖師實證者極寡，較之明心開悟的證境更難令人信受；至2017年初，正覺同修會中的證悟明心者已近五百人，然而其中眼見佛性者至今唯十餘人爾，可謂難能可貴，是故明心後欲冀眼見佛性者實屬不易。黃正倖老師是懸絕七年無人見性後的第一人，她於2009年的見性報告刊於本書的第二輯中，爲大眾證明佛性確實可以眼見；其後七年之中求見性者都屬解悟佛性而無人眼見，幸而又經七年後的2016冬初，以及2017夏初的禪三，復有三人眼見佛性，希冀鼓舞四眾佛子求見佛性之大心，今則具載一則於書末，顯示求見佛性之事實經歷，供養現代佛教界欲得見性之四眾弟子。全書四百頁，售價300元，已於2017年6月30日發行。

我的菩提路第四輯：由陳晏平等人著。中國禪宗祖師往往有所謂「見性」之言，所言多屬看見如來藏具有能令人發起成佛之自性，並非《大般涅槃經》中 如來所說之眼見佛性。眼見佛性者，於親見佛性之時，即能於山河大地眼見自己佛性，亦能於他人身上眼見自己佛性及對方之佛性，如是境界無法爲尚未實證者解釋；勉強說之，縱使眞實明心證悟之人聞之，亦只能以自身明心之境界想像之，但不論如何想像多屬非量，能有正確之比量者亦是稀有，故說眼見佛性極爲困難。眼見佛性之人若所見極分明時，在所見佛性之境界下所眼見之山河大地、自己五蘊身心皆是虛幻，自有異於明心者之解脫功德受用，此後永不思證二乘涅槃，必定邁向成佛之道而進入第十住位中，已超第一阿僧祇劫三分有一，可謂之爲超劫精進也。今又有明心之後眼見佛性之人出於人間，將其明心及後來見性之報告，連同其餘證悟明心者之精彩報告一同收錄於此書中，供養眞求佛法實證之四衆佛子。全書380頁，售價300元，已於2018年6月30日發行。

我的菩提路第五輯：林慈慧老師等人著，本輯中所舉學人從相似正法中來到正覺同修會的過程，各人都有不同，發生的因緣亦是各有差別，然而都會指向同一個目標——證實生命實相的源底，確證自己生從何來、死往何去的事實，所以最後都證明佛法眞實而可親證，絕非玄學；本書將彼等諸人的始修及末後證悟之實例，羅列出來以供學人參考。本期亦有一位會裡的老師，是從1995年即開始追隨 平實導師修學，1997年明心後持續進修不斷，直到2017年眼見佛性之實例，足可證明《大般涅槃經》中世尊開示眼見佛性之法正眞無訛，第十住位的實證在末法時代的今天仍有可能，如今一併具載於書中以供學人參考，並供養現代佛教界欲得見性之四衆弟子。全書四百頁，售價300元，已於2019年12月31日發行。

我的菩提路第六輯：劉正莉老師等人著。書中詳敘學佛路程之辛苦萬端，直至得遇正法之後如何修行終能實證，現觀眞如而入勝義菩薩僧數。本輯亦錄入一位1990年明心後追隨平實導師學法弘法的老師，不數年後又再眼見佛性的實證者，文中詳述見性之過程，欲令學人深信眼見佛性其實不難，冀得奮力向前而得實證。然古來能得明心又得見性之祖師極寡，禪師們所謂見性者往往屬於明心時親見第八識如來藏具備能使人成佛之自性，即名見性，例如六祖等人，是明心時看見了如來藏具有能使人成佛的自性，當作見性，其實只是明心而階眞見道位，尚非眼見佛性。但非《大般涅槃經》中所說之「眼見佛性」之實證。今本書提供十幾篇明心見道報告及眼見佛性者的見性報告一篇，以饗讀者，已於2020年6月30日出版。全書384頁，300元。

鈍鳥與靈龜：鈍鳥及靈龜二物，被宗門證悟者說爲二種人：前者是精修禪定而無智慧者，也是以定爲禪的愚癡禪人；後者是或有禪定、或無禪定的宗門證悟者，凡已證悟者皆是靈龜。但後者被人虛造事實，用以嘲笑大慧宗杲禪師，說他雖是靈龜，卻不免被天童禪師預記「患背」痛苦而亡：「鈍鳥離巢易，靈龜脫殼難。」藉以貶低大慧宗杲的證量。同時將天童禪師實證如來藏的證量，曲解爲意識境界的離念靈知。自從大慧禪師入滅以後，錯悟凡夫對他的不實毀謗就一直存在著，不曾止息，並且捏造的假事實也隨著年月的增加而越來越多，終至編成「鈍鳥與靈龜」的假公案、假故事。本書是考證大慧與天童之間的不朽情誼，顯現這件假公案的虛妄不實；更見大慧宗杲面對惡勢力時的正直不阿，亦顯示大慧對天童禪師的至情深義，將使後人對大慧宗杲的誣謗至此而止，不再有人誤犯毀謗賢聖的惡業。書中亦舉證宗門的所悟確以第八識如來藏爲標的，詳讀之後必可改正以前被錯悟大師誤導的參禪知見，日後必定有助於實證禪宗的開悟境界，得階大乘眞見道位中，即是實證般若之賢聖。全書459頁，售價350元。

維摩詰經講記：本經係 世尊在世時，由等覺菩薩維摩詰居士藉疾病而演說之大乘菩提無上妙義，所說函蓋甚廣，然極簡略，是故今時諸方大師與學人讀之悉皆錯解，何況能知其中隱含之深妙正義，是故普遍無法爲人解說；若強爲人說，則成依文解義而有諸多過失。今由平實導師公開宣講之後，詳實解釋其中密意，令維摩詰菩薩所說大乘不可思議解脫之深妙正法得以正確宣流於人間，利益當代學人及與諸方大師。書中詳實演述大乘佛法深妙不共二乘之智慧境界，顯示諸法之中絕待之實相境界，建立大乘菩薩妙道於永遠不敗不壞之地，以此成就護法偉功，欲冀永利娑婆人天。已經宣講圓滿整理成書流通，以利諸方大師及諸學人。全書共六輯，每輯三百餘頁，售價各250元。

真假外道：本書具體舉證佛門中的常見外道知見實例，並加以教證及理證上的辨正，幫助讀者輕鬆而快速的了知常見外道的錯誤知見，進而遠離佛門內外的常見外道知見，因此即能改正修學方向而快速實證佛法。 游正光老師著 。成本價200元。

勝鬘經講記：如來藏爲三乘菩提之所依，若離如來藏心體及其含藏之一切種子，即無三界有情及一切世間法，亦無二乘菩提緣起性空之出世間法；本經詳說無始無明、一念無明皆依如來藏而有之正理，藉著詳解煩惱障與所知障間之關係，令學人深入了知二乘菩提與佛菩提相異之妙理；聞後即可了知佛菩提之特勝處及三乘修道之方向與原理，邁向攝受正法而速成佛道的境界中。平實導師講述，共六輯，每輯三百餘頁，售價各250元。

楞嚴經講記：楞嚴經係密教部之重要經典，亦是顯教中普受重視之經典；經中宣說明心與見性之內涵極爲詳細，將一切法都會歸如來藏及佛性—妙眞如性；亦闡釋佛菩提道修學過程中之種種魔境，以及外道誤會涅槃之狀況，旁及三界世間之起源。然因言句深澀難解，法義亦復深妙寬廣，學人讀之普難通達，是故讀者大多誤會，不能如實理解佛所說之明心與見性內涵，亦因是故多有悟錯之人引爲開悟之證言，成就大妄語罪。今由平實導師詳細講解之後，整理成文，以易讀易懂之語體文刊行天下，以利學人。全書十五輯，全部出版完畢。每輯三百餘頁，售價每輯300元。

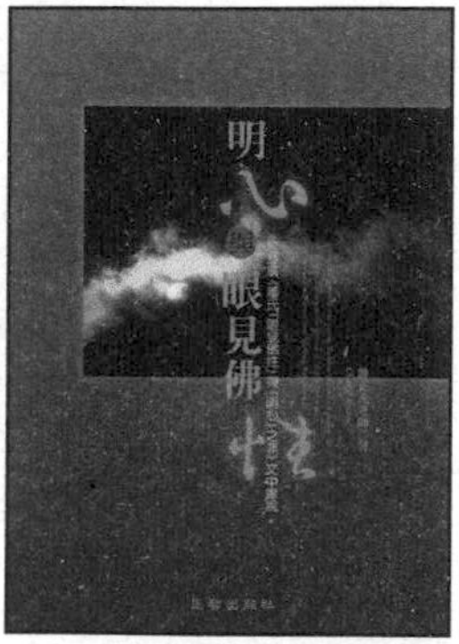

明心與眼見佛性：本書細述明心與眼見佛性之異同，同時顯示了中國禪宗破初參明心與重關眼見佛性二關之間的關聯；書中又藉法義辨正而旁述其他許多勝妙法義，讀後必能遠離佛門長久以來積非成是的錯誤知見，令讀者在佛法的實證上有極大助益。也藉慧廣法師的謬論來教導佛門學人回歸正知正見，遠離古今禪門錯悟者所墮的意識境界，非唯有助於斷我見，也對未來的開悟明心實證第八識如來藏有所助益，是故學禪者都應細讀之。游正光老師著　共448頁　售價300元。

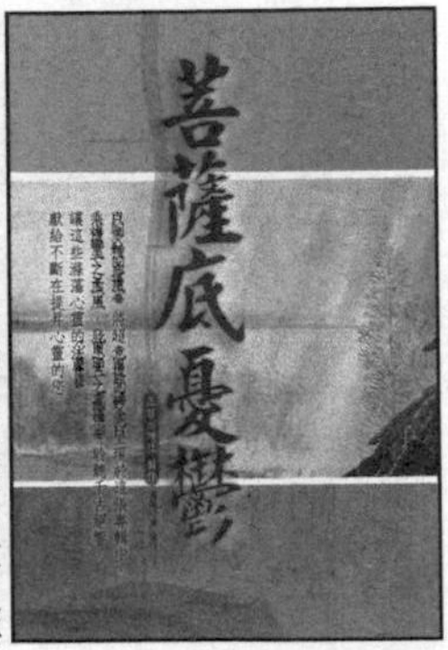

菩薩底憂鬱CD：將菩薩情懷及禪宗公案寫成新詞，並製作成超越意境的優美歌曲。1.主題曲〈菩薩底憂鬱〉，描述地後菩薩能離三界生死而迴向繼續生在人間，但因尚未斷盡習氣種子而有極深沈之憂鬱，非三賢位菩薩及二乘聖者所知，此憂鬱在七地滿心位方才斷盡；本曲之詞中所說義理極深，昔來所未曾見；此曲係以優美的情歌風格寫詞及作曲，聞者得以激發嚮往諸地菩薩境界之大心，詞、曲都非常優美，難得一見；其中勝妙義理之解說，已印在附贈之彩色小冊中。2.以各輯公案拈提中直示禪門入處之頌文，作成各種不同曲風之超意境歌曲，值得玩味、參究；聆聽公案拈提之優美歌曲時，請同時閱讀內附之印刷精美說明小冊，可以領會超越三界的證悟境界；未悟者可以因此引發求悟之意向及疑情，眞發菩提心而邁向求悟之途，乃至因此眞實悟入般若，成眞菩薩。3.正覺總持咒新曲，總持佛法大意；總持咒之義理，已加以解說並印在隨附之小冊中。本CD共有十首歌曲，長達63分鐘，附贈二張購書優惠券。每片280元。

禪意無限CD：平實導師以公案拈提書中偈頌寫成不同風格曲子，與他人所寫不同風格曲子共同錄製出版，幫助參禪人進入禪門超越意識之境界。盒中附贈彩色印製的精美解說小冊，以供聆聽時閱讀，令參禪人得以發起參禪之疑情，即有機會證悟本來面目，實證大乘菩提般若。本CD共有十首歌曲，長達69分鐘，每盒各附贈二張購書優惠券。每片280元。

金剛經宗通：三界唯心，萬法唯識，是成佛之修證內容，是諸地菩薩之所修；般若則是成佛之道（實證三界唯心、萬法唯識）的入門，若未證悟實相般若，即無成佛之可能，必將永在外門廣行菩薩六度，永在凡夫位中。然而實相般若的發起，全賴實證萬法的實相；若欲證知萬法的眞相，則必須探究萬法之所從來，則須實證自心如來—金剛心如來藏，然後現觀這個金剛心的金剛性、眞實性、如如性、清淨性、涅槃性、能生萬法的自性性、本住性，名爲證眞如；進而現觀三界六道唯是此金剛心所成，人間萬法須藉八識心王和合運作方能現起。如是實證

《華嚴經》的「三界唯心、萬法唯識」以後，由此等現觀而發起實相般若智慧，繼續進修第十住位的如幻觀、第十行位的陽焰觀、第十迴向位的如夢觀，再生起增上意樂而勇發十無盡願，方能滿足三賢位的實證，轉入初地；自知成佛之道而無偏倚，從此按部就班、次第進修乃至成佛。第八識自心如來是般若智慧之所依，般若智慧的修證則要從實證金剛心自心如來開始；《金剛經》則是解說自心如來之經典，是一切三賢位菩薩所應進修之實相般若經典。這一套書，是將平實導師宣講的《金剛經宗通》內容，整理成文字而流通之；書中所說義理，迥異古今諸家依文解義之說，指出大乘見道方向與理路，有益於禪宗學人求開悟見道，及轉入內門廣修六度萬行。已於2013年9月出版完畢，總共9輯，每輯約三百餘頁，售價各250元。

空行母—性別、身分定位，以及藏傳佛教：本書作者爲蘇格蘭哲學家，因爲嚮往佛教深妙的哲學內涵，於是進入當年盛行於歐美的假藏傳佛教密宗，擔任卡盧仁波切的翻譯工作多年以後，被邀請成爲卡盧的空行母（又名佛母、明妃），開始了她在密宗裡的實修過程；後來發覺在密宗雙身法中的修行，其實無法使自己成佛，也發覺密宗對女性岐視而處處貶抑，並剝奪女性在雙身法中擔任一半角色時應有的身分定位。當她發覺自己只是雙身法中被喇嘛利用的工具，沒有獲得絲毫應有的尊重與基本定位時，發現了密宗的父權社會控制女性的本質；於是作者傷心地離開了卡盧仁波切與密宗，但是卻被恐嚇不許講出她在密宗裡的經歷，也不許她說出自己對密宗的教義與教制下對女性剝削的本質，否則將被咒殺死亡。後來她去加拿大定居，十餘年後方才擺脫這個恐嚇陰影，下定決心將親身經歷的實情及觀察到的事實寫下來並且出版，公諸於世。出版之後，她被流亡的達賴集團人士大力攻訐，誣指她爲精神狀態失常、說謊……等。但有智之士並未被達賴集團的政治操作及各國政府政治運作吹捧達賴的表相所欺，使她的書銷售無阻而又再版。正智出版社鑑於作者此書是親身經歷的事實，所說具有針對「藏傳佛教」而作學術研究的價值，也有使人認清假藏傳佛教剝削佛母、明妃的男性本位實質，因此洽請作者同意中譯而出版於華人地區。珍妮·坎貝爾女士著，呂艾倫 中譯，每冊250元。

霧峰無霧—給哥哥的信　本書作者藉兄弟之間信件往來論義，略述佛法大義；並以多篇短文辨義，舉出釋印順對佛法的無量誤解證據，並一一給予簡單而清晰的辨正，令人一讀即知。久讀、多讀之後即能認清楚釋印順的六識論見解，與眞實佛法之牴觸是多麼嚴重；於是在久讀、多讀之後，於不知不覺之間提升了對佛法的極深入理解，正知正見就在不知不覺間建立起來了。當三乘佛法的正知見建立起來之後，對於三乘菩提的見道條件便將隨之具足，於是聲聞解脫道的見道也就水到渠成；接著大乘見道的因緣也將次第成熟，未來自然也會有親見大乘菩提之道的因緣，悟入大乘實相般若也將自然成功，自能通達般若系列諸經而成實義菩薩。作者居住於南投縣霧峰鄉，自喻見道之後不復再見霧峰之霧，故鄉原野美景一一明見，於是立此書名爲《霧峰無霧》；讀者若欲撥霧見月，可以此書爲緣。游宗明　老師著　已於2015年出版　售價250元。

霧峰無霧—第二輯—救護佛子向正道　本書作者藉釋印順著作中之各種錯謬法義提出辨正，以詳實的文義一一提出理論上及實證上之解析，列舉釋印順對佛法的無量誤解證據，藉此教導佛門大師與學人釐清佛法義理，遠離岐途轉入正道，然後知所進修，久之便能見道明心而入大乘勝義僧數。被釋印順誤導的大師與學人極多，很難救轉，是故作者大發悲心深入解說其錯謬之所在，佐以各種義理辨正而令讀者在不知不覺之間轉歸正道。如是久讀之後欲得斷身見、證初果，即不爲難事；乃至久之亦得大乘見道而得證眞如，脫離空有二邊而住中道，實相般若智慧生起，於佛法不再茫然，漸漸亦知悟後進修之道。屆此之時，對於大乘般若等深妙法之迷雲暗霧亦將一掃而空，生命及宇宙萬物之故鄉原野美景一一明見，是故本書仍名《霧峰無霧》，爲第二輯；讀者若欲撥雲見日、離霧見月，可以此書爲緣。游宗明　老師著　已於2019年出版　售價250元。

假藏傳佛教的神話—性、謊言、喇嘛教：本書編著者是由一首名爲「阿姊鼓」的歌曲爲緣起，展開了序幕，揭開假藏傳佛教—喇嘛教—的神秘面紗。其重點是蒐集、摘錄網路上質疑「喇嘛教」的帖子，以揭穿「假藏傳佛教的神話」爲主題，串聯成書，並附加彩色插圖以及說明，讓讀者們瞭解西藏密宗及相關人事如何被操作爲「神話」的過程，以及神話背後的眞相。作者：張正玄教授。售價200元。

達賴真面目—玩盡天下女人：假使您不想戴綠帽子，請記得詳細閱讀此書；假使您不想讓好朋友戴綠帽子，請您將此書介紹給您的好朋友。假使您想保護家中的女性，也想要保護好朋友的女眷，請記得將此書送給家中的女性和好友的女眷都來閱讀。本書爲印刷精美的大本彩色中英對照精裝本，爲您揭開達賴喇嘛的眞面目，內容精彩不容錯過，爲利益社會大衆，特別以優惠價格嘉惠所有讀者。編著者：白志偉等。大開版雪銅紙彩色精裝本。售價800元。

童女迦葉考—論呂凱文〈佛教輪迴思想的論述分析〉之謬：童女迦葉是佛世率領五百大比丘遊行於人間的歷史事實，是以童貞行而依止菩薩戒弘化於人間的大菩薩，不依別解脫戒（聲聞戒）來弘化於人間。這是大乘佛教與聲聞佛教同時存在於佛世的歷史明證，證明大乘佛教不是從聲聞法中分裂出來的部派佛教的產物，卻是聲聞佛教分裂出來的部派佛教聲聞凡夫僧所不樂見的史實；於是古今聲聞法中的凡夫都欲加以扭曲而作詭說，更是末法時代高聲大呼「大乘非佛說」的六識論聲聞凡夫極力想要扭曲的佛教史實之一，於是想方設法扭曲迦葉菩薩爲聲聞僧，以及扭曲迦葉童女爲比丘僧等荒謬不實之論著便陸續出現，古時聲聞僧寫作的《分別功德論》是最具體之事例，現代之代表作則是呂凱文先生的〈佛教輪迴思想的論述分析〉論文。鑑於如是假藉學術考證以籠罩大衆之不實謬論，未來仍將繼續造作及流竄於佛教界，繼續扼殺大乘佛教學人法身慧命，必須舉證辨正之，遂成此書。平實導師 著，每冊180元。

末代達賴—性交教主的悲歌：簡介從藏傳僞佛教（喇嘛教）的修行核心—性力派男女雙修，探討達賴喇嘛及藏傳僞佛教的修行內涵。書中引用外國知名學者著作、世界各地新聞報導，包含：歷代達賴喇嘛的祕史、達賴六世修雙身法的事蹟，以及《時輪續》中的性交灌頂儀式……等；達賴喇嘛書中開示的雙修法、達賴喇嘛的黑暗政治手段；達賴喇嘛所領導的寺院爆發喇嘛性侵兒童；新聞報導《西藏生死書》作者索甲仁波切性侵女信徒、澳洲喇嘛秋達公開道歉、美國最大假藏傳佛教組織領導人邱陽創巴仁波切的性氾濫，等等事件背後眞相的揭露。作者：張善思、呂艾倫、辛燕。售價250元。

黯淡的達賴—失去光彩的諾貝爾和平獎：本書舉出很多證據與論述，詳述達賴喇嘛不爲世人所知的一面，顯示達賴喇嘛並不是眞正的和平使者，而是假借諾貝爾和平獎的光環來欺騙世人；透過本書的說明與舉證，讀者可以更清楚的瞭解，達賴喇嘛是結合暴力、黑暗、淫欲於喇嘛教裡的集團首領，其政治行爲與宗教主張，早已讓諾貝爾和平獎的光環染污了。　本書由財團法人正覺教育基金會寫作、編輯，由正覺出版社印行，每冊250元。

第七意識與第八意識？—穿越時空「超意識」：「三界唯心，萬法唯識」是佛教中應該實證的聖教，也是《華嚴經》中明載而可以實證的法界實相。唯心者，三界一切境界、一切諸法唯是一心所成就，即是每一個有情的第八識如來藏，不是意識心。唯識者，即是人類各各都具足的八識心王——眼識、耳鼻舌身意識、意根、阿賴耶識，第八阿賴耶識又名如來藏，人類五陰相應的萬法，莫不由八識心王共同運作而成就，故說萬法唯識。依聖教量及現量、比量，都可以證明意識是二法因緣生，是由第八識藉意根與法塵二法爲因緣而出生，又是夜夜斷滅不存之生滅心，即無可能反過來出生第七識意根、第八識如來藏，當知不可能從生滅性的意識心中，細分出恆審思量的第七識意根，更無可能細分出恆而不審的第八識如來藏。本書是將演講內容整理成文字，細說如是內容，並已在《正覺電子報》連載完畢，今彙集成書以廣流通，欲幫助佛門有緣人斷除意識我見，跳脫於識陰之外而取證聲聞初果；嗣後修學禪宗時即得不墮外道神我之中，得以求證第八識金剛心而發起般若實智。平實導師 述，每冊300元。

中觀金鑑—詳述應成派中觀的起源與其破法本質：學佛人往往迷於中觀學派之不同學說，被應成派與自續派所迷惑；修學般若中觀二十年後自以為實證般若中觀了，卻仍不曾入門，甫聞實證般若中觀者之所說，則茫無所知，迷惑不解；隨後信心盡失，不知如何實證佛法；凡此，皆因惑於這二派中觀學說所致。自續派中觀所說同於常見，以意識境界立為第八識如來藏之境界，應成派所說則同於斷見，但又同立意識為常住法，故亦具足斷常二見。今者孫正德老師有鑑於此，乃將起源於密宗的應成派中觀學說，追本溯源，詳考其來源之外，亦一一舉證其立論內容，詳加辨正，令密宗雙身法祖師以識陰境界而造之應成派中觀學說本質，詳細呈現於學人眼前，令其維護雙身法之目的無所遁形。若欲遠離密宗此二大派中觀謬說，欲於三乘菩提有所進道者，允宜具足閱讀並細加思惟，反覆讀之以後將可捨棄邪道返歸正道，則於般若之實證即有可能，證後自能現觀如來藏之中道境界而成就中觀。本書分上、中、下三冊，每冊250元，全部出版完畢。

人間佛教—實證者必定不悖三乘菩提：「大乘非佛說」的講法似乎流傳已久，卻只是日本人企圖擺脫中國正統佛教的影響，而在明治維新時期才開始提出來的說法；台灣佛教、大陸佛教的淺學無智之人，由於未曾實證佛法而迷信日本人錯誤的學術考證，錯認為這些別有用心的日本佛學考證的講法為天竺佛教的真實歷史；甚至還有更激進的反對佛教者提出「釋迦牟尼佛並非真實存在，只是後人捏造的假歷史人物」，竟然也有少數人願意跟著「學術」的假光環而信受不疑，於是開始有一些佛教界人士造作了反對中國佛教而推崇南洋小乘佛教的行為，使佛教的信仰者難以檢擇，導致一般大陸人士開始轉入基督教的盲目迷信中。在這些佛教及外教人士之中，也就有一分人根據此邪說而大聲主張「大乘非佛說」的謬論，這些人以「人間佛教」的名義來抵制中國正統佛教，公然宣稱中國的大乘佛教是由聲聞部派佛教的凡夫僧所創造出來的。這樣的說法流傳於台灣及大陸佛教界凡夫僧之中已久，卻非真正的佛教歷史中曾經發生過的事，只是繼承六識論的聲聞法中凡夫僧依自己的意識境界立場，純憑臆想而編造出來的妄想說法，卻已經影響許多無智之凡夫僧俗信受不移。本書則是從佛教的經藏法義實質及實證的現量內涵本質立論，證明大乘佛法本是佛說，是從《阿含正義》尚未說過的不同面向來討論「人間佛教」的議題，證明「大乘真佛說」。閱讀本書可以斷除六識論邪見，迴入三乘菩提正道發起實證的因緣；也能斷除禪宗學人學禪時普遍存在之錯誤知見，對於建立參禪時的正知見有很深的著墨。 平實導師 述，內文488頁，全書528頁，定價400元。

喇嘛性世界—揭開假藏傳佛教譚崔瑜伽的面紗：這個世界中的喇嘛，號稱來自世外桃源的香格里拉，穿著或紅或黃的喇嘛長袍，散布於我們的身邊傳教灌頂，吸引了無數的人嚮往學習；這些喇嘛虔誠地爲大衆祈福，手中拿著寶杵（金剛）與寶鈴（蓮花），口中唸著咒語：「唵．嘛呢．叭咪．吽……」，咒語的意思是說：「我至誠歸命金剛杵上的寶珠伸向蓮花寶穴之中」！「喇嘛性世界」是什麼樣的「世界」呢？本書將爲您呈現喇嘛世界的面貌。當您發現眞相以後，您將會唸：「噢！喇嘛．性．世界，譚崔性交嘛！」作者：張善思、呂艾倫。售價200元。

見性與看話頭：黃正倖老師的《見性與看話頭》於《正覺電子報》連載完畢，今結集出版。書中詳說禪宗看話頭的詳細方法，並細說看話頭與眼見佛性的關係，以及眼見佛性者求見佛性前必須具備的條件。本書是禪宗實修者追求明心開悟時參禪的方法書，也是求見佛性者作功夫時必讀的方法書，內容兼顧眼見佛性的理論與實修之方法，是依實修之體驗配合理論而詳述，條理分明而且極爲詳實、周全、深入。本書內文375頁，全書416頁，售價300元。

實相經宗通：學佛之目的在於實證一切法界背後之實相，禪宗稱之爲本來面目或本地風光，佛菩提道中稱之爲實相法界；此實相法界即是金剛藏，又名佛法之祕密藏，即是能生有情五陰、十八界及宇宙萬有（山河大地、諸天、三惡道世間）的第八識如來藏，又名阿賴耶識心，即是禪宗祖師所說的眞如心，此心即是三界萬有背後的實相。證得此第八識心時，自能瞭解般若諸經中隱說的種種密意，即得發起實相般若—實相智慧。每見學佛人修學佛法二十年後仍對實相般若茫然無知，亦不知如何入門，茫無所趣；更因不知三乘菩提的互異互同，是故越是久學者對佛法越覺茫然，都肇因於尙未瞭解佛法的全貌，亦未瞭解佛法的修證內容即是第八識心所致。本書對於修學佛法者所應實證的實相境界提出明確解析，並提示趣入佛菩提道的入手處，有心親證實相般若的佛法實修者，宜詳讀之，於佛菩提道之實證即有下手處。平實導師述著，共八輯，已於2016年出版完畢，每輯成本價250元。

真心告訴您㈠—達賴喇嘛在幹什麼？這是一本報導篇章的選集，更是「破邪顯正」的暮鼓晨鐘。「破邪」是戳破假象，說明達賴喇嘛及其所率領的密宗四大派法王、喇嘛們，弘傳的佛法是仿冒的佛法；他們是假藏傳佛教，是坦特羅（譚崔性交）外道法和藏地崇奉鬼神的苯教混合成的「喇嘛教」，推廣的是以所謂「無上瑜伽」的男女雙身法冒充佛法的假佛教，詐財騙色誤導眾生，常常造成信徒家庭破碎、家中兒少失怙的嚴重後果。「顯正」是揭櫫眞相，指出眞正的藏傳佛教只有一個，就是覺囊巴，傳的是　釋迦牟尼佛演繹的第八識如來藏妙法，稱爲他空見大中觀。正覺教育基金會即以此古今輝映的如來藏正法正知見，在眞心新聞網中逐次報導出來，將箇中原委「眞心告訴您」，如今結集成書，與想要知道密宗眞相的您分享。售價250元。

法華經講義：此書爲平實導師始從2009/7/21演述至2014/1/14之講經錄音整理所成。世尊一代時教，總分五時三教，即是華嚴時、聲聞緣覺教、般若教、種智唯識教、法華時；依此五時三教區分爲藏、通、別、圓四教。本經是最後一時的圓教經典，圓滿收攝一切法教於本經中，是故最後的圓教聖訓中，特地指出無有三乘菩提，其實唯有一佛乘；皆因眾生愚迷故，方便區分爲三乘菩提以助眾生證道。世尊於此經中特地說明如來示現於人間的唯一大事因緣，便是爲有緣眾生「開、示、悟、入」諸佛的所知所見——第八識如來藏妙眞如心，並於諸品中隱說「妙法蓮花」如來藏心的密意。然因此經所說甚深難解，眞義隱晦，古來難得有人能窺堂奧；平實導師以知如是密意故，特爲末法佛門四眾演述《妙法蓮華經》中各品蘊含之密意，使古來未曾被古德註解出來的「此經」密意，如實顯示於當代學人眼前。乃至〈藥王菩薩本事品〉、〈妙音菩薩品〉、〈觀世音菩薩普門品〉、〈普賢菩薩勸發品〉中的微細密意，亦皆一併詳述之，開前人所未曾言之密意，示前人所未見之妙法。最後乃至以〈法華大義〉而總其成，全經妙旨貫通始終，而依佛旨圓攝於一心如來藏妙心，厥爲曠古未有之大說也。平實導師述，共有25輯，已於2019/05/31出版完畢。每輯300元。

西藏「活佛轉世」制度—附佛、造神、世俗法：歷來關於喇嘛教活佛轉世的研究，多針對歷史及文化兩部分，於其所以成立的理論基礎，較少系統化的探討。尤其是此制度是否依據「佛法」而施設？是否合乎佛法眞實義？現有的文獻大多含糊其詞，或人云亦云，不曾有明確的闡釋與如實的見解。因此本文先從活佛轉世的由來，探索此制度的起源、背景與功能，並進而從活佛的尋訪與認證之過程，發掘活佛轉世的特徵，以確認「活佛轉世」在佛法中應具足何種果德。定價150元。

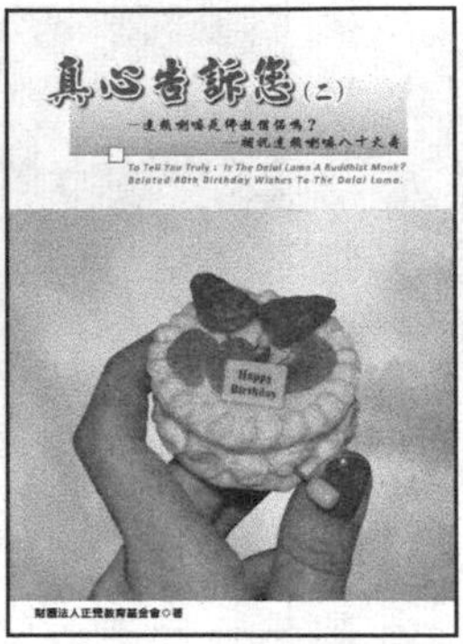

真心告訴您(二)—達賴喇嘛是佛教僧侶嗎？補祝達賴喇嘛八十大壽：這是一本針對當今達賴喇嘛所領導的喇嘛教，冒用佛教名相、於師徒間或師兄姊間，實修男女邪淫，而從佛法三乘菩提的現量與聖教量，揭發其謊言與邪術，證明達賴及其喇嘛教是仿冒佛教的外道，是「假藏傳佛教」。藏密四大派教義雖有「八識論」與「六識論」的表面差異，然其實修之內容，皆共許「無上瑜伽」四部灌頂爲究竟「成佛」之法門，也就是共以男女雙修之邪淫法爲「即身成佛」之密要，雖美其名曰「欲貪爲道」之「金剛乘」，並誇稱其成就超越於（應身佛）釋迦牟尼佛所傳之顯教般若乘之上；然詳考其理論，則或以意識離念時之粗細心爲第八識如來藏，或以中脈裡的明點爲第八識如來藏，或如宗喀巴與達賴堅決主張第六意識爲常恆不變之眞心者，分別墮於外道之常見與斷見中；全然違背 佛說能生五蘊之如來藏的實質。售價300元。

涅槃—解說四種涅槃之實證及內涵：眞正學佛之人，首要即是見道，由見道故方有涅槃之實證，證涅槃者方能出生死，但涅槃有四種：二乘聖者的有餘涅槃、無餘涅槃，以及大乘聖者的本來自性清淨涅槃、佛地的無住處涅槃。大乘聖者實證本來自性清淨涅槃，入地前再取證二乘涅槃，然後起惑潤生捨離二乘涅槃，繼續進修而在七地心前斷盡三界愛之習氣種子，依七地無生法忍之具足而證得念念入滅盡定；八地後進斷異熟生死，直至妙覺地下生人間成佛，具足四種涅槃，方是眞正成佛。此理古來少人言，以致誤會涅槃正理者比比皆是，今於此書中廣說四種涅槃、如何實證之理、實證前應有之條件，實屬本世紀佛教界極重要之著作，令人對涅槃有正確無訛之認識，然後可以依之實行而得實證。本書共有上下二冊，每冊各四百餘頁，對涅槃詳加解說，每冊各350元。

佛藏經講義：本經說明為何佛菩提難以實證之原因，都因往昔無數阿僧祇劫前的邪見，引生此世求證時之業障而難以實證。即以諸法實相詳細解說，繼之以念佛品、念法品、念僧品，說明諸佛與法之實質；然後以淨戒品之說明，期待佛弟子四眾堅持清淨戒而轉化心性，並以往古品的實例說明，教導四眾務必滅除邪見轉入正見中，然後以了戒品的說明和囑累品的付囑，期望末法時代的佛門四眾弟子皆能清淨知見而得以實證。平實導師於此經中有極深入的解說，總共21輯，每輯300元，於2019/07/31開始發行。

修習止觀坐禪法要講記：修學四禪八定之人，往往錯會禪定之修學知見，欲以無止盡之坐禪而證禪定境界，卻不知修除性障之行門才是修證四禪八定不可或缺之要素，故智者大師云「性障初禪」；性障不除，初禪永不現前，云何修證二禪等？又：行者學定，若唯知數息，而不解六妙門之方便善巧者，欲求一心入定，未到地定極難可得，智者大師名之為「事障未來」：障礙未到地定之修證。又禪定之修證，不可違背二乘菩提及第一義法，否則縱使具足四禪八定，亦不能實證涅槃而出三界。此諸知見，智者大師於《修習止觀坐禪法要》中皆有闡釋。作者平實導師以其第一義之見地及禪定之實證證量，曾加以詳細解析。將俟正覺寺竣工啓用後重講，不限制聽講者資格；講後將以語體文整理出版。欲修習世間定及增上定之學者，宜細讀之。平實導師述著。

解深密經講記：本經係 世尊晚年第三轉法輪，宣說地上菩薩所應熏修之唯識正義經典，經中所說義理乃是大乘一切種智增上慧學，以阿陀那識—如來藏—阿賴耶識為主體。禪宗之證悟者，若欲修證初地無生法忍乃至八地無生法忍者，必須修學《楞伽經、解深密經》所說之八識心王一切種智；此二經所說正法，方是真正成佛之道；印順法師否定第八識如來藏之後所說萬法緣起性空之法，是以誤會後之二乘解脫道取代大乘真正成佛之道，尚且不符二乘解脫道正理，亦已墮於斷滅見中，不可謂為成佛之道也。平實導師曾於本會郭故理事長往生時，於喪宅中從首七開始宣講，於每一七各宣講三小時，至第十七而快速略講圓滿，作為郭老之往生佛事功德，迴向郭老早證八地、速返娑婆住持正法。茲為今時後世學人故，將擇期重講《解深密經》，以淺顯之語句講畢後，將會整理成文，用供證悟者進道；亦令諸方未悟者，據此經中佛語正義，修正邪見，依之速能入道。平實導師述著，全書輯數未定，每輯三百餘頁，將於未來重講完畢後逐輯出版。

阿含經講記—小乘解脫道之修證：數百年來，南傳佛法所說證果之不實，所說解脫道之虛妄，所弘解脫道法義之世俗化，皆已少人知之；從南洋傳入台灣與大陸之後，所說法義虛謬之事，亦復少人知之；今時台灣全島印順系統之法師居士，多不知南傳佛法數百年來所說解脫道之義理已然偏斜、已然世俗化、已非眞正之二乘解脫正道，猶極力推崇與弘揚。彼等南傳佛法近代所謂之證果者皆非眞實證果者，譬如阿迦曼、葛印卡、帕奧禪師、一行禪師……等人，悉皆未斷我見故。近年更有台灣南部大願法師，高抬南傳佛法之二乘修證行門爲「捷徑究竟解脫之道」者，然而南傳佛法縱使眞修實證，得成阿羅漢，至高唯是二乘菩提解脫之道，絕非究竟解脫，無餘涅槃中之實際尚未得證故，法界之實相尚未了知故，習氣種子待除故，一切種智未實證故，焉得謂爲「究竟解脫」？即使南傳佛法近代眞有實證之阿羅漢，尚且不及三賢位中之七住明心菩薩本來自性清淨涅槃智慧境界，則不能知此賢位菩薩所證之無餘涅槃實際，仍非大乘佛法中之見道者，何況普未實證聲聞果乃至未斷我見之人？謬充證果已屬逾越，更何況是誤會二乘菩提之後，以未斷我見之凡夫知見所說之二乘菩提解脫偏斜法道，焉可高抬爲「究竟解脫」？而且自稱「捷徑之道」？又妄言解脫之道即是成佛之道，完全否定般若實智、否定三乘菩提所依之如來藏心體，此理大大不通也！平實導師爲令修學二乘菩提欲證解脫果者，普得迴入二乘菩提正見、正道中，是故選錄四阿含諸經中，對於二乘解脫道法義有具足圓滿說明之經典，預定未來十年內將會加以詳細講解，令學佛人得以了知二乘解脫道之修證理路與行門，庶免被人誤導之後，未證言證，梵行未立，干犯道禁自稱阿羅漢或成佛，成大妄語，欲升反墮。本書首重斷除我見，以助行者斷除我見而實證初果爲著眼之目標，若能根據此書內容，配合平實導師所著《識蘊眞義》《阿含正義》內涵而作實地觀行，實證初果非爲難事，行者可以藉此三書自行確認聲聞初果爲實際可得現觀成就之事。此書中除依二乘經典所說加以宣示外，亦依斷除我見等之證量，及大乘法中道種智之證量，對於意識心之體性加以細述，令諸二乘學人必定得斷我見、常見，免除三縛結之繫縛。次則宣示斷除我執之理，欲令升進而得薄貪瞋痴，乃至斷五下分結…等。平實導師將擇期講述，然後整理成書。共二冊，每冊三百餘頁。每輯300元。

＊喇嘛教修外道雙身法，墮識陰境界，非佛教＊

＊弘揚如來藏他空見的覺囊派才是真正藏傳佛教＊

總經銷： 聯合發行股份有限公司

231 新北市新店區寶橋路 235 巷 6 弄 6 號 4F

Tel.02－2917-8022（代表號） Fax.02－2915-6275（代表號）

零售：1.**全台連鎖經銷書局：**

三民書局、誠品書局、何嘉仁書店

敦煌書店、紀伊國屋、金石堂書局、建宏書局

諾貝爾圖書城、墊腳石圖書文化廣場

2.**台北市：**佛化人生 **大安區**羅斯福路 3 段 325 號 6 樓之 4 台電大樓對面

3.**新北市：**春大地書店 **蘆洲區**中正路 117 號

4.**桃園市：**御書堂 **龍潭區**中正路 123 號

5.**新竹市：**大學書局 **東區**建功路 10 號

6.**台中市：**瑞成書局 **東區**雙十路 1 段 4 之 33 號

佛教詠春書局 **南屯區**永春東路 884 號

文春書店 **霧峰區**中正路 1087 號

7.**彰化市：**心泉佛教文化中心 南瑤路 286 號

8.**高雄市：**政大書城 **前鎮區**中華五路 789 號 2 樓（高雄夢時代店）

明儀書局 **三民區**明福街 2 號

青年書局 **苓雅區**青年一路 141 號

9.**台東市：**東普佛教文物流通處 博愛路 282 號

10.**其餘鄉鎮市經銷書局：**請電詢總經銷**聯合**公司。

11.**大陸地區請洽：**

香港：樂文書店

旺角店 :香港九龍旺角西洋菜街 62 號 3 樓

電話 :(852) 2390 3723 email: luckwinbooks@gmail.com

銅鑼灣店 :香港銅鑼灣駱克道 506 號 2 樓

電話 :(852) 2881 1150 email: luckwinbs@gmail.com

廈門：廈門外圖臺灣書店有限公司

地址：廈門市思明區湖濱南路809 號 廈門外圖書城3 樓 郵編：361004

電話：0592-5061658（臺灣地區請撥打 86-592-5061658）

E-mail：JKB118＠188.COM

12.**美國：世界日報圖書部：**紐約圖書部 電話 7187468889#6262

洛杉磯圖書部 電話 3232616972#202

13.**國內外地區網路購書：**

正智出版社 書香園地 http://books.enlighten.org.tw/

（書籍簡介、經銷書局可直接聯結下列網路書局購書）

三民 網路書局 http://www.sanmin.com.tw

誠品 網路書局 http://www.eslitebooks.com

博客來 網路書局 http://www.books.com.tw

金石堂 網路書局 http://www.kingstone.com.tw

聯合 網路書局 http:// www.nh.com.tw

附註：1.請儘量向各經銷書局購買：郵政劃撥需要八天才能寄到（本公司在您劃撥後第四天才能接到劃撥單，次日寄出後第二天您才能收到書籍，此六天中可能會遇到週休二日，是故共需八天才能收到書籍）若想要早日收到書籍者，請劃撥完畢後，將劃撥收據貼在紙上，旁邊寫上您的姓名、住址、郵區、電話、買書詳細內容，直接傳真到本公司 02-28344822，並來電 02-28316727、28327495 確認是否已收到您的傳真，即可提前收到書籍。 2.因台灣每月皆有五十餘種宗教類書籍上架，書局書架空間有限，故唯有新書方有機會上架，通常每次只能有一本新書上架；本公司出版新書，大多上架不久便已售出，若書局未再叫貨補充者，書架上即無新書陳列，則請直接向書局櫃台訂購。 3.若書局不便代購時，可於晚上共修時間向正覺同修會各共修處請購（共修時間及地點，詳閱**共修現況表**。每年例行年假期間請勿前往請書，年假期間請見共修現況表）。 4.郵購：郵政劃撥帳號 19068241。 5.正覺同修會會員購書都以八折計價（戶籍台北市者為一般會員，外縣市為護持會員）都可獲得優待，欲一次購買全部書籍者，可以考慮入會，節省書費。入會費一千元（第一年初加入時才需要繳），年費二千元。**6.尚未出版之書籍，請勿預先郵寄書款與本公司，謝謝您！** 7.若欲一次購齊本公司書籍，或同時取得正覺同修會贈閱之全部書籍者，請於正覺同修會共修時間，親到各共修處請購及索取；**台北市讀者**請洽：103 台北市承德路三段 267 號 10 樓（捷運淡水線 圓山站旁）請書時間：週一至週五為 18.00~21.00，第一、三、五週週六為 10.00~21.00，雙週之週六為 10.00~18.00 請購處專線電話：25957295-分機 14（於請書時間方有人接聽）。

敬告大陸讀者：

大陸讀者購書、索書捷徑（尚未在大陸出版的書籍，以下二個途徑都可以購得，電子書另包括結緣書籍）：

1.廈門外國圖書公司：廈門市思明區湖濱南路 809 號 廈門外圖書城 3F

郵編：361004　電話：0592-5061658　網址：http://www.xibc.com.cn/

2.電子書：正智出版社有限公司及正覺同修會在台灣印行的各種局版書、結緣書，已有『**正覺電子書**』陸續上線中，提供讀者於手機、平板電腦上購書、下載、閱讀正智出版社、正覺同修會及正覺教育基金會所出版之電子書，詳細訊息敬請參閱『正覺電子書』專頁：http://books.enlighten.org.tw/ebook

關於平實導師的書訊，請上網查閱：

成佛之道　http://www.a202.idv.tw

正智出版社 書香園地　http://books.enlighten.org.tw/

中國網採訪佛教正覺同修會、正覺教育基金會訊息：

http://big5.china.com.cn/gate/big5/fangtan.china.com.cn/2014-06/19/content_32714638.htm

http://pinpai.china.com.cn/

★ 正智出版社有限公司售書之稅後盈餘，全部捐助財團法人正覺寺籌備處、佛教正覺同修會、正覺教育基金會，供作弘法及購建道場之用；懇請諸方大德支持，功德無量。

★ 聲　明 ★

本社於 2015/01/01 開始調整本目錄中部分書籍之售價，以因應各項成本的持續增加。

＊ 喇嘛教修外道雙身法、墮識陰境界，非佛教 ＊

＊ 弘揚如來藏他空見的覺囊派才是真正藏傳佛教 ＊

售後服務—換書啓事(免附回郵)　2017/12/05

《楞伽經詳解》第三輯初版免費調換新書啓事：茲因 平實導師弘法早期尚未回復往世全部證量，有些法義接受他人的說法，寫書當時並未察覺而有二處（同一種法義）跟著誤說，如今發現已將之修正。茲爲顧及讀者權益，已開始免費調換新書；敬請所有讀者將以前所購第三輯(不論第幾刷)，攜回或寄回本公司免費換新；郵寄者之回郵由本公司負擔，不需寄來郵票。因此而造成讀者閱讀、以及換書的不便，在此向所有讀者致上萬分的歉意，祈請讀者大眾見諒！

《楞嚴經講記》第 14 輯初版首刷本免費調換新書啓事：本講記第 14 輯出版前因 平實導師諸事繁忙，未將之重新閱讀而只改正校對時發現的錯別字，故未能發覺十年前所說法義有部分錯誤，於第 15 輯付印前重閱時才發覺第 14 輯中有部分錯誤尚未改正。今已重新審閱修改並已重印完成，煩請所有讀者將以前所購第 14 輯初版首刷本，寄回本公司免費換新(初版二刷本無錯誤)，本公司將於寄回新書時同時附上您寄書來換新時的郵資，並在此向所有讀者致上最誠懇的歉意。

《心經密意》初版書免費調換二版新書啓事：本書係演講錄音整理成書，講時因時間所限，省略部分段落未講。後於再版時補寫增加 13 頁，維持原價流通之。茲爲顧及初版讀者權益，自 2003/9/30 開始免費調換新書，原有初版一刷、二刷書籍，皆可寄來本公司換書。

《宗門法眼》已經增寫改版爲 464 頁新書，2008 年 6 月中旬出版。讀者原有初版之第一刷、第二刷書本，都可以寄回本公司免費調換改版新書。改版後之公案及錯悟事例維持不變，但將內容加以增說，較改版前更具有廣度與深度，將更能助益讀者參究實相。

換書者**免附回郵**，亦無截止期限；舊書請寄：111 台北郵政 73-151 號信箱 或 103 台北市承德路三段 267 號 10 樓 正智出版社有限公司。舊書若有塗鴨、殘缺、破損者，仍可換取新書；但缺頁之舊書至少應仍有五分之三頁數，方可換書。所有讀者不必顧念本公司是否有盈餘之問題，都請踴躍寄來換書；本公司成立之目的不是營利，只要能眞實利益學人，即已達到成立及運作之目的。若以郵寄方式換書者，免附回郵；並於寄回新書時，由本公司附上您寄來書籍時耗用的郵資。造成您不便之處，再次致上萬分的歉意。

正智出版社有限公司 啓

國家圖書館出版品預行編目(CIP)資料

法華經講義 / 平實導師述. -- 初版. -
- 臺北市 : 正智, 2015.05　　面 ;　公分

ISBN 978-986-56553-0-3 (第一輯：平裝)
ISBN 978-986-56554-6-4 (第二輯：平裝)
ISBN 978-986-56555-6-3 (第三輯：平裝)
ISBN 978-986-56556-1-7 (第四輯：平裝)
ISBN 978-986-56556-9-3 (第五輯：平裝)
ISBN 978-986-56557-9-2 (第六輯：平裝)
ISBN 978-986-56558-2-2 (第七輯：平裝)
ISBN 978-986-56558-9-1 (第八輯：平裝)
ISBN 978-986-56559-8-3 (第九輯：平裝)
ISBN 978-986-93725-2-7 (第十輯：平裝)
ISBN 978-986-93725-4-1 (第十一輯：平裝)
ISBN 978-986-93725-6-5 (第十二輯：平裝)
ISBN 978-986-93725-7-2 (第十三輯：平裝)
ISBN 978-986-94970-3-9 (第十四輯：平裝)
ISBN 978-986-94970-7-7 (第十五輯：平裝)
ISBN 978-986-94970-9-1 (第十六輯：平裝)
ISBN 978-986-95830-1-5 (第十七輯：平裝)
ISBN 978-986-95830-4-6 (第十八輯：平裝)
ISBN 978-986-95830-9-1 (第十九輯：平裝)
ISBN 978-986-96548-1-4 (第二十輯：平裝)
ISBN 978-986-96548-5-2 (第二十一輯：平裝)
ISBN 978-986-97233-0-5 (第二十二輯：平裝)
ISBN 978-986-97233-2-9 (第二十三輯：平裝)
ISBN 978-986-97233-4-3 (第二十四輯：平裝)
ISBN 978-986-97233-6-7 (第二十五輯：平裝)

1. 法華部

221.5　　104004638

法華經講義——第二十三輯

著述者：平實導師
音文轉換：章乃鈞、高惠齡、劉惠莉、蔡正利、黃昇金
校對：章乃鈞 陳介源 孫淑貞 傅素嫻 王美伶
出版者：正智出版社有限公司
電話：○二 28327495　28316727（白天）
傳眞：○二 28344822
111 台北郵政 73-151 號信箱
郵政劃撥帳號：一九○六八二四一
正覺講堂：總機○二 25957295（夜間）
總經銷：聯合發行股份有限公司
231 新北市新店區寶橋路 235 巷 6 弄 6 號 4 樓
電話：○二 29178022（代表號）
傳眞：○二 29156275
初版首刷：二○一九年元月三十一日　二千冊
初版四刷：二○二○年七月十七日　二千冊
定價：三○○元